新编21世纪高等开放教育系列教材

证据法学

祁建建　编著

中国人民大学出版社
·北京·

图书在版编目（CIP）数据

证据法学 / 祁建建编著. --北京：中国人民大学出版社，2021.10
新编 21 世纪高等开放教育系列教材
ISBN 978-7-300-29658-6

Ⅰ.①证… Ⅱ.①祁… Ⅲ.①证据－法学－中国－开放教育－教材 Ⅳ.①D925.113.1

中国版本图书馆 CIP 数据核字（2021）第 140072 号

新编 21 世纪高等开放教育系列教材
证据法学
祁建建　编著
Zhengjufaxue

出版发行	中国人民大学出版社		
社　　址	北京中关村大街 31 号	**邮政编码**	100080
电　　话	010－62511242（总编室）		010－62511770（质管部）
	010－82501766（邮购部）		010－62514148（门市部）
	010－62515195（发行公司）		010－62515275（盗版举报）
网　　址	http://www.crup.com.cn		
经　　销	新华书店		
印　　刷	北京溢漾印刷有限公司		
规　　格	185 mm×260 mm　16 开本	**版　　次**	2021 年 10 月第 1 版
印　　张	13	**印　　次**	2021 年 10 月第 1 次印刷
字　　数	260 000	**定　　价**	38.00 元

前言

PREFACE

近年来，关于证据的法律法规逐渐丰富起来。2014 年以来的一轮司法改革如火如荼，2017 年《民事诉讼法》和《行政诉讼法》都被修正，2018 年《刑事诉讼法》也完成了第三次修正。2019 年 12 月至 2021 年，我国最高司法机关修正了《最高人民法院关于民事证据的若干规定》《人民检察院刑事诉讼规则》《最高人民法院关于适用〈中华人民共和国刑事诉讼法〉的解释》《最高人民法院关于适用〈中华人民共和国民事诉讼法〉的解释》等。国家立法机关和最高司法机关总结实践经验并上升为规则，使证据法律法规更复杂，因而需要编写教材以帮助法律专业的学生掌握现行法及其在实践中的运用。

我很荣幸能承担北京开放大学安排的教材编写任务。从 2004 年博士毕业进入中国社会科学院法学研究所工作后，我一直承担讲课任务。入所那年是法学研究所招收第一届法律硕士研究生，于是我开始在中研楼和诉讼法室讲授法律硕士和法学硕士研究生的“刑事诉讼法”课程。2009 年起，我在讲授“刑事诉讼法”之外，开始讲“证据法学”这门课，当时需要到廊坊大学城的法律硕士所在地授课。自 2019 年以来，我给中国社会科学院大学法学院的第一届本科生讲“刑事诉讼法”。这是我十多年以来第一次给本科生讲课，对于本科生与研究生授课内容的区别有了更深一层的理解，本科生的授课尤重概念和术语的分析及对法条的准确阐释，这是学生们将来参与学术讨论的平台和走向实务工作的起点。经过一个学期的授课，我深深觉得想要引导本科学生对一门课入门，不仅要有清楚的理念和价值体系，还要有清晰的概念体系。要准确界定和传递概念，又离不开价值和理念。

十多年来教学相长，也使我对证据法知识体系及其重要意义的理解不断加深。证据法是实体法和程序法之间的桥梁。要想通过司法伸张正义、保护权利，就要懂得并能够熟练运用证据法。我在本书的编写中，力求将理论与实践相结合，除了介绍证据法基本概念、基础理论，对运用证据的实践与问题也加以分析，尽量收入最近公布的法律法规；以介绍我国证据法各种法律渊源为主，同时也介绍外国证据法中具有代表性的成果，以扩大学生学习和研究的视野，便于学生了解证据法的发展历史。

本书的面世必须要感谢北京开放大学，不但慷慨地向我提供各种参考资料，而且给我充裕的时间来完成书稿的编写。

本书虽经作者多次通读、勘误，相信仍有疏漏和错误，还望同人和读者不吝赐教、批评指正！

祁建建

CONTENTS

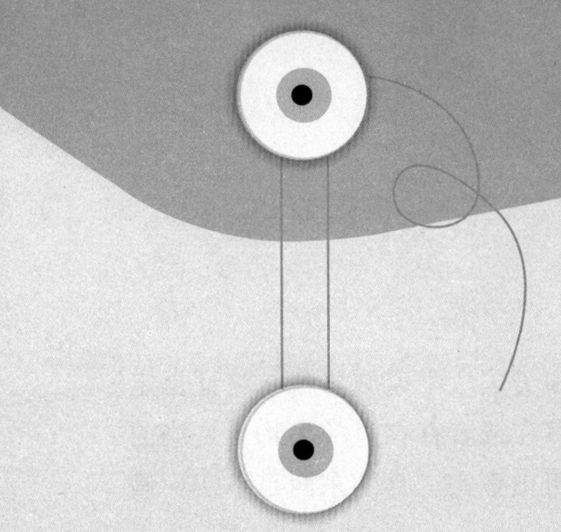

导 论

掌握证据法的基本理论，需要学习关于事实、证据、证据法、证据法学和证据学的基本概念。证据是认定事实的根据，证据法是规范证据和事实认定的法律规范，证据法学是关于事实、证据、证据法的学科。学习本部分需要注意掌握相关概念之间的联系。

一、事实与证据

（一）事实

事实是证据法学的基本概念。英国法学家边沁和美国法学家威格摩尔将证据定义为事实。真实性是事实的本质特征。事实是真实存在或者存在过的事物，是当前和过去实际发生的、存在的事，是现在的真事或者历史事实。真的东西是事实，假的东西不是事实。

（二）证据

对于证据的概念，有三种理解。第一种理解是“根据说”，即证据是认定案件事实的根据。例如，2018 年《刑事诉讼法》第 50 条第 3 款规定：“证据必须经过查证属实，才能作为定案的根据。”又如，2017 年《民事诉讼法》第 63 条第 2 款规定：“证据必须查证属实，才能作为认定事实的根据。”再如，2017 年《行政诉讼法》第 33 条第 2 款规定：“以上证据经法庭审查属实，才能作为认定案件事实的根据。”第二种理解是“事实说”，即证据是证明案件事实的事实。例如，1979 年《刑事诉讼法》第 31 条第 1 款和 1996 年《刑事诉讼法》第 42 条第 1 款规定：“证明案件真实情况的一切事实，都是证据。”第三种理解是“材料说”，即证据是认定案件事实的材料。例如，2012 年《刑事诉讼法》第 48 条第 1 款和 2018 年《刑事诉讼法》第 50 条第 1 款规定：“可以用于证明案件事实的材料，都是证据。”

（三）事实与证据的关系

事实和证据之间的关系在于，证据是认识事实的根据。法治国家的证据法要求法官认定案件事实只能根据证据。所以证据和案件事实之间是证明根据与证明对象之间的关系，是证明手段与证明目的的关系。

二、证据法

（一）证据法的模式

证据法是关于证据的法律规则的统称。证据法在法治国家具有不可撼动的地位，但在世界范围内还没有统一的模式。

（1）有的国家以成文证据法为主，例如 1972 年美国联邦最高法院采纳《美国联邦证据规则》，1973 年提交国会并生效。世界上最早的成文证据法是 1872 年《印度证据法》。

（2）有的国家本以判例证据法为主，发展为成文法与判例法相结合。例如，20 世纪之前的英国，通过判例确立了传闻证据规则、文书证据规则、证人资格规则、强制作证规则、证言特免权规则、交叉质证规则等。20 世纪以来英国国会颁布了许多证据法律法规，成为成文法与判例法相结合的证据法体系。

(3) 有的国家对具体的证据规则进行规定，如非法证据排除规则等。

(4) 有的国家不分民事、刑事、行政诉讼，有统一的证据法；有的则区分不同的诉讼法，有不同的证据法。

各国根据自身的现实需求、发展历史以及法律传统，形成了各不相同、各具特色的证据法。

(二) 证据法的性质

关于证据法的性质至少要把握两点：

1. 证据法是程序法

程序法是相对于实体法而言的，主要规定的是诉讼参与方在诉讼中的权利义务，或者纠纷各方在争端解决过程中的权利义务。当实体法律关系处于争议或者不明状态时，权利主体运用诉讼等纠纷解决手段维护其权利，进行诉讼等活动，才产生程序法上的权利义务关系。实体法主要规定的是法律关系主体的权利义务关系。

2. 证据法是公法

公法是相对于私法而言的，公法是规定国家和个人之间权利义务的法律，私法是规定平等主体之间权利义务的法律。

(三) 我国证据法的法律渊源

我国还没有独立的证据法，我国的证据规则既来源于诉讼法，也来源于实体法，但主要是源于诉讼法。我国证据法主要有如下法律渊源：

1. 根本法

《宪法》第 33 条第 3 款规定："国家尊重和保障人权。"第 37 条规定："中华人民共和国公民的人身自由不受侵犯。任何公民，非经人民检察院批准或者决定或者人民法院决定，并由公安机关执行，不受逮捕。禁止非法拘禁和以其他方法非法剥夺或者限制公民的人身自由，禁止非法搜查公民的身体。"第 39 条规定："中华人民共和国公民的住宅不受侵犯。禁止非法搜查或者非法侵入公民的住宅。"第 40 条规定："中华人民共和国公民的通信自由和通信秘密受法律的保护。除因国家安全或者追查刑事犯罪的需要，由公安机关或者检察机关依照法律规定的程序对通信进行检查外，任何组织或者个人不得以任何理由侵犯公民的通信自由和通信秘密。"为了保障以上宪法条款中规定的公民权利，防止在收集证据时侵犯公民的基本权利，有必要完善我国诉讼法中的证据规定。

2. 诉讼法

证据法集中见于《刑事诉讼法》《民事诉讼法》《行政诉讼法》三大诉讼法中的证据一章，也见于侦查、强制措施、审判等章节。例如，《刑事诉讼法》第一编第五章证据的第 50 条至第 65 条，《民事诉讼法》第一编第六章证据的第 63 条至第 81 条，《行政诉讼法》第五章证据第 33 条至第 43 条，对证据进行专门规定。我国诉讼法中对证据法的规定较为简练。

3. 其他基本法与法律

全国人大及其常委会制定的可作为证据法的法律渊源的其他法律主要包括：《刑法》《民法典》《行政处罚法》《治安管理处罚法》《行政复议法》《反家庭暴力法》《律师法》《引渡法》《电子签名法》《监察法》等。例如，2018 年《监察法》第 33 条规定："监察机关依照本法规定收集的物证、书证、证人证言、被调查人供述和辩解、视听资料、电子数据等证据材料，在刑事诉讼中可以作为证据使用。监察机关在收集、固定、审查、运用证据时，应当与刑事审判关于证据的要求和标准相一致。以非法方法收集的证据应当依法予以排除，不得作为案件处置的依据。"

4. 我国批准的国际公约或者相关的司法协助条约

例如，1997 年全国人民代表大会常务委员会《关于我国加入〈关于从国外调取民事或商事证据的公约〉的决定》、2001 年最高人民法院《关于内地与澳门特别行政区法院就民商事案件相互委托送达司法文书和调取证据的安排》、《联合国反酷刑公约》、《联合国反腐败公约》、《承认和执行外国仲裁裁决公约》等。我国已经签署但尚未批准的还有《联合国公民权利和政治权利国际公约》等。

5. 行政法规和部门规章

例如，2020 年公安部公布的修正版《公安机关办理刑事案件程序规定》、2016 年司法部公布的《司法鉴定程序通则》、2019 年公安部公布的《公安机关办理刑事案件电子数据取证规则》等。

6. 最高人民法院、最高人民检察院等部门发布的司法解释中关于证据的规定

这是条文最多的法律渊源。主要规定有：2012 年公布、2019 年修改的《人民检察院刑事诉讼规则》，2001 年公布、2019 年修改的《最高人民法院关于民事证据的若干规定》，2017 年最高人民法院印发《人民法院办理刑事案件庭前会议规程（试行）》《人民法院办理刑事案件排除非法证据规程（试行）》和《人民法院办理刑事案件第一审普通程序法庭调查规程（试行）》，2012 年最高人民法院《关于适用〈中华人民共和国刑事诉讼法〉的解释》（以下简称"2012 年刑事审判解释"）及 2021 年最高人民法院《关于适用〈中华人民共和国刑事诉讼法〉的解释》（以下简称"2021 年刑事审判解释"），2011 年最高人民法院印发《关于审理证券行政处罚案件证据若干问题的座谈会纪要》的通知，2010 年最高人民法院、最高人民检察院、公安部等印发《关于办理死刑案件审查判断证据若干问题的规定》和《关于办理刑事案件排除非法证据若干问题的规定》的通知，2008 年最高人民法院《关于适用〈关于民事诉讼证据的若干规定〉中有关举证时限规定的通知》，2005 年《最高人民检察院公诉厅毒品犯罪案件公诉证据标准指导意见（试行）》，2003 年最高人民检察院《关于印发部分罪案〈审查逮捕证据参考标准（试行）〉的通知》，2003 年最高人民法院《关于债权人在保证期间以特快专递向保证人发出逾期贷款催收通

知书但缺乏保证人对邮件签收或拒收的证据能否认定债权人向保证人主张权利的请示的复函》，2002年最高人民法院《关于行政诉讼证据若干问题的规定》，2002年最高人民法院《关于诉前停止侵犯注册商标专用权行为和保全证据适用法律问题的解释》，2002年最高人民法院研究室《关于对刑罚已执行完毕，由于发现新的证据，又因同一事实被以新的罪名重新起诉的案件，应适用何种程序进行审理等问题的答复》，2000年最高人民检察院《关于“骨龄鉴定”能否作为确定刑事责任年龄证据使用的批复》，1999年最高人民检察院《关于CPS多道心理测试鉴定结论能否作为诉讼证据使用问题的批复》，1998年最高人民法院赔偿委员会《关于公安机关以证据不足予以释放当事人申请国家赔偿人民法院赔偿委员会应当受理的复函》，1989年最高人民法院《关于无充分证据否定产权登记的纠纷应如何处理的复函》，1964年最高人民法院《关于清理和销毁犯罪证据中的黄色书刊和淫秽图片的通知》，1957年最高人民法院《关于审讯员在审讯中提出证据或者提示犯罪事实后犯人才作交待应如何处理问题的函》，1951年最高人民法院《关于对事实及证据都已确实弄清的上诉案件可否试行书面审判的批复》等。

三、证据法学

证据法学是研究证据和证据法的学科。在证据法学的发展过程中，证据法学有过不同的称谓，例如证据、证据学、证据法等。近年来我国出版的教材开始统一称谓，称其为证据法学。这主要是由于它是一门独立的学科，研究对象是证据和证据法。

以研究对象的范围为依据，可将证据法学分为广义和狭义两种。狭义的证据法学仅研究诉讼中的证据制度；广义的证据法学不仅研究诉讼证据制度，而且研究仲裁、公证、监察、调解等争端解决机制中的证据问题。由于诉讼是最后的争端解决手段，非诉讼纠纷解决方案也往往要寻求司法的支持并接受司法的监督，因此，非诉讼纠纷解决机制也必须考虑诉讼对证据的要求。本书所指的证据法学的研究对象主要是诉讼证据法律规范和证据制度、诉讼证据理论以及诉讼证据实践。

练一练[①]

（不定项选择题）下列关于证据和证据法的说法，正确的是（ ）。

A. 证据都是事实

B. 证据是认定案件事实的根据

C. 证据法是程序法

D. 证据法是公法

① 参考答案：ABCD。

小结

事实与证据、证据法、证据法学的基本概念是我们学习证据法学首先要掌握的知识点，也是这门课的基础。请思考以下几个问题：

1. 什么是证据？

2. 事实和证据是什么关系？

2. 什么是证据法？

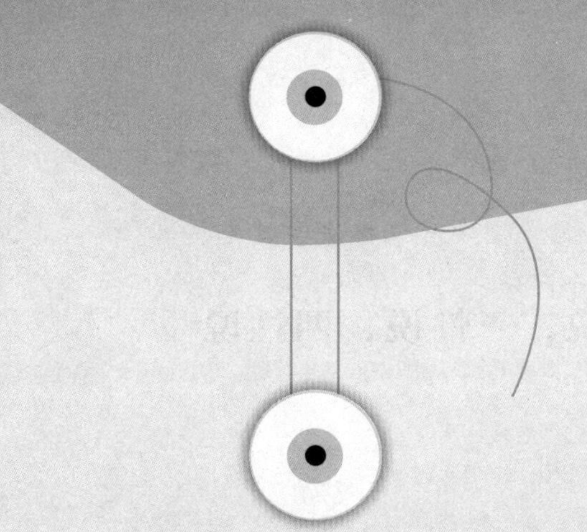

第一章

证据的基本特征

证据有没有客观性、关联性、合法性、主观性？什么是证据能力和证明力？什么是关联性和可采性？这三个问题是证据基本特征的核心问题。客观性、关联性、合法性被称为证据的三性，是我国学者在长期研究中总结的证据基本特征，证据的主观性是近年来对证据的新认识。证据能力和证明力是大陆法系的概念。

第一节　证据基本特征的两性说、三性说、四性说

导语

同学们好！我们本节学习证据的基本特征，又称证据的属性。客观性、关联性是早期对证据属性的认识，被称为两性说。证据的属性有客观性、关联性、合法性，这是我国学界较为普遍的认识，被称为三性说。近年来学界认为主观性也是证据的属性，与客观性、关联性、合法性一起被称为四性说。

我国证据法学界的许多学者主张证据有客观性、关联性、合法性的三性说，还有学者主张证据有客观性、关联性的两性说，或者将客观性称为真实性，此外，也有学者人认为证据具有客观性、主观性、关联性、合法性四性。有的学者用大陆法系的证据能力和证明力来概述证据的基本特征，有的则用英美法系的可采性、关联性描述证据的基本特征。这些研究对于认识证据的属性具有重要意义。还有研究认为，证据的基本特征是客观性、关联性、合法性，其中客观性和关联性的内涵加起来类似于大陆法系的证明力，而合法性的内涵近似于大陆法系的证据能力。

一、客观性

证据的客观性是指证据是确实存在的事物，而不是主观臆测、想象捏造的。证据是真实的，而不是虚假的。第一，证据具有人可以感知的外在表现形式，看得见、摸得着、听得到，或者能够以其他方式为人所知。第二，证据具有真实反映案件事物的内容。这种反映可能会有偏差，但确实是以案件的客观事物为基础。如果是毫无根据的想象、迷信、猜测等，就不具有客观性。

也有人将客观性认定为真实性，认为我国法律法规明确将真实性规定为审查判断证据的三性之一。2017 年《行政诉讼法》第 33 条第 2 款规定："以上证据经法庭审查属实，才能作为认定案件事实的根据。"2018 年《刑事诉讼法》第 50 条第 3 款规定："证据必须经过查证属实，才能作为定案的根据。"2019 年最高人民法院《关于民事诉讼证据的若干规定》第 87 条规定，"审判人员对单一证据可以从下列方面进行审核认定：……（四）证据的内容是否真实"，2012 年刑事审判解释第 104 条第 1 款规定："对证据的真实性，应当综合全案证据进行审查。"这条规定保留在 2021 年刑事审判解释第 139 条第 1 款。2017 年《民事诉讼法》第 63 条第 2 款规定："证据必须查证属实，才能作为认定事实的根据。"借此，有研究认为，真实

性更能够体现法律的现行规定，反映证据的特征。

二、关联性

关联性也是我国学界认可的证据特征，但我国学界对关联性的界定与国际上对关联性的理解不尽相同。

我国学者一般认为，首先，关联是客观存在的，而不是主观想象或者猜测的。司法人员必须尊重证据材料与案件之间的客观联系，据以判断证据对待证事实的证明作用，要考虑采纳该证据所需要付出的人力和时间等资源，还要考虑该证据会不会给证明带来误导或者干扰。其次，关联是多样的。证据材料与待证事实之间的联系是多种多样的，有直接联系、间接联系、因果联系、偶然联系、必然联系等，无论存在何种联系，都要注意分辨其是否对于案件事实具有重要的证明作用。再次，联系是可以为人认识的，随着认识能力的发展而不断丰富。随着科技进步，人对关联性的认识能力不断发展，以前认为没有联系的，通过现代科技可以发掘出联系。例如，人体生物材料在 20 世纪 80 年代末之前很难与案件事实建立联系，但是此后 DNA 作为侦查技术在鉴定领域的运用，使侦查人员可以通过生物材料定位到个人。最后，特殊情况下，关联性也是可以通过法律规定排除的。有些证据材料与案件事实有微弱的关联性，但是与其证明价值相比，它的误导性更大。例如，有的国家通过法律明文规定被告人的前科劣迹与本案犯罪事实之间没有关联性。可见，人对关联性的认识手段主要是逻辑、经验、科技等，特殊情况下法律也可以规定关联性。

三、合法性

合法性要求证据应符合法定种类和形式，取证主体、手段、方法和程序应符合法律规定，并经过法定的审查程序。合法性体现了证据的法律属性。诉讼行为是依法进行的活动，诉讼中用于证明案件事实的证据应当符合法律的要求。合法性是立法者基于价值考量赋予证据材料的特殊要求。证据的合法性以法律规定为前提和标准，没有法律规定就无法考察和判断证据的合法性。因此，关于合法性的认定也是发展变化的，随着法律规定的发展而发展。

四、主观性

证据也具有主观性。所有证据都是主观性和客观性的统一体，不能离开固定收集证据、提供证据、审查证据、认定证据的人的主观认识和判断，其中当然包含人的主观因素。物证固然是客观存在的物，但要作为诉讼中的证据，一是必须和人的行为具有某种关联性，二是必须依赖公安司法人员和当事人的取证、质证、认证等活动，证据材料才能作为证据使用。因此凡是作为证据的材料，必然同时具有客观性和一定程度上的主观性。任何证据都不能离开使用证据的人的主观意志在诉讼中独立存在。

练一练[①]

（不定项选择题）下列关于证据的基本特征的说法，正确的是（　　）。

A. 证据不是必须具有客观性

B. 证据的合法性由法律规定

C. 证据必须与案件事实有联系

D. 证据没有主观性

小 结

本部分内容主要讲了证据的基本特征，即证据的属性。客观性、关联性、合法性、主观性都是证据的基本特征。请思考以下几个问题：

1. 怎么理解证据的客观性？
2. 证据的关联性在实践中有什么体现？
3. 证据的合法性的要求是什么？
4. 证据有主观性吗？证据的运用有主观性吗？

第二节　证据能力和证明力

导 语

同学们好！证据能力和证明力是起源于大陆法系国家的证据属性。证据能力是对证据的资格的要求，要求证据材料具备法定条件。证明力是对证据证明作用的要求，要求证据材料和案件有关联。

一、证据能力

证据能力，又称证据资格或证据的适格性，是指证据材料能够用于严格证明的能力或者资格，是允许作为证据进入法庭接受调查并予以采纳的能力或者资格。

（一）概念

证据材料进入诉讼作为证据，需要符合法律所规定的程序条件和合法形式。只有具备证据条件的证据材料，才能具有证据能力，并非所有的证据材料都具有证据

① 参考答案：BC。

能力从而成为认定案件事实的根据。

大陆法系国家对证据能力一般不做肯定性的积极规定，而只是对限制和取消证据能力的情况作出规定。例如，德国的证据禁止理论对证据能力予以限制；证据禁止是对作为定案根据的证据材料的范围予以限制；程序禁止是指对取证和质证调查核实证据的程序予以限制。如违反法定程序所取得的证据材料，有的没有证据能力。但是总体而言，大陆法对证据能力的限制比英美法要少。

（二）要求

1. 取证主体合法

负责对控方证据进行调查取证的人员应当符合法律规定的条件和资格。这些要求有：

（1）负责调查取证的机关必须是国家侦查机关。

（2）负责调查取证的机关必须是对案件拥有立案管辖权的侦查机关。

（3）负责调查取证的人员必须是侦查人员。

（4）侦查人员必须满足法定的人数要求等。

2. 证据表现形式合法

属于法定的证据种类，证据的收集、固定、保全及其记录符合法定的要求。这些方面的要求有：

（1）需要相关记录文件来证明合法性。

（2）记录文件需要载明证据收集地点、时间。

（3）记录文件需要主持证据收集活动的侦查人员的签名。

（4）记录文件需要参与证据收集活动的当事人、见证人等人员的签名。

（5）记录文件需要载明证据收集、固定、保全等情况。

（6）需要记录所收集的证据材料的相关情况，如证据材料所处的方位等。

3. 取证手段合法

侦查人员在调查取证的方法、手段、方式、步骤等方面符合法定的诉讼程序要求。主要分为言词证据的证据能力和实物证据的证据能力两个方面。对言词证据的证据能力的限制规则相对严格，而对实物证据的证据能力多由法官裁量决定。

4. 法庭调查程序合法

证据必须经过当庭出示、辨认、质证等法庭调查程序，才能作为定罪量刑的根据。

二、证明力

（一）概念

证明力又称为“证明价值”“证明作用”，是指一个证据所具有的证明某一事实存在或不存在的能力。证明力是证据与案件事实的关联程度，关联程度的有无与大小决定着证据对待证事实的证明作用或证明价值，决定其能否证明待证事实存在的可能性。任何一个证据要转化为定案的根据，都必须具有证明力。从消极的方面来说，任何不具有证明力的证据，都不能被确定为定案的根据，甚至就连基本的法庭准入资格都不具备。2019 年最高人民法院《关于民事诉讼证据的若干规定》规定了对单一证据和全部证据的审核认定，其中第 87 条规定，审判人员对单一证据可以从证据与本案事实是否相关的方面进行审核认定；第 88 条规定，审判人员对案件的全部证据，应当从各证据与案件事实的关联程度、各证据之间的联系等方面进行综合审查判断。2021 年刑事审判解释第 139 条第 2 款规定，对证据的证明力，应当根据具体情况，从证据与案件事实的关联程度、证据之间的联系等方面进行审查判断。

证明力的大小是一个逻辑问题，原则上不是法律问题，只有在极为特殊的情况下法律才对证明力作出规定。我国司法解释曾试图对证明力的大小作出规定，但由于证明力大小在本质上不属于法律问题，很难用法律规制。随着对证明力这一性质的认识，法律规定也作出了相应的修改。例如，2001 年最高人民法院《关于民事诉讼证据的若干规定》第 77 条规定："人民法院就数个证据对同一事实的证明力，可以依照下列原则认定：（一）国家机关、社会团体依职权制作的公文书证的证明力一般大于其他书证；（二）物证、档案、鉴定结论、勘验笔录或者经过公证、登记的书证，其证明力一般大于其他书证、视听资料和证人证言；（三）原始证据的证明力一般大于传来证据；（四）直接证据的证明力一般大于间接证据；（五）证人提供的对与其有亲属或者其他密切关系的当事人有利的证言，其证明力一般小于其他证人证言。"经 2019 年修正，新版最高人民法院《关于民事诉讼证据的若干规定》删除了对证据证明力进行排序的规定。

（二）性质

1. 真实性

又可称为"可靠性""可信性"。一方面，从"证据载体"的角度看，证据本身必须是真实存在，而不能是伪造、变造的，如物证必须是真实存在过的物品或痕迹，其真实来源得到笔录证据的印证；另一方面，从"证据事实"的角度看，证据所记录或反映的证据信息必须是可靠和可信的，而不能是虚假的，如书证所记录的内容和思想应反映案件的事实，被告人供述所证明的证据事实与整个案件事实不相冲突。

2. 相关性

又称为"关联性"，是指证据所揭示的证据事实与所要证明的案件事实之间具有逻辑联系。具体而言，一项证据的存在，使得某一证据事实或证据信息得到证明，而这些证据事实和证据信息的成立，又可以导致某一作为证明对象的案件事实的成立变得可能性更大或者更小一些。对于证据所具有的这种证明作用，一般称之为"相关性"。

三、证据能力与证明力的关系

（一）联系

1. 证据能力与证明力都是证据规则的重要内容

证据能力的规则规定的是什么样的材料可以作为证据、什么样的材料不能作为证据，包括相关性规则、传闻证据规则、最佳证据规则、意见证据规则、非法证据排除规则等。关于证据证明力的规则，包括补强证据规则、自由心证规则、仅凭口供不能定案的规则等。

2. 证据能力对证明力的限制

证据能力对证明力有积极的限制，同时也具有消极的限制。所谓积极的限制是指什么样的来源、什么样的方式可以作为证据。所谓消极的限制，即不能作为证据使用的情形，包括禁止通过某些方法（如刑讯逼供）收集的材料作为证据，以及禁止某些材料作为证据。目前我国法律中证据能力对证明力积极限制的规定较多，对证明力消极限制的规定较少。尽管我国法律对不能怎样取证、什么样的证据没有效力作了规定，但是并未规定如果这样取证怎么办、证据是否有效。因而，目前存在争议较多的问题：一是非经法定程序收集的证据材料能否成为定案的证据，包括言词证据和实物证据，以及由此所延伸的证据，即英美法系中所称的“毒树之果”能否使用的问题；二是证明力究竟是由法律规定还是完全依据法官的自由心证来判断。

3. 确立证据能力规则面临的利益冲突

证据能力规则要求排除有证明力的证据。诉讼一方为了证明己方所主张案件事实，可能会强烈抵制证据能力规则。这种冲突在刑事诉讼中表现较为突出。例如，我国《刑事诉讼法》规定了严禁用非法方式取得证据，但对以非法方式取得的证据有无证据能力，尚有待进一步明确。依据《刑事诉讼法》第 56 条的规定，收集物证、书证不符合法定程序，可能严重影响司法公正的，应当予以补正或者作出合理解释；不能补正或者作出合理解释的，对该证据应当予以排除。可见，我国尚未规定非法取得的实物证据材料不能作为证据使用的原则。对于采取不符合法定程序的方式收集的书证物证、视听资料、电子数据等实物类证据材料，在审判实践中通常是作为一种“瑕疵证据”对待，即这些实物证据有客观性、关联性，但不符合法定收集程序、合法性存在问题时，有三种处理方式：第一种情况是对于不可能严重影响司法公正的，可直接作为认定案件事实的根据；第二种情况是对于其中可能严重影响司法公正的，通过予以补正或者作出合理解释的方式弥补合法性，然后其可以作为认定案件事实的根据；第三种情况是对于既可能严重影响司法公正，又不能补正或者作出合理解释的，予以排除。

（二）区别

1. 性质不同

证据能力是一个法律问题，在法律上规定什么样的材料才能成为证据，这个限定条件就是证据材料具有证据能力的条件。只有具备了证据能力的材料才能成为证据。一般而言证据材料需要具备证据的三性：**客观性、关联性、合法性**，与证据能力相关的合法性问题，法律可以直接加以规定。而证明力是逻辑问题，是在解决了法律问题之后，对于已经具备证据能力的材料进行审查判断，从中看出其对案件的证明作用的程度。与证明力相关的客观性、关联性不是法律能够明确加以界定的。

2. 对案件事实的作用不同

证据能力涉及的问题是**诚实、合法地证明案件事实，保障人的基本权利**；而证明力是证据与案件事实之间的联系，涉及**客观真实**。追求权利保障和与追求客观真实之间存在着很大的区别，两者分别代表了两种不同的价值观。前者要求证据材料的收集、认定和采用应当符合实体法和程序法的有关规定，应从法律的角度来运用和分析证据材料，强调合法性。合法性的目的主要就是保障权利。而客观真实在证明力方面的含义是指依据证据对认识案件事实的作用来审查判断，只要能够证明案件事实的材料都应该进入诉讼。例如，按照权利保障的要求，以刑讯逼供的方法获得的证据没有证据能力，非法搜查取得的书证物证也没有证据能力。但是按照客观真实的要求，刑讯逼供取得的证据材料也能够证明案件事实，非法搜查取得的书证物证也能够证明案件事实，尤其是书证物证，可能只有一份原件，证明价值很大。这也是理论界一直争论的非法证据的证据效力和证明力问题的起源。

3. 判断规则不同

判断某个证据材料是否具有证据能力，主要是从法律角度进行判断，根据法律的规定判断是否具有作为证据的资格，即**主要是考虑证据的合法性**。首先，判断取证主体是否合法。其次，判断取证程序是否合法。根据 2017 年《关于办理刑事案件严格排除非法证据若干问题的规定》第 1 条至第 4 条的规定，严禁刑讯逼供和以威胁、引诱、欺骗以及其他非法方法收集证据；采取殴打、违法使用戒具等暴力方法或者变相肉刑的恶劣手段，采用以暴力或者严重损害本人及其近亲属合法权益等进行威胁的方法，使犯罪嫌疑人、被告人遭受难以忍受的痛苦而违背意愿作出的供述；采用非法拘禁等非法限制人身自由的方法收集的犯罪嫌疑人、被告人供述，应当予以排除。最后，判断证据形式是否具有法律规定的许可性，不符合法定形式的事实和材料不能作为证据。

我国法律中有关证据能力的规则尚不完善，在诉讼法以及相关司法解释之中有零散规定。在这方面，许多国家尤其是英美法系国家的成功经验值得借鉴。在证据能力认证问题上，根据证据基本属性的要求确立了一般标准，即关联性规则和一系列排除规则，包括非法证据排除规则、传闻证据规则、最佳证据规则、意见证据规则、品格证据规则等，可作我国证据立法研究和理论研究的“他山之石”。

对于证据的证明力判断规则，主要是考虑**具有证据能力的证据对于证明案件事实的作用**，不再考虑其可采性问题。在我国证据法中，证据的证明力取决于证据同案件事实的客观、内在联系及其紧密程度。一般而言，同案件事实存在着直接的内在联系的证据，其证明力较大；反之，其证明力较小。证明力的判断应该是由法官裁量，在实践过程中逐渐也形成一些对证明力的判断规则。

证据证明力的判断涉及认证标准和证明标准的问题。认证标准是认证主体认定证据的证明力大小与强弱所遵循的标准；而证明标准是对整个案件事实所涉及的有关待证事实的认定标准。二者都是法官行使审判职权的一种必要方式，但认证标准涉及证据之间在证明效力上的强弱，它体现的是某一证据是否将被采信仍处于未决状态；而证明标准则是对待证事实的认定，涉及所有已被认定的证据与待证事实之间的证明价值。研究证据证明力的判断规则应当从以上两个标准出发，根据不同法律程序的特点确立相应的规则。

四、证据能力与证明力的运用

（一）应以证据能力而非以证明力问题为主要辩护思路

在刑事案件中，辩护律师应当**以证据能力为主要辩护思路**。因为法官的自由心证是很难用证明力规则来约束和限制的，而只有证据能力规则是法定的，所以，要运用含有“必须”和“应当”要求的规则使得法官的自由裁量权消减于无。要在法官没有自由裁量权的空间发挥辩护对证据与证明的影响作用。

（二）重视对证据真实性和证明力问题的辩护

在实践中，辩护律师需要重视对证据真实性和证明力的辩护。例如，在法庭上出示的复制件和复制品，与原件和原物是否有区别、是否如实复制；在法庭上出示的视听资料、电子数据，是否经过了剪辑或者编辑；证人与案件事实或者与当事人有没有利害关系、是否会影响到其证人证言的可信度等。

练一练①

1.（不定项选择题）下列关于证据的说法，正确的是（　　）。

A. 证明力和证据能力缺一不可

B. 证据之所以具有证明力，是因为证据具有关联性

C. 不让犯罪嫌疑人休息所取得的供述，可以作为定案的根据

D. 不能正确表达的人不能作证人，这体现的是关联性

2.（单项选择题）下列关于作为定案根据的证据的说法，正确的是（　　）。

A. 不能是复印件

B. 必须由鉴定专家认可真实性

C. 具有证据能力和证明力

D. 犯罪嫌疑人的沉默就是问题

---

① 参考答案：1. AB；2. C。

小 结

证据能力解决的是证据的“合法性”问题；证明力取决于证据与案件事实之间有无联系及其强弱。本节内容比较丰富，知识点比较抽象，讲述了证据能力与证明力的基本内涵、二者的关系及运用。请思考以下几个问题：

1. 证据能力与证明力是什么？
2. 证据能力与证明力的区别是什么？
3. 证据能力与证明力如何运用？

第三节 关联性与可采性

导 语

同学们好！关联性与可采性是起源于英美法系国家的证据属性。关联性是证据本身的属性，是证据与案件事实的逻辑联系，由陪审员或法官自由判断。可采性是证据的法律属性，体现为复杂的证据排除规则，由法律规定什么样的材料不得作为证据。

一、关联性

证据的关联性又称相关性，是指证据与需要证明的待证事实有联系。证据具有一种倾向，使得案件中某一事实更有可能或者更不可能。只有具有关联性的事物之间才有证明关系，有这个证据比没有这个证据更有利于认识待证事实是否存在。关联性是证据的自然属性。在英美法系中，多数情况下，关联性的有无和大小是事实问题，由陪审员判断；在极少数情况下，关联性的有无是法律问题，由法官依法判断。

事物之间存在普遍联系，联系的方式各不相同，但普遍联系的哲学观点不能指导诉讼证据。联系越紧密、直接，作为证据的证明力越强，如果联系越疏远、间接，作为证据的证明力越弱，甚至可能不能作为证据。

识别和判断关联性的标准是经验法则和科学原理，关联性是否存在，需要合乎逻辑地运用经验法则或科学原理来判断。有的国家还规定了关联性排除规则，排除一些容易造成误导或侵犯权利的证据材料的关联性。例如，美国有证据规则规定强奸案中被害人的性历史与强奸行为没有关联性；提供帮助的行为与侵权没有关联性等。

成文证据法或者证据法典通常会对关联性作出规定或者解释。例如，《美国联邦证据规则》第 401 条规定“检验关联证据”，关联证据是指符合以下条件的证据：(a) 与没有证据时相比，它有可能使某事实存在的可能性更大或更小；(b) 该事实对决定诉讼具有重要意义。需要注意的是：第一，这种可能性、概率的标准是“比没有证据的可能性要大”，比这一标准更严格的要求是不可行的、不现实的。第二，第 401 条的行文在处理可能性、概率方面，还具有避免混淆证据的可采性和证据的充分性的优点。也就是说，第 401 条对关联性的描述既不涉及可采性，也不涉及充分性。第三，证据要证明的事实可能是最终的、中间的或者是要证明证据的事实，这都无关紧要，只要该事实对案件的裁判有意义、有影响。总之，证据对待证事实具有证明价值，能够对认识待证事实存在与否有帮助，就具有关联性，对关联性的大小不作要求。

二、可采性

证据的可采性，是指是否允许其在法庭上提出来用于证明案件待证事实。凡是可以在审判中向法庭提出的证据材料都具有可采性。可采性是英美证据法理论的核心。在我国台湾地区，证据的可采性被称为证据的可容许性。可采性仅仅是指允许证据材料在法庭上出现，允许向法庭提供这个证据材料。可采性不是指证据获得法庭的采信，不是指我国诉讼法上所指的“作为定案的根据”，作为定案根据的证据是已经查证属实的，包含了法官对证据客观、真实的认定，法官认为可据以认定案件真实情况。但证据的可采性只是涉及了对某个材料作为证据的资格审查，是证据材料作为定案根据的前提条件。

依据《美国联邦证据规则》第 402 条“关于证据可采性的一般规定”，“具有关联性的证据是可采的，除非以下法律法规有特别规定：美国宪法、联邦法规、本规则、联邦最高法院制定的其他规则。没有关联性的证据不可采”。有关联性的证据就有可采性，在《统一证据规则》第 7 (f) 条、堪萨斯州《民事诉讼法》第 60-407 (f) 条、新泽西州《证据规则》第 7 (f) 条都有类似规定，但是这些规则并未明确规定排除没有关联性的证据，而只是一种暗示。当然，并非所有有关联性的证据都有可采性，排除有关联性的证据的规定可见于《美国联邦民事诉讼规则》《美国联邦刑事诉讼规则》以及《美国宪法》及其相关判例。《联邦证据规则》第 403 条规定，“由于不公的偏见、混乱、浪费时间或者其他原因排除有关联性的证据”，“如果以下一种或者多种危险超过了其证明价值，那么法院可以排除有关联性的证据：不公正的偏见、混淆争点、误导陪审团、不当拖延、浪费时间或者不必要的提供补充证据”。这些排除规则最初来自判例，判例法承认在某些情况下，需要排除具有关联性的证据。这是为了平衡证据的证明价值和其可能造成的损害，以下举例说明。第 404 条、第 405 条、第 406 条规定了品格证据排除规则等，品格与习惯等不得用以证明与之相符的行为。第 407 条规定了事后补救措施排除规则，如果事后补救措施减小了先前伤害或损害发生的可能性，则关于事后补救措施的证据不得用以证明过错、有责行为、产品缺陷或设计缺陷等。第408条规定为了和解或协商解决纠纷而做的某些陈述不具有可采性。第409条规定“支付医疗费和类似费用”，提供、承诺或者愿意支付医疗费或类似费用的证据不得用于证明负有损害赔偿责任。第410条规定了辩诉交易中的陈述要排除，即被告人在刑事诉讼中撤回的有罪答辩在民、刑事诉讼中，都不具有可采性。以上排除规则均有例外。

关联性是可采性的必要条件、前提条件，没有关联性就没有可采性，有可采性的证据必须要有关联性。原则上所有具有关联性的证据都有可采性，除非法律特别规定。这意味着有关联性的证据未必都有可采性。可采性规则中有排除关联性的规则，基于其他政策排除与案件有关联性的证据材料。

可采性规则一般是否定性、限制性的规则，规定什么样的证据材料不应当向法庭提供，多数都是排除规则。可采性规则起着过滤器的作用，将生活世界的事实与法律世界的事实隔断。最重要的可采性规则是关联性规则，没有关联性的证据一律不可采。此外，还有传闻证据规则、品格证据规则、证人作证规则、免证特权规则、意见证据规则、最佳证据规则等。在排除规则之外又发展出一系列的例外规定，这些共同构成了可采性规则的内容。

可采性规则不但发挥着排除和限制证据材料的作用，还起着引导和规范人的行为、调整人的观念的功能。第一，可采性规则的初衷和目的是保护人的权利，从而进一步鼓励发展保护权利的政策和措施。例如，非法证据排除规则涉及人的隐私权、财产权、住宅权、通信权、人身自由权等，为了保护这些权利，宪法、刑事诉讼法要求警方搜查、扣押、逮捕等措施必须符合法定程序，从而发展出非法证据排除规则，这一规则进一步促进了警方的侦查取证行为的规范化。又如，辩护律师和被追诉人之间的秘密谈话内容不得作为证据材料，这是为了保护被追诉人的辩护权。第二，可采性规则可以排除不公正的偏见。有些证据材料虽然有证明价值，但其带来的偏见大于其证明价值，因此也予以排除。例如，强奸案中被害人的性历史在强奸案中被排除，即使被害人以前性生活混乱，也不允许在法庭上提出这种证据材料。第三，可采性规则鼓励和保护人的良心善行。例如，提供救助、事后补救措施、支付医药费等行为不得用于证明过错和责任，就可以使人行善时免除承担责任的顾虑。

练一练①

（不定项选择题）下列关于可采性和关联性说法，正确的是（　　）。

A. 被告人五年前因为诈骗坐过牢，与本诈骗案有关联性

B. 作为定案根据的材料具有可采性

C. 作为定案根据的材料具有关联性

D. 没有关联性的证据不可采

① 参考答案：BCD。

小结

本部分内容主要讲了证据的关联性和可采性。关联性要求证据与需要证明的待证事实有联系，可采性是法律允许一个材料在法庭上出示、接受质证。请思考以下几个问题：

1. 什么是关联性？怎么判断一个材料有没有关联性？
2. 什么是可采性？怎么判断一个材料有没有可采性？
3. 关联性和可采性有什么关系？

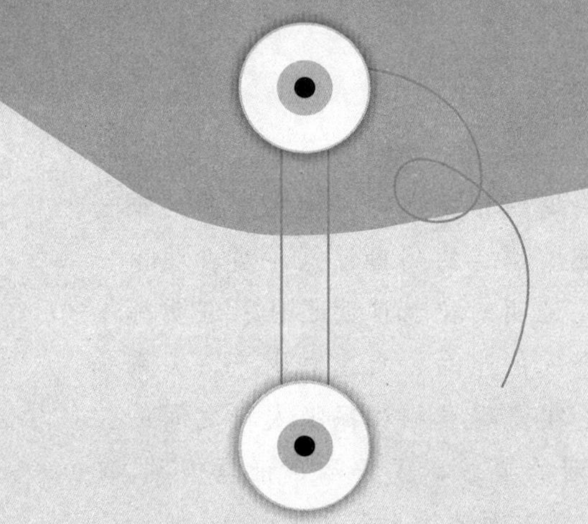

第二章

刑事诉讼证据与证明

我国没有独立的刑事证据法典。我国刑事证据立法采取的是大陆法系立法例，关于刑事诉讼证据的相关规定主要来源于《刑事诉讼法》。我国的证据规定还来源于相关立法司法解释、部委规章等。

我国刑事证据法的主要法律渊源有：第一，宪法、基本法和法律。主要有：宪法；《刑事诉讼法》(1979 年 7 月 1 日第五届全国人民代表大会第二次会议通过，历经 1996 年、2012 年、2018 年三次修正)；2005 年公布、2015 年修正的《全国人民代表大会常务委员会关于司法鉴定管理问题的决定》。第二，最高人民法院、最高人民检察院、公安部、司法部等公布的司法解释、部委规章。主要包括：2010 年最高人民法院、最高人民检察院、公安部、国家安全部、司法部公布的《关于办理死刑案件审查判断证据若干问题的规定》和《关于办理刑事案件排除非法证据若干问题的规定》；2012 年公安部公布的《公安机关办理刑事案件程序规定》(2020 年修正)；2021 年最高人民法院公布的《关于适用〈中华人民共和国刑事诉讼法〉的解释》；2012 年最高人民法院公布的《关于适用〈中华人民共和国刑事诉讼法〉的解释》；2014 年公安部公布的《公安机关讯问犯罪嫌疑人录音录像工作规定》；2015 年公安部公布的《公安机关刑事案件现场勘验检查规则》；2016 年最高人民法院、最高人民检察院、公安部公布的《关于办理刑事案件收集提取和审查判断电子数据若干问题的规定》；2017 年最高人民法院、最高人民检察院、公安部、国家安全部、司法部发布的《关于办理刑事案件严格排除非法证据若干问题的规定》，以及《人民法院办理刑事案件第一审普通程序法庭调查规程（试行）》；2019 年最高人民检察院公布的《人民检察院刑事诉讼规则》；2019 年公安部公布的《公安机关办理刑事案件电子数据取证规则》；等等。

学习刑事证据法，除了必须了解以上法律法规的相关规定，还要掌握刑事证据基本理论。主要包括：刑事证据的基本特征、法定的刑事证据种类、理论上对刑事证据的分类、刑事证据法的基本原则、证明对象、证明责任、证明标准。尤其是刑事证据决定着定罪量刑，决定着个人的生命、自由和财产，关系重大，利益冲突激烈。为了深刻把握刑事证据法在发现真相和保障人权之间的利益衡量，要熟悉无罪推定原则、证据裁判原则的要求，了解刑事证据规则，熟知证据规则在保障个人权利、防范对无辜者定罪方面的重大意义。

第一节 刑事证据概论

导 语

同学们好！从现在开始我们正式学习刑事诉讼证据。我们都说，“打官司，打的就是证据”，足见证据在诉讼中的重要性。同学们要掌握证据的内涵、特征并灵活运用；能够叙述出证据与相关概念的区别。请特别注意标蓝字体。

在中国的证据法学理论中，对证据的概念一直存在着较多争议。有学者将证据定义为“证明案件真实情况的事实”①，即“事实说”；有学者将证据定义为“证明案件事实的根据”②，即“根据说”；有学者将证据界定为“证明案件事实的材料”③，即“材料说”；还有学者将证据概括为“证据内容与证据形式的统一”④。但是，这些分歧的观点，随着 2012 年《刑事诉讼法》的通过尘埃落定。“材料说”得到了立法的采纳，它被确立为权威的证据定义。

一、证据的概念

对于证据的概念，需要考虑两个方面：一是证据所包含的“证据事实”，二是作为证据表现形式的“证据载体”。证据是“证据事实”与“证据载体”的统一。

刑事案件中的事实可以分为两类：一是尚未为办案人员所认识的先验的客观事实；二是进入办案人员认识领域的主观事实。前者属于证据形成的基础，后者则属于证据运用的结果。

证据载体，是指那些记载或者证明一定证据事实的证据形式，如作为证据表现形式的实物、笔录或者言词陈述等。需要注意的是，只有那些进入办案人员主观认识领域并以法定形式表现出来的证据载体，才是人们考察证据的逻辑起点。人们所收集、调查的证据，其实都已经渗入了办案人员的主观认识和判断，才成为了可操作、可审查的证据形式。尽管这些证据载体包含的信息不一定是可靠的、不一定与案件事实有内在的逻辑性，甚至也存在非法的证据收集手段，但是，这些证据载体的确能为人们判断案件事实是否存在提供依据或者参考。据此，人们可以通过证据之间的相互印证和比对，正确判断出证据是否是伪造、变造，也可以验证证据材料

① 陈一云．证据学．北京：中国人民大学出版社，2000：99.
② 杨荣新．民事诉讼法教程．北京：中国政法大学出版社，1991：201.
③ 应松年．中国行政诉讼法讲义．北京：中国政法大学出版社，1994：136.
④ 卞建林．证据法学．北京：中国政法大学出版社，2000：70.

究竟能证明案件事实的哪些环节。

所以，对证据概念的认识应当同时兼顾“证据事实”和“证据载体”，而不能片面地认识其一；否则，就不能形成对证据本质属性的完整认识。

二、刑事证据的特征

刑事证据的特征包括客观性、关联性、合法性。具体内容如表 2－1 所示。

表 2－1 刑事证据的特征

客观性	证据必须是客观存在的事实，而不能是主观臆测、想象或捏造的东西。如道听途说等由于无法查证，因此不能作为证据使用。
关联性	证据与案件事实有无联系以及联系的紧密和强弱程度。分两个层次：第一，证据材料与案件事实是否有关联以及这种关联是否具有确定性，这是判断其是否具有证据资格的重要标准；第二，这种联系的紧密以及强弱程度，决定着证据证明力大小，判断标准是经验法则和科学原理。
合法性	分四个层次：第一，证据的表现形式要合法；第二，证据的收集主体要合法；第三，证据的收集程序要合法；第四，证据调查形式要合法。

三、证据材料、证据和定案根据的概念区分

2012 年和 2018 年《刑事诉讼法》将证据定义为“可以用以证明案件事实的材料”。这里所说的证据材料，其实就是证据载体。证据的这一定义，也将“证据”与“定案的根据”明确区分开来，反映了立法上的一大进步。在立法过程中，注重了证据内容与证据形式的统一，强调证据既是一种材料，也包含着特定的案件事实。

那么，“证据”与“定案的根据”如何区分呢？事实上，裁判者把证据材料作为认定案件事实的根据，但不是所有的证据材料都是定案的根据。未经法庭上的举证、质证和相互辩论，这些证据材料有可能是虚假的、不真实的，也有可能是与案件无关联的，更有可能是通过非法手段取得的，根本就没有证据资格即证据能力。“定案的根据”，通俗而言就是证据审查的结果，也就是经过了裁判者一系列法定的审理程序，最终将那些具备真实性、合法性和相关性的证据材料，采纳作为认定案件事实的根据。

任何证据材料至多只是记载特定案件事实的形式，未经法定的审查程序，还不能转化为“定案的根据”。而这些证据材料要转化为定案的根据，需要同时具备证据能力和证明力。据此，从“证据材料”到“定案的根据”，其间经历了整个刑事诉讼对证据材料的审查判断过程。

练一练

王某涉嫌故意杀人罪，侦查中发现其有抢劫罪前科。问：其前科行为是否与本杀人案件具有关联性？

小结

本部分知识点是我们学习刑事诉讼证据首先要熟记的基础知识。请思考以下几个问题：

1. 证据是什么？
2. 证据材料、证据与定案根据有什么区别？

第二节　刑事证据的法定种类

导语

同学们好！我们本节学习刑事诉讼的证据种类，即刑事证据的法定种类。法定种类有八类，每一类都是学习的重点。每一种证据种类的概念、特征及证据的运用是难点。学习时既要注意区分各种证据，又要注意不同证据的运用。

所谓刑事证据的法定种类，又称为“证据的法定形式”，是刑事证据法所规定的各种证据材料的表现形式。2018 年《刑事诉讼法》第 50 条确立了八类法定证据种类，见图 2－1。

法定证据种类：
- 物证
- 书证
- 证人证言
- 被害人陈述
- 犯罪嫌疑人、被告人供述和辩解
- 鉴定意见
- 勘验、检查、辨认、侦查实验等笔录
- 视听资料、电子数据

图 2－1　法定证据种类

有的国家在立法中不区分证据的种类，其学术界也仅对证据种类予以粗略划分，其中尤以人证、物证、书证为重，凡是知道案情的人，包括被害人、犯罪嫌疑人、被告人、专家、取证的警察均可作为证人，物证和书证也辅之以取证人、制作人言词说明的方式提出来，一切具有可采性的证据均以言词的方式当庭提出。我国法律中规定的证据种类是受苏联法律影响。苏联法学界将证据种类称为证据来源，分为人的陈述和实物。人的陈述包括证人证言、鉴定人意见、被告人辩解和供述；实物包括物证、文件和其他书面证据，如侦查审判行为的笔录及其他文件。

与国外立法不区分证据种类相比，我国在立法中细致区分证据种类具有重大意义，它实质上是对证据范围的界定，是证据定义的组成部分。此外，我国审查判断证据的规则是根据种类来设定的。对此，证据种类划分越细致，越容易根据不同种类证据的特征来确立有针对性的审查判断证据的规则。但是也有需要完善之处：一是证据的种类具有封闭性，无法划进法定种类的新型证据材料难以在诉讼中使用。例如，1996 年修正的《刑事诉讼法》纳入视听资料，2012 年修正的《刑事诉讼法》新增了电子数据以及辨认、侦查实验等笔录，在这些证据种类入法之前，其能否作为证据材料来使用，在理论上和实践中都存在疑问和争议。这意味着，在 1996 年之前，录音录像材料按照 1979 年《刑事诉讼法》规定的证据种类难以分类，是很难作为证据材料在诉讼中使用的，如果录音录像材料对证明案件非常关键、必须使用，就只能把其归入书证或者物证。二是我国立法上的证据种类与证据的审查判断方式一一对应，如果立法上没有划分出独立的证据种类，也不会对该类证据确立审查判断规则，实践中司法人员在法庭上就难以审查判断证据。

证据的种类作为证据的法定形式，是证据在法律上的划分，与证据的理论分类存在区别。第一，证据的种类是基于法律规定，具备法律效力，只有符合法定分类的材料才能作为证据使用，证据的法定种类具有法定性。第二，除非法律修改，否则证据的种类不会改变，从而具有稳定性。第三，划分标准和角度具有单一性。而证据的理论分类不是立法规定，只是学理上对证据的划分，不具备法律规范的特征，从而不具备法律效力，也不具备稳定性，学者可基于研究的需要按照不同的标准对证据进行分类。

一、物证

（一）物证的概念与特点

1. 物证的概念

物证是以其外部特征、物理属性、存在状态等来证明案件事实的物品或痕迹。

物证有广义和狭义两种含义。广义的物证是与广义的人证相对应的证据材料，是以实物或物质为表现形式的证据材料；狭义的物证即我国法定证据种类中所指的物证。

从证据材料上看，物证的范围广泛，包括：

（1）作案的工具，例如杀人时使用的凶器、毒药，盗窃时使用的溜门撬锁工具、万能钥匙等。

（2）犯罪行为所侵害的客体物，例如杀人案件中的尸体、盗窃案件中的被盗财物、贪污贿赂案件中的财物等。

（3）犯罪行为人遗留在犯罪现场的物品，例如抢劫犯遗留在现场的鞋帽、衣物、烟头、票证、信件，以及其他能够证明案件待证事实的物品。

（4）犯罪行为人遗留的痕迹，例如强奸案中遗留的血液、精斑、指纹、脚印等痕迹。

（5）其他可以用来发现犯罪行为和犯罪行为人的物品，例如尸体的变化、尸体上的蛆虫等。

总之，物证通常表现为物品和痕迹两大类。物品通常指那些客观存在的物体实物，如凶器、毒药、尸体、毛发、赃款赃物，犯罪现场留下的物品，如烟头、饮料瓶、纸屑等；痕迹通常指那些在其他物体上留下的印记，如血液、精斑、指纹、脚印、破坏痕迹等。物证是以其存在的位置、形状、质量、规格、特性等外部特征证明案件事实。

2. 物证的特点

（1）物证客观性强，真实性强，是不依赖于主观意识而客观存在的实物，人可以感知到物证的存在。物证作为“哑巴”证据，一旦形成就可以独立存在，即使被篡改、毁损也会留下新的线索和证据。物证虽然客观性强，也仍需要加强甄别，有的物证可能是伪造或者变造的，不能作为证明案件事实的定案根据。

（2）物证一般为间接证据。物证与案件事实之间的联系往往是间接的、需要逻辑推理的，不是直接的、一目了然的，每个单独的物证所能够证明的案件事实，往往是局部事实而不是全部主要事实。因此，物证多为间接证据。但是在特殊情况下，物证可以作为直接证据，例如，在持有型犯罪中被持有的物品，如毒品、枪支等，可以单独、直接地证明案件主要事实。

（3）物证同其他证据种类相比**更直观**、**更容易把握**。物证看得见、摸得着，通过观察就容易了解它。随着科技发展，以前不能用作证据的物品、痕迹如今也能够作为物证在诉讼中使用，例如微量物等。

（4）物证与视听资料、电子数据有本质不同。前者是以其**物理属性**或**外部特征**来发挥证明作用，而后者是以高科技手段所记录的声音、图像或者连续的行为动作来发挥证明作用。

3. 物证在诉讼中的意义

物证在诉讼中具有重要意义，在我国《刑事诉讼法》列举的证据种类中居于第一位。其重要意义主要在于：

（1）物证具有较强的客观性，对当事人、证人的陈述等主观性较强的证据可起到印证作用。当需要判断主观性陈述的真伪时，物证的验证比对能力较强。

（2）物证对于其他证据的收集、获取具有线索、引导作用。根据已经发现的物证，可为进一步获得其他证据指明方向。

（3）物证是进行诉讼证明的重要手段。物证是案件事实和人的认识之间的媒介物，说服力强。全面、细致地收集物证，是发现案件事实的重要方法。

（二）物证的种类

物证的分类极其多样，根据不同的标准可以将物证区分为不同的种类。

（1）根据物证有无一定的形态，可以将其区分为有形物和无形物。有形物具备一定的外在形态，一般以外部特征发挥证明作用；无形物不具备外在形态，一般以其特殊属性来证明案件事实，例如声音、气味、磁场、电等。

（2）根据物证在常温下的外观存在形态，可以将其区分为固态证据、液态证据和气态证据。

（3）根据感知物证的方法，可以将其区分为视觉物证、听觉物证、嗅觉物证、触觉物证等。

（4）根据物证体积大小，可将其区分为巨型物证、常态物证和微量物证。巨型物证体积庞大，一般不能随案移送，只能拍照、录像入卷，例如行贿受贿案件中的房产、汽车等财物。微量物证则是体积微小，可能需要借助仪器才能发现、识别的材料，例如微量微末、痕迹等。

（5）根据物证是否有生命，可将其区分为活体证据和无生命的物证。前者如证人和动物，后者如尸体、物品等。

（三）物证的取证要求

刑事案件中的物证多来自侦查。2018 年《刑事诉讼法》第二编第二章“侦查”的第五节“搜查”和第六节“查封、扣押物证、书证”规定了对物证的取证要求。依据《刑事诉讼法》第 136 条至第 145 条的规定，对物证的取证有如下要求：

（1）搜查的范围。侦查人员可以对犯罪嫌疑人以及可能隐藏罪犯或者犯罪证据的人的身体、物品、住处和其他有关的地方进行搜查，以获取物证。

（2）协助义务。任何单位和个人，有义务按照人民检察院和公安机关的要求，交出可以证明犯罪嫌疑人有罪或者无罪的物证。

（3）有证搜查和无证搜查。持搜查证进行搜查是原则，进行搜查时必须向被搜查人出示搜查证。无证搜查是例外，仅在执行逮捕、拘留的时候，遇有紧急情况，不另用搜查证也可以进行搜查，又称附带搜查。

（4）搜查的见证人。在搜查的时候，应当有被搜查人或者他的家属、邻居或者其他见证人在场。见证人的作用是证明搜查程序的合法性，例如属有证搜查、已出示搜查证等。

（5）对女性搜身的特殊规定。搜查妇女的身体，应当由女工作人员进行。

（6）必须制作搜查笔录。搜查的情况应当写成笔录，由侦查人员和被搜查人或者其家属、邻居或者其他见证人签名或者盖章。如果被搜查人或者其家属在逃或者拒绝签名、盖章，应当在笔录上注明。

（7）查封和扣押物证。在侦查活动中发现的可用以证明犯罪嫌疑人有罪或者无罪的各种财物，应当查封、扣押；与案件无关的财物，不得查封、扣押。对查封、扣押的财物，要妥善保管或者封存，不得使用、调换或者损毁。

（8）扣押物证应在见证人见证下制作扣押清单。对查封、扣押的财物，侦查人员应当会同在场见证人和被查封、扣押财物持有人查点清楚，当场开列清单一式二份，由侦查人员、见证人和持有人签名或者盖章，一份交给持有人，另一份附卷备查。

2020 年《公安机关办理刑事案件程序规定》第 222 条至第 236 条关于“搜查”和“查封、扣押”之规定，对于收集物证的要求有如下补充规定：

（1）搜查的决定权在于公安机关，需经县级以上公安机关负责人批准。

（2）明确了执行逮捕、拘留时不用搜查证也可进行搜查，即附带搜查的紧急情况包括以下五种：可能随身携带凶器的；可能隐藏爆炸、剧毒等危险物品的；可能隐匿、毁弃、转移犯罪证据的；可能隐匿其他犯罪嫌疑人的；其他突然发生的紧急情况。

（3）公安机关查封、扣押遇阻可强制搜查。遇到阻碍搜查的，或者持有人拒绝交出应当查封、扣押的财物的，侦查机关可以强制查封、扣押。

（4）关于持证并出示查封、扣押决定书等的要求。在侦查过程中需要扣押财物、文件的，应当经办案部门负责人批准，制作扣押决定书。在以下六种情况下需要县级以上公安机关负责人批准，制作查封、扣押决定书等文件：一是扣押价值较高的财物、文件的；二是扣押的财物、文件可能严重影响正常生产经营的；三是需要查封土地、房屋等不动产的；四是需要查封船舶、航空器的；五是需要查封其他不宜移动的大型机器、设备等特定动产的；六是扣押犯罪嫌疑人的邮件、电子邮件、电报，应当经县级以上公安机关负责人批准，制作扣押邮件、电报通知书，通知邮政部门或者网络服务单位检交扣押。不需要查封、扣押决定书的情况只有一种，即在现场勘查或者搜查中需要扣押财物、文件的，由现场指挥人员决定。

（5）执行查封、扣押的侦查人员不得少于二人。

（6）关于清单的要求。对查封、扣押的财物和文件，应当会同在场见证人和被查封、扣押财物、文件的持有人查点清楚，当场开列查封、扣押清单一式三份，写明财物或者文件的名称、编号、数量、特征及其来源等，由侦查人员、持有人和见证人签名，一份交给持有人，一份交给公安机关保管人员，一份附卷备查。对于财物、文件的持有人无法确定，以及持有人不在现场或者拒绝签名的，侦查人员应当在清单中注明。

（7）关于拍照录像、鉴定估价的要求。依法扣押文物、贵金属、珠宝、字画等贵重财物的，应当拍照或者录音录像，并及时鉴定、估价。

（8）关于不便提取的物证的处理。对作为犯罪证据但不便提取或者没有必要提取的财物、文件，经登记、拍照或者录音录像、估价后，可以交财物、文件持有人保管或者封存，并且开具登记保存清单一式两份，由侦查人员、持有人和见证人签名，一份交给财物、文件持有人，另一份连同照片或者录音录像资料附卷备查。财物、文件持有人应当妥善保管，不得转移、变卖、毁损。

（9）执行查封、扣押时，应当为犯罪嫌疑人及其所扶养的亲属保留必需的生活费用和物品。能够保证侦查活动正常进行的，可以允许有关当事人继续合理使用有关涉案财物，但应当采取必要的保值、保管措施。

（10）查封、扣押物证的解除。对查封、扣押的财物、文件、邮件、电子邮件、电报，经查明确实与案件无关的，应当在三日以内解除查封、扣押，退还原主或者邮政部门、网络服务单位；原主不明确的，应当采取公告方式告知原主认领。在通知原主或者公告后六个月以内，无人认领的，按照无主财物处理，登记后上缴国库。

（11）返还被害人。有关犯罪事实查证属实后，对于有证据证明权属明确且无争议的被害人合法财产及其孳息，且返还不损害其他被害人或者利害关系人的利益，不影响案件正常办理的，应当在登记、拍照或者录音录像和估价后，报经县级以上公安机关负责人批准，开具发还清单返还，并在案卷材料中注明返还的理由，将原物照片、发还清单和被害人的领取手续存卷备查。领取人应当是涉案财物的合法权利人或者其委托的人；委托他人领取的，应当出具委托书。侦查人员或者公安机关其他工作人员不得代为领取。查找不到被害人，或者通知被害人后，无人领取的，应当将有关财产及其孳息随案移送。

（12）查封、扣押财物、文件的保管。对查封、扣押的财物及其孳息、文件，公安机关应当妥善保管，以供核查。任何单位和个人不得违规使用、调换、损毁或者自行处理。县级以上公安机关应当指定一个内设部门作为涉案财物管理部门，负责对涉案财物实行统一管理，并设立或者指定专门保管场所，对涉案财物进行集中保管。对价值较低、易于保管，或者需要作为证据继续使用，以及需要先行返还被害人的涉案财物，可以由办案部门设置专门的场所进行保管。办案部门应当指定不承担办案工作的民警负责本部门涉案财物的接收、保管、移交等管理工作；严禁由侦查人员自行保管涉案财物。

（13）不宜长期保存或者难以保管的物品的变现。在侦查期间，对于易损毁、灭失、腐烂、变质而不宜长期保存，或者难以保管的物品，经县级以上公安机关主要负责人批准，可以在拍照或者录音录像后委托有关部门变卖、拍卖，变卖、拍卖的价款暂予保存，待诉讼终结后一并处理。对于违禁品，应当依照国家有关规定处理；需要作为证据使用的，应当在诉讼终结后处理。

此外，2019 年《人民检察院刑事诉讼规则》第 209 条、第 210 条对调取物证的规定如下：

（1）调取物证应当调取原物。

（2）不调取原物而是可以将原物封存并拍照、录像的情况有三种：一是原物不便搬运、保存；二是依法应当返还被害人；三是因保密工作需要不能调取原物。

（3）对拍照录像的要求：一是对原物拍照或者录像应当足以反映原物的外形、内容；二是应当书面记明不能调取原物的原因，制作过程和原物存放地点，并由制作人员和原物证持有人签名或者盖章。

（4）人民检察院查封或者扣押应当经检察长批准。

值得注意的是，《人民检察院刑事诉讼规则》还规定了对作为财物的物证的相关财产权保护内容。这些内容包括：

（1）与案件无关的财物或文件，不得查封或者扣押。不能立即查明是否与案件有关的可疑的财物和文件，也可以查封或者扣押，但应当及时审查。

（2）经查明确实与案件无关的，应当在三日以内解除查封或者予以退还。对于查封、扣押在人民检察院的物品、文件、邮件、电报，人民检察院应当妥善保管。经查明确实与案件无关的，应当在三日以内作出解除或者退还决定，并通知有关单位、当事人办理相关手续。

（3）对于犯罪嫌疑人、被告人到案时随身携带的物品需要扣押的，可以予以扣押。对于与案件无关的个人用品，应当逐件登记，并随案移交或者退还其家属。

（4）对犯罪嫌疑人使用违法所得与合法收入共同购置的不可分割的财产，可以先行查封、扣押、冻结。对无法分割退还的财产，应当在结案后予以拍卖、变卖，对不属于违法所得的部分予以退还。

（四）物证的质证要点

质证是控辩双方对证据的关联性、真实性、合法性进行论证或质疑的法庭审理环节，质证权是被告人辩护权的重要组成部分。对物证的质证方式是由举证方当庭出示证据后，由对方进行辨认并发表意见。控辩双方可以互相质问、辩论。2021年刑事审判解释第82条、第83条规定了对物证、书证进行审查判断的要点，这些要点也是控辩双方质证的要点。对物证、书证应当着重审查以下内容：

（1）物证、书证是否为原物、原件，是否经过辨认、鉴定。

（2）物证的照片、录像、复制品或者书证的副本、复制件是否与原物、原件相符，是否由二人以上制作，有无制作人关于制作过程以及原物、原件存放于何处的文字说明和签名；物证的照片、录像、复制品，是否经与原物核对无误、是否经鉴定为真实或者以其他方式确认为真实。

（3）物证、书证的收集程序、方式是否符合法律、有关规定；经勘验、检查、搜查提取、扣押的物证、书证，是否附有相关笔录、清单，笔录、清单是否经侦查人员、物品持有人、见证人签名，没有物品持有人签名的，是否注明原因；物品的名称、特征、数量、质量等是否注明清楚。

（4）物证、书证在收集、保管、鉴定过程中是否受损或者改变。

（5）对现场遗留与犯罪有关的具备鉴定条件的血迹、体液、毛发、指纹等生物样本、痕迹、物品，是否已作DNA鉴定、指纹鉴定等，并与被告人或者被害人的相应生物检材、生物特征、物品等比对。

（6）物证、书证与案件事实有无关联。

（7）与案件事实有关联的物证、书证是否全面收集。

（五）物证的排除

2021年刑事审判解释第83条、第86条规定了关于物证的排除，具有以下情形的物证类证据材料不得作为定案的根据：

（1）物证的照片、录像、复制品，不能反映原物的外形和特征的，不得作为定案的根据。

（2）在勘验、检查、搜查过程中提取、扣押的物证、书证，未附笔录或者清单，不能证明物证、书证来源的，不得作为定案的根据。

（3）对物证、书证的来源、收集程序有疑问，不能作出合理解释的，该物证、书证不得作为定案的根据。物证、书证的收集程序、方式有下列瑕疵，经补正或者作出合理解释的，可以采用：

1）勘验、检查、搜查、提取笔录或者扣押清单上没有调查人员或者侦查人员、物品持有人、见证人签名，或者对物品的名称、特征、数量、质量等注明不详的。

2）物证的照片、录像、复制品，书证的副本、复制件未注明与原件核对无异，无复制时间，或者无被收集、调取人签名的。

3）物证的照片、录像、复制品，书证的副本、复制件没有制作人关于制作过程和原物、原件存放地点的说明，或者说明中无签名的。

4）有其他瑕疵的。

二、书证

（一）书证的概念与特点

1. 书证的概念

书证是指能够以文字、图像、符号等表达的思想和记载的内容证明案件事实的文件或者其他物品。

2. 书证的特点

（1）书证所记载的内容和反映的思想必须同案件相互关联，能够证明案件事实的全部或者一部分。以表达的思想和记载的内容来证明案件事实，是书证的本质特征。

（2）书证的表现形式及制作方法具有多样性。书证的范围非常广泛，包括可以表达意思的各种实物材料，如用文字记载的内容来证明案情的文书，以符号表达的思想来证明案情的文书或物品，以及用数字、图画、印章或者其他方式表露的内容或者意图证明案情的文书或物品。其共同点是以记载的内容或者所表达的思想来发挥证明作用。

（3）书证所记载的内容或者表达的思想，是可供人们认知和了解的。如果不表达思想或者没有反映任何内容，与案件没有任何联系，那么就不能够作为书证使用。

3. 书证在诉讼中的意义

（1）书证记载的内容和表达的思想往往能够直接证明案件事实。

（2）书证的客观性和证明力较强，不仅可用于与其他证据的比对，验证其他证据的真实性，而且可借助其较为丰富的内容为案件的侦破、起诉、辩护提供方向和线索。

（二）书证的种类

按照不同的标准，书证可以分为不同的种类。

（1）按照制作者的职权，书证可以分为公文书证和私文书证。国家机关、企事业单位、社会团体在其职权范围内制作的书证为公文书证，例如民政部门制作的结婚证和离婚证，人民法院发出的开庭通知书等。公民个人或者单位在职权范围外制作的书证为私文书证，例如合同、欠条等。

（2）按照内容的不同，书证可以分为处分性书证和报道性书证。处分性书证是设立、变更、终止法律关系的文书，例如遗嘱、营业执照等，以引起法律关系产生、变更、消灭为目的，具有一定的法律效力。报道性书证的内容是记载事实，例如见闻、日记等，不以产生法律关系发生、变更消灭的后果为目的。

（3）根据制作方法，可以将书证分为原本、正本、副本、缮本、影印本、节录本、译本、复制本等。原本，是制作人最初制作的原始文件。正本，是制作人按照原件制作的正式文书，效力与原本相同。副本，是制作人按照原本制作的、效力低于正本的文书。缮本，是抄录原本全部内容的文书。影印本，是对原本、正本予以拍照、复印形成的文书。节录本，是对原本、正本进行部分摘抄形成的文书。译本，是对原本、正本进行翻译形成的文书。复制本，是形式与内容均与原本、正本完全相同的复印文本。在证据法上有原件的概念，原本、正本都是原件。

（三）书证的取证、审查判断与排除

书证的取证、审查判断与排除要求与物证类似。

首先，对于书证的取证要求主要是对查封、扣押的程序要求，与对物证的程序要求相同，参见物证部分，在此不予赘述。依据 2019 年《人民检察院刑事诉讼规则》第 209 条的规定，调取书证、视听资料应当调取原件。在两种特殊情况下，即取得原件确有困难或者因保密需要不能调取原件的，可以调取副本或者复制件。调取书证、视听资料的副本、复制件的，应当书面记明不能调取原件的原因，制作过程和原件存放地点，并由制作人员和原书证、视听资料持有人签名或者盖章。

其次，对于书证的审查判断要求也与物证相似，参见物证部分。

最后，对于书证的排除，许多方面与物证的排除相似。对于书证，有使用原件的要求。据以定案的书证应当是原件。取得原件确有困难或有保密需要不能调取原件的，可以使用副本、复制件。书证有更改或者更改迹象不能作出合理解释，或者书证的副本、复制件不能反映原件及其内容的，不得作为定案的根据。书证的副本、复制件，经与原件核对无误、经鉴定为真实或者以其他方式确认为真实的，可以作为定案的根据。

（四）书证与物证的联系及区别

书证与物证既有区别又有联系（见表 2－2），司法实践中，两者往往存在着交叉关系。

表 2－2　书证与物证的联系及区别

联系	书证也是广义的物证，因为它们都属于实物证据。同时，有的书证还具备物证和书证的共同特征，既可作书证，又可作物证运用。
区别	书证是以其内容来证明案情的，物证则是以其外部特征、形状、性质及存在的方式和状态来证明案情的。

三、犯罪嫌疑人、被告人供述和辩解

（一）概念

犯罪嫌疑人、被告人的供述和辩解，又称“口供”“自白”，是指犯罪嫌疑人、被告人就有关案件情况向公安司法机关人员所作的陈述，一般包含供述、辩解、攀供三种内容。供述是对指控犯罪事实的陈述，交代其实施犯罪行为的事实和情节。辩解包括犯罪嫌疑人、被告人否认自己实施了犯罪行为的无罪辩解，或者依法不应当追究刑事责任，或者应当从轻、减轻或者免除处罚的申辩。攀供是指犯罪嫌疑人、被告人揭发、检举同案其他人的犯罪行为。攀供不属于独立的证据种类，根据不同的情况可以归为不同的种类。其中，揭发、检举的同案人员犯罪行为与本案犯罪行为有关联或属于本案犯罪行为组成部分的，是供述；揭发、检举的同案人员犯罪行为与本案没有关联的，属于证人证言。

2018 年《刑事诉讼法》第 15 条规定：“犯罪嫌疑人、被告人自愿如实供述自己的罪行，承认指控的犯罪事实，愿意接受处罚的，可以依法从宽处理。”这条是 2018 年修订时新设的认罪认罚从宽原则，适用的前提条件之一就是要求犯罪嫌疑人、被告人自愿、如实供述自己的罪行，供述是必要条件。

（二）特点

（1）犯罪嫌疑人、被告人的如实陈述有可能能够单独、直接证明案件主要事实，证明价值大，法律地位重要。由于犯罪嫌疑人、被告人对自己的行为最为清楚，如果其确属真凶，其如实作出的有罪供述能够全面、直接反映出犯罪动机、目的、手段、时间、地点等案件情况。

（2）犯罪嫌疑人、被告人供述和辩解虚假的可能性较大。首先，犯罪嫌疑人、被告人在刑事案件中处于被追究刑事责任的位置，案件的诉讼结果与其有直接利害关系，因此可能会编谎话遮盖真相。其次，犯罪嫌疑人、被告人在被追诉过程中也有可能会受到身体上的强迫或精神上的强制，无辜者也可能会认罪并作出供述，尤其是在没有辩护律师或者得不到充分有效的法律帮助的案件中。因此，必须审慎对待犯罪嫌疑人、被告人的供述和辩解。

（3）犯罪嫌疑人、被告人的供述可能会经常变化，稳定性差。实践中存在犯罪嫌疑人、被告人翻供的现象，其在最初案发后高度焦虑恐惧的侦查阶段，以及在审查起诉、审判阶段，既想避免认罪定罪、逃避刑罚处罚，又担心最终被定罪判刑，存在时供时翻的情况。

（三）取证要求

依据 2018 年《刑事诉讼法》的规定，对犯罪嫌疑人、被告人供述和辩解的取证规则主要是对书面供述和辩解的取证过程的要求，这是对侦查人员所取得的犯罪嫌疑人、被告人供述和辩解的合法性的要求。

（1）权利告知义务。讯问人员有义务告知犯罪嫌疑人、被告人享有的诉讼权利。侦查人员在讯问犯罪嫌疑人的时候，应当告知犯罪嫌疑人享有的诉讼权利，如实供述自己罪行可以从宽处理和认罪认罚的法律规定。

（2）讯问主体。侦查阶段讯问犯罪嫌疑人必须由人民检察院或者公安机关的侦查人员负责进行。讯问的时候，侦查人员不得少于二人。

（3）讯问地点。犯罪嫌疑人被送交看守所羁押以后，侦查人员对其进行讯问，应当在看守所内进行。未羁押犯罪嫌疑人，可以传唤到犯罪嫌疑人所在市、县内的指定地点或者到他的住处进行讯问，应当出示人民检察院或者公安机关的证明文件。对在现场发现的犯罪嫌疑人，经出示工作证件，可以口头传唤，但应当在讯问笔录中注明。

（4）讯问时间。对讯问时间的限制体现在《刑事诉讼法》第 119 条关于传唤、拘传的时间限制和对被讯问人饮食权、休息权的保障方面。传唤、拘传的目的和内容主要就是讯问取证，但传唤和拘传的时间限制不完全等同于对讯问时间的限制。首先，传唤、拘传持续的时间很长，而讯问显然不能持续那么长时间。传唤、拘传持续的时间不超过十二小时；案情特别重大、复杂，需要采取拘留、逮捕措施的，传唤、拘传持续的时间不得超过二十四小时。其次，不得以连续传唤、拘传的形式变相拘禁犯罪嫌疑人。最后，讯问犯罪嫌疑人不得剥夺其饮食和必要的休息时间。侦查机关传唤、拘传犯罪嫌疑人，应当保证犯罪嫌疑人的饮食和必要的休息时间。

（5）提问顺序。讯问人员应当首先讯问犯罪嫌疑人是否有犯罪行为，让他陈述有罪的情节或者无罪的辩解，然后向他提出问题。犯罪嫌疑人对侦查人员的提问，应当如实回答，对与本案无关的问题，有拒绝回答的权利。

（6）犯罪嫌疑人、被告人的翻译权。讯问外国人以及不通晓当地通用的语言文字的犯罪嫌疑人、被告人，应当为他们翻译。讯问聋、哑的犯罪嫌疑人，应当有通晓聋、哑手势的人参加，并且将这种情况在笔录中注明。

（7）制作讯问笔录。一是讯问笔录应当交犯罪嫌疑人核对，对于没有阅读能力的，应当向他宣读。二是如果记载有遗漏或者差错，犯罪嫌疑人有权提出补充或者改正。三是犯罪嫌疑人承认笔录没有错误后，应当签名或者盖章，不签名的笔录不得作为证据使用。四是侦查人员也应当在笔录上签名。五是犯罪嫌疑人请求自行书写供述的，应当准许。必要的时候，侦查人员也可以要求犯罪嫌疑人亲笔书写供词。七是讯问笔录应记载讯问时间与地点、参与讯问人员等要素。

（8）对讯问的录音、录像。侦查人员在讯问犯罪嫌疑人的时候，可以对讯问过程进行录音或者录像；对于可能判处无期徒刑、死刑的案件或者其他重大犯罪案件，应当对讯问过程进行录音或者录像。录音或者录像应当全程进行，保持完整性。

（9）在讯问未成年犯罪嫌疑人、被告人的时候，应当通知其法定代理人到场。无法通知、法定代理人不能到场或者法定代理人是共犯的，可以通知其他成年亲属，所在学校、单位、居住地基层组织或者未成年人保护组织的代表到场，并将有关情况记录在案。到场的法定代理人可以代为行使未成年犯罪嫌疑人、被告人的诉讼权利。到场的法定代理人或者其他人员认为办案人员在讯问中侵犯未成年人合法权益的，可以提出意见。讯问笔录应当交给到场的法定代理人或者其他人员阅读或者向他宣读。

2020年《公安机关办理刑事案件程序规定》第205条至第208条、第324条、第325条对通过讯问获取供述做出了若干补充规定和强调：

（1）侦查人员应当将问话和犯罪嫌疑人的供述或者辩解如实地记录清楚。制作讯问笔录应当使用能够长期保持字迹的材料。

（2）规定犯罪嫌疑人、被告人要对讯问笔录逐页签名、捺指印，在补充或者更正处捺指印，并在末页写明“以上笔录我看过（或向我宣读过），和我说的相符”。对于嫌疑人自行书写供述的，应当在亲笔供词上逐页签名、捺指印。侦查人员收到后，应当在首页右上方写明“于某年某月某日收到”，并签名。

（3）要求对于讯问笔录上所列项目应当按照规定填写齐全。侦查人员、翻译人员应当在讯问笔录上签名。

（4）明确了必须录音录像的案件范围。其中“可能判处无期徒刑、死刑的案件”，是指应当适用的法定刑或者量刑档次包含无期徒刑、死刑的案件。“其他重大犯罪案件”，是指致人重伤、死亡的严重危害公共安全犯罪、严重侵犯公民人身权利犯罪，以及黑社会性质组织犯罪、严重毒品犯罪等重大故意犯罪案件。

（5）明确了对录音录像的要求。对讯问过程录音或者录像的，一是对每一次讯问录制；二是全程不间断录制，保持完整性，不得选择性地录制；三是不得剪接、删改。

（6）到场的法定代理人或者其他人员提出办案人员在讯问中侵犯未成年人合法权益的，公安机关应当认真核查，依法处理。讯问未成年犯罪嫌疑人应当采取适合未成年人的方式，耐心细致地听取其供述或者辩解，认真审核、查证与案件有关的证据和线索，并针对其思想顾虑、恐惧心理、抵触情绪进行疏导和教育。讯问女性未成年犯罪嫌疑人，应当有女工作人员在场。未成年犯罪嫌疑人、到场的法定代理人或者其他人员对笔录内容有异议的，应当核实清楚，准予更正或者补充。

2014 年最高人民检察院公布了《人民检察院讯问职务犯罪嫌疑人实行全程同步录音录像的规定》，要求对每一次讯问全程录音录像，公安部公布了《公安机关讯问犯罪嫌疑人录音录像工作规定》。主要规定如下：

（1）讯问录音录像是指讯问犯罪嫌疑人，在文字记录的同时，利用录音录像设备对讯问过程进行全程音视频同步记录。

（2）讯问时必须录音录像的案件范围扩大到以下十种案件：1）可能判处十年以上有期徒刑的其他故意犯罪案件；2）在看守所讯问或者通过网络视频等方式远程讯问犯罪嫌疑人的；3）犯罪嫌疑人是盲、聋、哑人，未成年人或者尚未完全丧失辨认或者控制自己行为能力的精神病人，以及不通晓当地通用的语言文字的；4）犯罪嫌疑人反侦查能力较强或者供述不稳定，翻供可能性较大的；5）犯罪嫌疑人作无罪辩解和辩护人可能作无罪辩护的；6）犯罪嫌疑人、被害人、证人对案件事实、证据存在较大分歧的；7）共同犯罪中难以区分犯罪嫌疑人相关责任的；8）引发信访、舆论炒作风险较大的；9）社会影响重大、舆论关注度高的；10）其他重大、疑难、复杂情形。

（3）讯问地点包括三种情况：在执法办案场所进行的讯问；对不需要拘留、逮捕的犯罪嫌疑人在指定地点或者其住处进行的讯问；紧急情况下在现场进行的讯问。

（4）全程摄录。录音录像应当自讯问开始时开始，至犯罪嫌疑人核对讯问笔录、签字捺指印后结束。讯问笔录记载的起止时间应当与讯问录音录像资料反映的起止时间一致。

（5）全面摄录。应当对侦查人员、犯罪嫌疑人、其他在场人员、讯问场景和计时装置、温度计显示的信息进行全面摄录，图像应当显示犯罪嫌疑人正面中景。有条件的地方，可以通过画中画技术同步显示侦查人员正面画面。讯问过程中，出示证据和犯罪嫌疑人辨认证据、核对笔录、签字捺指印的过程应当在画面中予以反映。

（6）中断录音录像时应中止讯问，特殊情况除外。讯问过程中，因存储介质空间不足、技术故障等客观原因导致不能录音录像的，应中止讯问，并视情况及时采取更换存储介质、排除故障、调换讯问室、更换移动录音录像设备等措施。对于不属于案情重大或者十年以上重刑的案件，因为案情紧急、排除中止情形所需时间过长等原因不宜中止讯问的，可以继续讯问。有关情况应当在讯问笔录中载明，并由犯罪嫌疑人签字确认。对于中止讯问的情形消失后继续讯问的，应当同时进行录音录像。讯问人员应当在录音录像开始后，口头说明中断的原因、起止时间等情况，在讯问笔录中载明并由犯罪嫌疑人签字确认。

（7）办案人员与保管人员分离。办案部门应当指定办案人员以外的人员保管讯问录音录像资料，不得由办案人员自行保管。讯问录音录像资料的保管条件应当符合公安声像档案管理有关规定，保密要求应当与本案讯问笔录一致。有条件的地方，可以对讯问录音录像资料实行信息化管理，并与执法办案信息系统关联。案件侦查终结后，应当将讯问录音录像资料和案件卷宗一并移交档案管理部门保管。

（四）质证与审查

1. 质证与审查要点

根据2018年《刑事诉讼法》第55条、第56条，2019年《人民检察院刑事诉讼规则》第66条、第67条，2021年刑事审判解释，2014年《公安机关讯问犯罪嫌疑人录音录像工作规定》的相关规定，审查犯罪嫌疑人、被告人供述和辩解，应当结合控辩双方提供的所有证据以及犯罪嫌疑人、被告人的全部供述和辩解进行。主要从以下方面进行审查，律师、检察官质证也主要从以下方面展开：

（1）重证据、重调查研究、不轻信口供原则。对一切案件的判处都要重证据，重调查研究，不轻信口供。

（2）口供作为孤证不能定案。只有被告人供述，没有其他证据的，不能认定被告人有罪和处以刑罚；没有被告人供述，证据确实、充分的，可以认定被告人有罪和处以刑罚。

（3）讯问的时间、地点，讯问人的身份、人数以及讯问方式等是否符合法律、有关规定。这主要是对讯问笔录的审查。

（4）讯问笔录的制作、修改是否符合法律、有关规定，是否注明讯问的具体起止时间和地点，首次讯问时是否告知被告人相关权利和法律规定，被告人是否核对确认。

（5）讯问未成年被告人时，是否通知其法定代理人或者合适成年人到场，有关人员是否到场；讯问女性未成年被告人时，是否有女性工作人员在场。

（6）有无以刑讯逼供等非法方法收集被告人的供述的情形。

（7）被告人的供述是否前后一致，有无反复以及出现反复的原因；被告人的所有供述和辩解是否全部随案移送。

（8）被告人的辩解内容是否符合案情和常理，有无矛盾。

（9）被告人的供述和辩解与同案被告人的供述和辩解以及其他证据能否相互印证，有无矛盾；存在矛盾的，能否得到合理解释。

（10）必要时，可以结合现场执法音视频记录、讯问录音录像、被告人进出看守所的健康检查记录、笔录等，对被告人的供述和辩解进行审查。

2. 质证方式等相关问题

（1）关于质证的方式，以下问题需要注意：1）向被告人提问、宣读讯问笔录是控辩双方对犯罪嫌疑人、被告人供述和辩解进行质证的方式。公诉人可以讯问被告人。被害人、附带民事诉讼的原告人和辩护人、诉讼代理人，经审判长许可，可以向被告人发问。审判人员可以讯问被告人。2）不得采取可能影响陈述或者证言客观真实的诱导性发问以及其他不当发问方式。3）讯问共同犯罪案件的被告人应当个别进行。4）被告人、证人、被害人对同一事实的陈述存在矛盾的，控辩双方可以建议法庭传唤有关被告人、通知有关证人同时到庭对质，必要时可以建议法庭询问被害人。

（2）对公诉人来说，当法庭调查供述和辩解合法性时，公诉人可以通过出示讯问笔录、提讯登记、体检记录、采取强制措施或者侦查措施的法律文书、侦查终结前对讯问合法性进行核查的材料等证据材料，有针对性地播放讯问录音、录像，提请法庭通知调查人员、侦查人员或者其他人员出庭说明情况等方式，对证据收集的合法性加以证明。

（3）对辩护人来说，通过阅卷充分知情是有效质证的前提。关于辩护律师能否复制讯问录音录像，依据有关规定，要看案件所处的诉讼阶段：第一，在审查起诉阶段，辩护律师只能在检察院观看、听取讯问录音录像，而不能复制。第二，在人民法院审判阶段，如果侦查机关的讯问录音录像已经移送人民法院并作为证据材料在庭审中播放，辩护律师可以在人民法院复制讯问录音录像。2014 年最高人民检察院法律政策研究室《关于辩护人要求查阅、复制讯问录音、录像如何处理的答复》认为，“讯问犯罪嫌疑人录音录像不是诉讼文书和证据材料，属于案卷材料之外的其他与案件有关的材料，辩护人未经许可，无权查阅、复制”。“在人民检察院审查起诉阶段，辩护人对讯问活动合法性提出异议，申请排除以非法方法收集的证据，并提供相关线索或者材料的，可以在人民检察院查看（听）相关的录音、录像。对涉及国家秘密、商业秘密、个人隐私或者其他犯罪线索的内容，人民检察院可以对讯问录音、录像的相关内容做技术处理或者要求辩护人保密；在人民法院审判阶段，人民法院调取讯问犯罪嫌疑人录音、录像的，人民检察院应当将讯问录音、录像移送人民法院。必要时，公诉人可以提请法庭当庭播放相关时段的录音、录像。但辩护人无权自行查阅、复制讯问犯罪嫌疑人录音、录像”。2013 年最高人民法院刑事审判第二庭《关于辩护律师能否复制侦查机关讯问录像问题的批复》指出，“侦查机关对被告人的讯问录音录像已经作为证据材料向人民法院移送并已在庭审中播放，不属于依法不能公开的材料，在辩护律师提出要求复制有关录音录像的情况下，应当准许”。

（4）关于如何运用讯问录音录像审核供述的合法性。《公安机关讯问犯罪嫌疑人录音录像工作规定》第 22 条、第 23 条规定，办案部门在报送审核时应当同时提交讯问录音录像资料，审核部门应当重点审查是否存在以下情形：第一，以刑讯逼供等非法方法收集证据；第二，未在讯问室讯问犯罪嫌疑人；第三，未保证犯罪嫌疑人的饮食和必要的休息时间；第四，讯问笔录记载的起止时间与讯问录音录像资料反映的起止时间不一致；第五，讯问笔录与讯问录音录像资料内容严重不符。

审核部门发现具有下列情形之一的，不得将犯罪嫌疑人供述作为提请批准逮捕、移送审查起诉的依据：第一，存在以刑讯逼供等非法方法收集证据情形的；第二，存在以下四种情形，未进行补正、解释，或者经补正、解释后仍不能有效证明讯问过程合法性的：一是未在讯问室讯问犯罪嫌疑人；二是未保证犯罪嫌疑人的饮食和必要的休息时间；三是讯问笔录记载的起止时间与讯问录音录像资料反映的起止时间不一致；四是讯问笔录与讯问录音录像资料内容严重不符的。可见在以上四种情形下对犯罪嫌疑人供述可予以补正和解释。《刑事诉讼法》仅规定了对书证、物证的收集不符合法定程序的，可予以补正和解释。

（五）证据的排除

根据 2018 年《刑事诉讼法》第 56 条，2019 年《人民检察院刑事诉讼规则》，2021 年刑事审判解释第 94 条、第 95 条等规定，非法供述需要依法排除。

（1）采用刑讯逼供等非法方法收集的犯罪嫌疑人、被告人供述，应当予以排除。刑讯逼供等非法方法包括肉体折磨和精神强制。关于非法供述的认定和排除，人民检察院和人民法院的相关规定有所区别。

（2）人民检察院对采用下列方法收集的犯罪嫌疑人供述，应当予以排除，不得作为移送审查逮捕、批准或者决定逮捕、移送起诉以及提起公诉的依据：一是采用殴打、违法使用戒具等暴力方法或者变相肉刑的恶劣手段，采用以暴力或者严重损害本人及其近亲属合法权益等进行威胁的方法，使犯罪嫌疑人遭受难以忍受的痛苦而违背意愿作出的供述；二是采用非法拘禁等非法限制人身自由的方法收集的供述。对采用刑讯逼供方法使犯罪嫌疑人作出供述，之后犯罪嫌疑人受该刑讯逼供行为影响而作出的与该供述相同的重复性供述，应当一并排除。

（3）关于人民检察院办理案件中不予排除供述的规定。以下两种重复性供述不予排除：一是侦查期间，根据控告、举报或者自己发现等，公安机关确认或者不能排除以非法方法收集证据而更换侦查人员，其他侦查人员再次讯问时告知诉讼权利和认罪认罚的法律规定，犯罪嫌疑人自愿供述的；二是审查逮捕、审查起诉期间，检察人员讯问时告知诉讼权利和认罪认罚的法律规定，犯罪嫌疑人自愿供述的。

（4）人民法院对于被告人供述具有下列四种情形之一的，不得作为定案的根据：一是讯问笔录没有经被告人核对确认的；二是讯问聋、哑人，应当提供通晓聋、哑手势的人员而未提供的；三是讯问不通晓当地通用语言、文字的被告人，应当提供翻译人员而未提供的；四是讯问未成年人，其法定代理人或者合适成年人不在场的。

（5）人民法院对于讯问笔录有下列三种瑕疵，经补正或者作出合理解释的，可以采用，不能补正或者作出合理解释的，不得作为定案的根据：一是讯问笔录填写的讯问时间、讯问地点、讯问人、记录人、法定代理人等有误或者存在矛盾的，比如笔录显示同一讯问人在同一时间讯问两个犯罪嫌疑人的；二是讯问人没有签名的；三是首次讯问笔录没有记录告知被讯问人有关权利和法律规定的。这是 2021 年刑事审判解释第 95 条的规定，是对《刑事诉讼法》的补充和细化。《刑事诉讼法》仅规定收集物证、书证不符合法定程序，可能严重影响司法公正的，应当予以补正或者作出合理解释；不能补正或者作出合理解释的，对有关证据应当予以排除。《刑事诉讼法》没有关于讯问笔录可以补正或者合理解释的规定。

（6）人民法院对于被告人庭前供述和辩解存在反复，庭审中不供认，且无其他证据与庭前供述印证的，不得采信其庭前供述。对于被告人庭审中翻供，不能合理说明翻供原因或者其辩解与全案证据矛盾，而其庭前供述与其他证据相互印证的，可以采信其庭前供述，不采信其庭审中的翻供。被告人庭前供述和辩解存在反复，但庭审中供认，且与其他证据相互印证的，可以采信其庭审供述，不采信与庭审供述相矛盾的庭前供述和辩解。

证据的排除与瑕疵补正不排除情形见图 2－2。

被告人供述具有下列情形之一的，不得作为定案的根据：（1）讯问笔录没有经被告人核对确认的；（2）讯问聋、哑人，应当提供通晓聋、哑手势的人员而未提供的；（3）讯问不通晓当地通用语言、文字的被告人，应当提供翻译人员而未提供的。

讯问笔录有下列瑕疵，经补正或者作出合理解释的，可以采用；不能补正或者作出合理解释的，不得作为定案的根据：（1）讯问笔录填写的讯问时间、讯问人、记录人、法定代理人等有误或者存在矛盾的；（2）讯问人没有签名的；（3）首次讯问笔录没有记录告知被讯问人有关权利和法律规定的。

图 2－2 证据的排除与瑕疵补正不排除情形

四、证人证言

我国证人与英美法系国家的含义有所区别。英美法系国家所有出庭作证的人都是证人，包括被害人、被告人、专家、警察等。我国证人的范围较窄，仅指当事人、公安司法办案人员、鉴定人和专家辅助人以外了解案件情况的人。

（一）证人证言的概念及特点

1. 证人证言的概念

证人证言，是指证人就自己所知晓的案件情况向公安司法人员所作的陈述。证人是指当事人以外了解案情的人。证人作证的内容是其所亲身感知的案件真实情况。

2. 证人证言的特点

（1）证人证言必须是证人对案件事实所感知的情况，向司法机关作的陈述；证人不得提供个人意见、分析、判断或者猜测，而必须说出自己亲自所见、所闻。

（2）证人证言是主观感知和表述，具有不稳定性和多变性。

（3）证人具有不可替代性，当一个人的身份与证人身份相冲突时，优先作为诉讼的证人。

(4) **证人证言有可能是虚假的。**证言的真实性不仅取决于证人是否诚信，而且取决于证人的作证能力，这包括证人的感知能力、记忆能力、表述能力，以及作证条件（包括证人感知案件事实时的光线、距离、角度，作证时间距离案发时的时间长短）。

（二）证人的资格条件

证人的资格条件，即哪些人能够作为证人，哪些人不能作为证人。

2018 年《刑事诉讼法》第 62 条规定："凡是知道案件情况的人，都有作证的义务。**生理上、精神上有缺陷或者年幼，不能辨别是非、不能正确表达**的人，不能作证人。"

(1) 证人需要用自己的感官感知案件事实。这种感知包括亲自听到、亲自看到、亲自闻到以及其他方式亲自感受到案件事实。如果是转述其他人的所见所闻，则其可证明"他人向其讲述过案件情况"这件事是真的，但不能证明他人的所见所闻是真的。

(2) 证人必须是自然人，单位包括行政机关、法人、社团不能作为证人。以单位名义出具的证明文件是书证，不被认为是证人证言。出庭代表单位提供证言的法人代表或者单位工作人员是证人，单位仍不是证人。

(3) 证人是能够辨别是非、能够准确表达的人。生理上有缺陷的人受缺陷所限，感知能力受到限制。例如，盲人看不到，近视眼患者不佩戴矫正镜片看不清远景，聋人听不到声音。精神上有缺陷的人或者儿童，能否辨别是非、正确表达，需要格外注意具体案件具体分析，由于案情所限必须由儿童作证的，需要懂得儿童心理学的人与其交谈取证。

（三）证人证言的意义

证人证言对于证明案件事实有非常重要的意义。

(1) 证人证言能够直接或者间接证明案件事实。有的证人目击了案件发生的全部过程，能够直接证明案件主要事实。有的证人则了解案件部分情况，与其他证据相结合能够证明案件主要事实。

(2) 证人证言内容丰富、有细节，通过证人证言能够了解案件经过和全部案件事实。证人证言生动形象，比起物证、书证更加详尽。

(3) 证人证言虽然不可避免地具有主观性，但比起犯罪嫌疑人、被告人陈述以及被害人陈述来，多数证人与案件和当事人无直接利害关系，中立性更强。

(4) 证人证言可用于与其他证据比对，帮助判断其他证据的真伪。

（五）证人证言的取证、质证、审查判断

1. 对证人证言的取证要求

关于对证人证言的取证，我国 2018 年《刑事诉讼法》将其规定在第二编第二章"侦查"的第三节"询问证人"，在刑事案件立案后，侦查机关询问证人是一种

侦查行为，目的就是收集证人证言。询问证人有以下要求：

（1）关于侦查人员询问证人的地点与出示证件。2018 年《刑事诉讼法》第 124 条规定了侦查人员询问证人的法定地点，包括现场、证人所在单位、证人住处、证人提出的地点，必要时通知证人到人民检察院或者公安机关提供证言，不得随意在其他地点询问证人。在证人熟悉的地点询问证人，容易使证人免除紧张或顾虑，消除强迫性。

（2）关于侦查人员出示证件的要求。在现场询问证人，应当出示工作证件，到证人所在单位、住处或者证人提出的地点询问证人，应当出示人民检察院或者公安机关的证明文件。

（3）个别询问原则。侦查人员询问证人应当个别进行。

（4）侦查人员询问证人时有告知义务，应当告知他应当如实地提供证据、证言和有意作伪证或者隐匿罪证要负的法律责任。

（5）制作询问笔录，应遵守和讯问笔录同样的规则。

2. 对证人证言质证的要求和要点

关于证人证言的质证，需要注意以下方面：

（1）证人证言必须经过法庭质证，法律有其他规定的除外。2018 年《刑事诉讼法》第 61 条规定了对证人证言进行法庭质证原则："证人证言必须在法庭上经过公诉人、被害人和被告人、辩护人双方质证并且查实以后，才能作为定案的根据。法庭查明证人有意作伪证或者隐匿罪证的时候，应当依法处理。"但在以下几种情况下，证人证言无须经过法庭质证：一是简易程序中控辩双方对于证人证言没有异议的；二是在速裁程序中的证人证言；三是普通程序中控辩双方在庭前会议中对证人证言没有异议的。

（2）对于证人不出庭的，可以通过视频、书面等方式作证。2021 年刑事审判解释第 253 条规定，证人具有下列情形之一，无法出庭作证的，人民法院可以准许其不出庭：一是庭审期间身患严重疾病或者行动极为不便的；二是居所远离开庭地点且交通极为不便的；三是身处国外短期无法回国的；四是有其他客观原因，确实无法出庭的。具有以上情形的，可以通过视频等方式作证。

（3）关于法庭上对证人证言的审查内容，即控辩双方的质证要点，2021 年刑事审判解释第 87 条规定了对证人证言应当着重审查的内容，因此控辩双方对证人证言的质证，也主要从这些方面展开：1）证言的内容是否为证人直接感知；2）证人作证时的年龄，认知、记忆和表达能力，生理和精神状态是否影响作证；3）证人与案件当事人、案件处理结果有无利害关系；4）询问证人是否个别进行；5）询问笔录的制作、修改是否符合法律、有关规定，是否注明询问的起止时间和地点，首次询问时是否告知证人有关作证的权利义务和法律责任，证人对询问笔录是否核对确认；6）询问未成年证人时，是否通知其法定代理人或者《刑事诉讼法》第 281 条第 1 款规定的合适成年人到场，有关人员是否到场；7）有无以暴力、威胁等非法方法收集证人证言的情形；8）证言之间以及与其他证据之间能否相互印证，有无矛盾，存在矛盾的，能否得到合理解释。

3. 证人证言的排除

哪些证人证言不得作为定案根据？根据《刑事诉讼法》第56条的规定，采用暴力、威胁等非法方法收集的证人证言、被害人陈述，应当予以排除。对人民检察院来说，2019年《人民检察院刑事诉讼规则》第66条规定，对采用暴力、威胁等非法方法收集的证人证言、被害人陈述，应当依法排除，不得作为移送审查逮捕、批准或者决定逮捕、移送起诉以及提起公诉的依据。

对人民法院而言，2021年刑事审判解释第125条规定，采用暴力、威胁以及非法限制人身自由等非法方法收集的证人证言、被害人陈述，应当予以排除。依据2021年刑事审判解释第88条至第91条的规定，不得作为定案根据的证人证言有以下情况：

（1）违反个别询问原则，询问证人没有个别进行的。

（2）违反询问笔录核对确认程序，书面证言没有经证人核对确认的。

（3）侵犯翻译权，询问聋、哑人，应当提供通晓聋、哑手势的人员而未提供的。

（4）侵犯翻译权，询问不通晓当地通用语言、文字的证人，应当提供翻译人员而未提供的。

（5）处于明显醉酒、中毒或者麻醉等状态，不能正常感知或者正确表达的证人所提供的证言，不得作为证据使用。

（6）证人的猜测性、评论性、推断性的证言，不得作为证据使用，但根据一般生活经验判断符合事实的除外。

（7）书面证言的收集程序、方式有下列瑕疵，不能补正或者作出合理解释的，不得作为定案的根据：1）询问笔录没有填写询问人、记录人、法定代理人姓名以及询问的起止时间、地点的；2）询问地点不符合规定的；3）询问笔录没有记录告知证人有关作证的权利义务和法律责任的；4）询问笔录反映出在同一时段，同一询问人员询问不同证人的；5）询问未成年人，其法定代理人或者合适成年人不在场的。

（8）证人当庭作出的证言与其庭前证言矛盾，证人能够作出合理解释，并有其他证据印证的，应当采信其庭审证言而不采信庭前证言；证人不能作出合理解释，而其庭前证言有其他证据印证的，可以采信其庭前证言而不采信庭审证言。

（9）经人民法院通知，证人没有正当理由拒绝出庭或者出庭后拒绝作证，法庭对其证言的真实性无法确认的，该证人证言不得作为定案的根据。

最高人民法院的以上规定可用图2-3表示。

（1）询问证人没有个别进行的；
（2）书面证言没有经证人核对确认的；
（3）询问聋、哑人，应当提供通晓聋、哑手势的人员而未提供的；
（4）询问不通晓当地通用语言、文字的证人，应当提供翻译人员而未提供的；
（5）处于明显醉酒、中毒或者麻醉等状态，不能正常感知或者正确表达的。

证人证言的收集程序、方式有下列瑕疵，经补正或者作出合理解释的，可以采用，不能补正或者作出合理解释的，不得作为定案的根据：
（1）询问笔录没有填写询问人、记录人、法定代理人姓名以及询问的起止时间、地点的；
（2）询问地点不符合规定的；
（3）询问笔录没有记录告知证人有关作证的权利义务和法律责任的；
（4）询问笔录反映出在同一时段，同一询问人员询问不同证人的；
（5）询问未成年人，其法定代理人或者合适成年人不在场的。

图 2－3　证人证言的直接排除与不可补正的排除

三、被害人陈述

（一）概念

被害人陈述，是指受犯罪行为直接侵害的人就其所了解的案件事实向公安司法机关所作的陈述。应当注意，这里的被害人必须是受到犯罪行为**直接侵害**的人，被害人的法定代理人或近亲属虽然也会因犯罪行为受到一定的损害，但不是这里所称的被害人，其所作的陈述不应称为**被害人陈述**，而是**证人证言**。

在刑事诉讼中，被害人能否是单位？被害人是指合法权益遭受犯罪行为侵害的人，作出被害人陈述的被害人与刑事实体法上的被害人意义不同。作为证据种类的被害人陈述，应为有言词表达能力的自然人作出的表述。但是《刑事诉讼法》并未明确被害人陈述不能是单位的“陈述”。

（二）特点

被害人是受犯罪行为直接侵害的人，其生命权、健康权或者财产权、隐私权受到行为人的侵害，遭受损失，一般会对犯罪嫌疑人、被告人有强烈的报复意识，要求公安司法机关尽快侦破案件并严惩罪犯，并获得经济补偿以及公安司法机关提供的安全保障。被害人陈述的特点有以下几方面：

（1）被害人陈述直接、具体，尤其是与犯罪行为人有正面接触的被害人，对犯罪行为人的描述较清楚。

（2）被害人陈述容易夸大其词或者闪烁其词，虚假的可能性较大。由于被害人与案件存在直接利害关系，其基于严惩犯罪人的愿望，容易夸大受害的内容，也会出于其他各种不同的动机改变陈述，虚假的可能性较大。

（3）被害人陈述的真实性会受到被害人作证条件和作证能力的影响，包括观察犯罪人的条件，被害人的感知能力、记忆能力、表述能力等，其对案件事实的描述可能是虚假的，即使没有说谎的故意。

（三）意义

被害人陈述在刑事案件的侦破和起诉、审判中具有重要意义。

（1）被害人陈述可能单独、直接地证明案件主要事实，直接指明犯罪人。尤其是与犯罪人正面接触的被害人看到犯罪人面部，在案件侦查、审判中能够为公安司法机关提供较为可信的证据支持。

（2）被害人陈述是维护被害人合法权益的重要手段。被害人陈述作为重要的指控证据，是被害人报案、控告、举报、起诉时向公安司法机关对案情以及自己所遭受侵害、所承受的损失的描述，对于公安司法机关维护被害人合法权益具有重要意义。

（3）被害人陈述可与其他证据相互对照，用以甄别其他证据，验证对被告人有罪事实的证明是否排除合理怀疑。被害人陈述含有大量细节，可以与犯罪嫌疑人供述与辩解、物证、书证等相互印证。

（四）取证、质证与排除

被害人陈述的取证、质证与排除规则与对证人证言的规则相同。

依据2018年《刑事诉讼法》第56条的规定，证人证言、被害人陈述如果是非法取得，则应依法予以排除。这里的非法取得，是指采用暴力、威胁等非法方法收集的证人证言、被害人陈述，应当予以排除。2019年《人民检察院刑事诉讼规则》第66条也规定，对采用暴力、威胁等非法方法收集的证人证言、被害人陈述，应当依法排除，不得作为移送审查逮捕、批准或者决定逮捕、移送起诉以及提起公诉的依据。2021年刑事审判解释第125条规定，采用暴力、威胁以及非法限制人身自由等非法方法收集的证人证言、被害人陈述，应当予以排除。

对被害人陈述的审查认定，与证人证言的审查要求一致。

| 小贴士 |

作为法人被害人之组成人员的自然人就其了解的案件情况向司法机关作证，当然可以构成被害人陈述；但是如果法人以书面形式和法人名义向司法机关证明案件情况，则该证明文件应当属于书证的范畴。

五、鉴定意见

（一）鉴定意见的概念及特点

所谓鉴定意见，是指鉴定人根据公安司法机关的指派或者聘请，运用科学技术和专门知识对诉讼中所涉及的专门性问题通过分析、鉴别所形成的一种判断意见。

鉴定意见的特点是：

（1）在我国鉴定意见是法定主体即鉴定人作出的，鉴定人需具备法定资质并在鉴定机构执业。如果案件中的专门性问题需要鉴定，但没有法定司法鉴定机构，或者法律、司法解释规定可以进行检验的，可以指派、聘请有专门知识的人进行检验，检验报告可以作为定罪量刑的参考。对检验报告的审查与认定，参照关于鉴定意见的有关规定。

（2）鉴定意见是针对案件专门性问题作出的判断。专门性问题超出一般人的认知范围，不属于常识和经验，具有较强专业性，且满足以下条件：一是属于案件需要证明的待证事实；二是只有通过运用专门知识、技能或者运用专门的科技设备才能予以分析判断；三是属于事实性问题，而非法律适用问题。

（3）鉴定意见是鉴定人作为专家作出的判断，属于个人的意见性证据。这与证人证言不同，证人证言不得陈述意见。

（4）鉴定人进行鉴定必须经公安司法机关委托或聘请。

（二）鉴定意见的委托、制作与取证

依据 2018 年《刑事诉讼法》第 147 条、第 148 条、第 196 条等的规定，鉴定意见的委托和制作有如下要求：

（1）鉴定人进行鉴定后，应当写出鉴定意见，并且签名。

（2）侦查机关对侦查阶段作为证据的鉴定意见有告知义务。侦查机关应当将用作证据的鉴定意见告知犯罪嫌疑人、被害人及其法定代理人。

（3）在侦查阶段，如果犯罪嫌疑人、被害人提出申请，可以补充鉴定或者重新鉴定。

（4）法庭审理过程中，合议庭对鉴定意见有疑问的，可以宣布休庭，对鉴定意见进行调查核实，可以进行鉴定等调查措施。

（5）在法庭审理过程中，当事人和辩护人、诉讼代理人有权申请重新鉴定。

2020 年《公安机关办理刑事案件程序规定》、2021 年刑事审判解释、2019 年《人民检察院刑事诉讼规则》对鉴定意见均作出了补充规定：

（1）关于鉴定的决定权。1）公安机关办理的刑事案件，在侦查阶段需要聘请有专门知识的人进行鉴定、补充鉴定或者重新鉴定，应当经县级以上公安机关负责人批准后，制作鉴定聘请书。2）人民检察院为了查明案情，解决案件中某些专门性的问题，可以进行鉴定，鉴定由人民检察院有鉴定资格的人员进行；必要时，也可以聘请其他有鉴定资格的人员进行，但是应当征得鉴定人所在单位同意。3）鉴定人由于不能抗拒的原因或者有其他正当理由无法出庭的，人民法院可以根据情况决定延期审理或者重新鉴定。4）法庭审理过程中，合议庭对证据有疑问的，必要时，可以宣布休庭，对证据进行调查核实，人民法院调查核实证据，可以进行鉴定等。

（2）关于人民检察院对鉴定意见的告知。用作证据的鉴定意见，人民检察院办

案部门应当告知犯罪嫌疑人、被害人；被害人死亡或者没有诉讼行为能力的，应当告知其法定代理人、近亲属或诉讼代理人。

（3）公安机关和人民检察院不得暗示或者强迫鉴定人作出某种鉴定意见。

（4）公安机关和人民检察院应当为鉴定人提供必要条件，及时向鉴定人送交有关检材和对比样本等原始材料，介绍与鉴定有关的情况，并明确提出要求鉴定解决的问题。

（5）对于公安机关办理的案件的补充鉴定和重新鉴定。侦查阶段需要补充鉴定的情形是：一是鉴定内容有明显遗漏的；二是发现新的有鉴定意义的证物的；三是对鉴定证物有新的鉴定要求的；四是鉴定意见不完整，委托事项无法确定的等情形。侦查阶段需要重新鉴定的情形是：一是鉴定程序违法或者违反相关专业技术要求的；二是鉴定机构、鉴定人不具备鉴定资质和条件的；三是鉴定人故意作虚假鉴定或者违反回避规定的；四是鉴定意见依据明显不足的；五是检材虚假或者被损坏的等情形。

（6）对于检察院侦查的案件的补充鉴定和重新鉴定。检察人员应当对鉴定意见进行审查，必要时可以进行补充鉴定或重新鉴定。犯罪嫌疑人、被害人或被害人的法定代理人、近亲属、诉讼代理人提出申请，可补充鉴定或者重新鉴定，鉴定费用由请求方承担；但原鉴定违反法定程序的，由检察院承担。犯罪嫌疑人的辩护人或近亲属以犯罪嫌疑人有患精神病可能而申请对犯罪嫌疑人进行鉴定的，鉴定费用由申请方承担。

（7）对于检察院审查起诉的案件，检察院认为需要对案件中某些专门性问题进行鉴定而监察机关或公安机关没有鉴定的，应要求监察机关或者公安机关进行鉴定；必要时，也可由检察院进行鉴定，或由检察院聘请有鉴定资格的人进行鉴定。检察院自行进行鉴定的，可商请监察机关或者公安机关派员参加；必要时可聘请有鉴定资格或者有专门知识的人参加。在审查起诉中，发现犯罪嫌疑人可能患有精神病的，检察院应依照有关规定对犯罪嫌疑人进行鉴定，犯罪嫌疑人的辩护人或近亲属以犯罪嫌疑人可能患有精神病而申请对犯罪嫌疑人进行鉴定的，检察院也可依照有关规定对犯罪嫌疑人进行鉴定，鉴定费用由申请方承担。检察院对鉴定意见有疑问的，可询问鉴定人或者有专门知识的人并制作笔录附卷，也可指派有鉴定资格的检察技术人员或聘请其他有鉴定资格的人进行补充鉴定或者重新鉴定。检察院对鉴定意见等技术性证据材料需要进行专门审查的，按有关规定交检察技术人员或其他有专门知识的人进行审查并出具审查意见。

（8）重新鉴定的，应当另行指派或者聘请鉴定人。

（三）鉴定意见的质证与审查要点

1.《刑事诉讼法》规定的质证程序

依据《刑事诉讼法》的规定，法庭质证程序如下：

（1）关于鉴定人出庭作证。鉴定人出庭是面对面质证的前提条件。在审判阶段，公诉人、当事人或者辩护人、诉讼代理人对鉴定意见有异议，且人民法院认为鉴定人有必要出庭的，鉴定人应当出庭作证。

（2）鉴定人出庭的，质证采取问答的方式。鉴定人出庭作证的，公诉人、当事人和辩护人、诉讼代理人经审判长许可，可以对鉴定人发问。审判人员可以询问鉴定人。

（3）鉴定人不出庭的，质证采取宣读书面鉴定意见后听取意见的方式。鉴定人不出庭的，公诉人、辩护人对未到庭的鉴定人的鉴定意见应当当庭宣读。审判人员应当听取公诉人、当事人和辩护人、诉讼代理人的意见。

（4）合议庭有权决定鉴定。法庭审理过程中，合议庭对鉴定意见有疑问的，可以宣布休庭，对鉴定意见进行调查核实，可以进行鉴定等调查措施。

（5）在法庭审理过程中，当事人和辩护人、诉讼代理人有权申请重新鉴定。

（6）公诉人、当事人和辩护人、诉讼代理人可以申请法庭通知有专门知识的人出庭，就鉴定人作出的鉴定意见提出意见。法庭对于上述申请，应当作出是否同意的决定。有专门知识的人出庭，适用鉴定人的有关规定。

2. 2021 年刑事审判解释规定的质证要点

从 2021 年刑事审判解释第 97 条对鉴定意见进行着重审查内容的规定来看，控辩双方对鉴定意见进行质证时应着重从以下方面开展：

（1）鉴定机构和鉴定人是否具有法定资质。

（2）鉴定人是否存在应当回避的情形。

（3）检材的来源、取得、保管、送检是否符合法律、有关规定，与相关提取笔录、扣押清单等记载的内容是否相符，检材是否可靠。

（4）鉴定意见的形式要件是否完备，是否注明提起鉴定的事由、鉴定委托人、鉴定机构、鉴定要求、鉴定过程、鉴定方法、鉴定日期等相关内容，是否由鉴定机构盖章并由鉴定人签名。

（5）鉴定程序是否符合法律、有关规定。

（6）鉴定的过程和方法是否符合相关专业的规范要求。

（7）鉴定意见是否明确。

（8）鉴定意见与案件待证事实有无关联。

（9）鉴定意见与勘验、检查笔录及相关照片等其他证据是否矛盾；存在矛盾的，能否得到合理解释。

（10）鉴定意见是否依法及时告知相关人员，当事人对鉴定意见有无异议。

为了保障犯罪嫌疑人、被告人的辩护权，对公安司法部门委托鉴定的鉴定意见充分质证或者提出有针对性的意见，辩护人还应熟悉司法部、公安部、最高人民法院、最高人民检察院发布的各种关于鉴定的规范性法律文件，了解常见刑事案件的鉴定标准和鉴定程序，如 2014 年《人体损伤程度鉴定标准》、2015 年《司法鉴定程序通则》等。

（四）鉴定意见的排除

依据 2021 年刑事审判解释第 98 条、第 99 条和有关鉴定程序规则的规定，鉴定意见具有下列情形之一的，不得作为定案的根据：

（1）鉴定机构不具备法定资质，或者鉴定事项超出该鉴定机构业务范围、技术条件的。

（2）鉴定人不具备法定资质，不具有相关专业技术或者职称，或者违反回避规定的。

（3）送检材料、样本来源不明，或者因污染不具备鉴定条件的。

（4）鉴定对象与送检材料、样本不一致的。

（5）鉴定程序违反规定的。

（6）鉴定过程和方法不符合相关专业的规范要求的。

（7）鉴定文书缺少签名、盖章的。

（8）鉴定意见与案件待证事实没有关联的。

（9）违反有关规定的其他情形。

（10）经人民法院通知，鉴定人拒不出庭作证的，鉴定意见不得作为定案的根据。

此外，需要注意对骨龄鉴定和测谎的处理方案：

关于骨龄鉴定，依据 2000 年《最高人民检察院关于“骨龄鉴定”能否作为确定刑事责任年龄证据使用的批复》，对于犯罪嫌疑人不讲真实姓名、住址，年龄不明的，可以委托进行骨龄鉴定或其他科学鉴定，经审查，鉴定结论能够准确确定犯罪嫌疑人实施犯罪行为时的年龄的，可以作为判断犯罪嫌疑人年龄的证据使用。如果鉴定结论不能准确确定犯罪嫌疑人实施犯罪行为时的年龄，而且鉴定结论又表明犯罪嫌疑人年龄在刑法规定的应负刑事责任年龄上下的，应当依法慎重处理。

关于测谎，又称 CPS 多道心理测试，依据 1999 年《最高人民检察院关于 CPS 多道心理测试鉴定结论能否作为诉讼证据使用问题的批复》，CPS 多道心理测试（俗称测谎）鉴定结论与刑事诉讼法规定的鉴定结论不同，不属于刑事诉讼法规定的证据种类。人民检察院办理案件，可以使用 CPS 多道心理测试鉴定结论帮助审查、判断证据，但不能将 CPS 多道心理测试鉴定结论作为证据使用。

（五）鉴定人与专家证人、专家辅助人

在对鉴定意见审查方式上，不同的国家存在不同的制度。在英美法系国家，刑事诉讼采用的是对抗式程序模式，司法鉴定也采取相应的“专家证人”制度。相反，大陆法系国家则采取职权主义的制度，在鉴定制度上确立了“司法鉴定人”模式，即法官不仅在审判阶段居于主导地位，而且在审判前阶段也可以就司法鉴定问题作出决定。

为保证鉴定意见受到有效质证，2012 年《刑事诉讼法》确立了一种特别的程序，那就是公诉人、当事人和辩护人、诉讼代理人可以申请法庭通知有专门知识的人作为证人出庭，“就鉴定人作出的鉴定意见提出意见”。通过申请有专门知识的人出庭作证，被告人、辩护人获得了“对鉴定意见进行有效质证”的机会。

首先，该程序给予了诉讼各方**自行委托专家**的权利。需要说明一点，这种专家证人不是普通证人，而是凭借其专业技术知识就案件专门问题发表意见的“专家证人”，但又不是鉴定人，其只能对公诉方的鉴定意见发表鉴别意见。在理论上，其被称为“专家辅助人”。

其次，该程序赋予了诉讼各方**申请法庭**传唤有专门知识的人作为“专家证人”出庭作证的机会。

最后，该程序给予诉讼各方通过委托专家证人来对**公诉方鉴定意见或者鉴定人**进行当庭质证的机会。

（六）司法鉴定体制改革

2005 年全国人大常委会出台《关于司法鉴定管理问题的决定》，并于 2015 年修正，加强对鉴定人和鉴定机构的管理，适应司法机关和公民、组织进行诉讼的需要，保障诉讼活动的顺利进行，推进了我国司法鉴定体制改革。主要内容有：

（1）由司法行政机构对从事法医类、物证类、声像资料三类司法鉴定业务的鉴定人和鉴定机构实行登记管理制度，编制名册并公告，诉讼中这三类业务需要委托鉴定的，需要从鉴定人名册中委托。

（2）禁止人民法院、司法行政机构设立鉴定机构，已设立的于 2005 年剥离出来。侦查机关包括公安机关、人民检察院等根据侦查工作的需要设立的鉴定机构，不得面向社会接受委托从事司法鉴定业务。这是 2005 年司法鉴定管理体制改革最引人瞩目的进展之一。

（3）明确规定了鉴定机构之间没有隶属关系，从业范围也不受地域限制。

（4）明确了相关行业的专业人员从事鉴定业的条件，包括具有高级专业技术职称；专业执业资格或者高等院校相关专业本科以上学历，从事相关工作五年以上；相关工作十年以上经历，具有较强的专业技能。但因故意犯罪或者职务过失犯罪受过刑事处罚的，受过开除公职处分的，以及被撤销鉴定人登记的人员，不得从事司法鉴定业务。

（5）鉴定机构的条件包括：有明确的业务范围；必需的仪器、设备；必需的依法通过计量认证或者实验室认可的检测实验室；每项司法鉴定业务有三名以上鉴定人。

（6）鉴定人必须在鉴定机构执业，由鉴定机构统一对外接受委托。

（7）鉴定实行鉴定人负责制，持不同意见的鉴定人可注明不同意见。

（8）鉴定人或者鉴定机构有违规行为的，由省级人民政府司法行政部门予以警告，责令改正，停业或者撤销登记。

（9）司法鉴定收费标准不是市场化的，而是由国家司法行政部门商价格主管部门确定收费项目和收费标准。

需要注意的是三类司法鉴定业务的细目：

（1）法医类鉴定，包括法医病理鉴定、法医临床鉴定、法医精神病鉴定、法医物证鉴定和法医毒物鉴定。

（2）物证类鉴定，包括文书鉴定、痕迹鉴定和微量鉴定。

（3）声像资料鉴定，包括对录音带、录像带、磁盘、光盘、图片等载体上记录的声音、图像信息的真实性、完整性及其所反映的情况过程进行的鉴定和对记录的声音、图像中的语言、人体、物体作出种类或者同一认定。

六、视听资料、电子数据

（一）概念

视听资料又称为“音像资料”，是指以录音、录像及其他相关设备记载的声音、图像、活动画面等信息来证明案件事实的证据。

电子数据是以电子存储形式存在的，可以用于证明案件事实的一切数字化形式的材料及其衍生物，所强调的是记录数据的方式而非内容。电子数据主要包括电子邮件、电子数据交换、网上聊天记录、网络博客、微博客、手机短信、电子签名或域名等存储在电子介质中的信息，包括录音资料和影像资料等多种证据形式。

1996 年《刑事诉讼法》增加的视听资料主要是指录音机、录像机等设备录制的录音资料和录像资料。2012 年前电子数据归于视听资料，2012 年《刑事诉讼法》新增了电子数据这种独立的证据种类，主要是包括 21 世纪以来的计算机技术、互联网通信、大数据、电子存储等所记载的数据。

2016 年最高人民法院、最高人民检察院、公安部公布的《关于办理刑事案件收集提取和审查判断电子数据若干问题的规定》第 1 条规定：“电子数据是案件发生过程中形成的，以数字化形式存储、处理、传输的，能够证明案件事实的数据。电子数据包括但不限于下列信息、电子文件：（一）网页、博客、微博客、朋友圈、贴吧、网盘等网络平台发布的信息；（二）手机短信、电子邮件、即时通信、通讯群组等网络应用服务的通信信息；（三）用户注册信息、身份认证信息、电子交易记录、通信记录、登录日志等信息；（四）文档、图片、音视频、数字证书、计算机程序等电子文件。以数字化形式记载的证人证言、被害人陈述以及犯罪嫌疑人、被告人供述和辩解等证据，不属于电子数据。确有必要的，对相关证据的收集、提取、移送、审查，可以参照适用本规定。”

（二）特点

视听资料、电子数据特点鲜明，最大的特点就是其高科技性，是对现代科技的运用。其不像犯罪嫌疑人供述和辩解、鉴定意见那样是一种单一的证据种类，而是更像多种证据种类的载体。任何种类的证据都可以视听资料、电子数据的形式予以

复制、储存并表现出来，这个特点使其自身构成了一个证据体系，是一个具有高科技表现形式的综合性证据类别。这一证据种类的出现是现代科技进步促成的，尤其是电子数据的出现，对证据法和相关程序法都影响深远。

（1）视听资料、电子数据提供动态直观的证明手段，声音、图像都可以是动态的、连续的，是生动再现案件事实的重要载体。

（2）视听资料、电子数据具有高度逼真和准确性，其程度是其他证据难以匹敌的。

（3）视听资料、电子数据具有高科技性，记载、播放信息的设备是对现代科技的运用，是科学技术发展的产物。

（4）视听资料、电子数据容易被篡改、伪造，一旦被编辑不易分辨、甄别。视听资料、电子数据是现代科技的产物，也需要高科技鉴别真伪。

（三）意义

作为科技进步带来的新的证据材料，视听资料、电子数据具有如下重要意义：

（1）视听资料、电子数据可能单独、直接证明案件主要事实，有的可以作为直接证据使用，证明力强。

（2）这种全新证据材料为维护司法公正提供了新手段。讯问录音录像、庭审录音录像、庭审在线直播等方式，不仅为侦查行为、法庭审判的合法性提供了证据材料，庭审中的证人证言、被害人陈述、被告人供述和辩解、物证、书证、鉴定意见等所有证据都获得了全面、全新的记载方式。

（3）视听资料、电子数据的立法和运用促进了司法科技化的潮流。作为证据和取证、质证方式的现代科技手段与司法之间的关系越来越密切，司法处理的案件也涉及现代科技运用，二者的紧密结合不仅必要，而且是必然的。这与鉴定科技一道推进了司法科技化发展趋势。

（四）取证要求

2020 年《公安机关办理刑事案件程序规定》第 67 条对视听资料、电子数据的复制件提出了和物证的照片、录像或者复制品以及书证的副本、复制件相同的要求，要求应当附有关制作过程及原件、原物存放处的文字说明，并由制作人和物品持有人或者物品持有单位有关人员签名。2019 年《公安机关办理刑事案件电子数据取证规则》规定更为细致，主要有如下内容：

（1）电子数据取证包括但不限于：电子数据的收集、提取、检查和侦查实验、检验与鉴定。

（2）电子数据取证手段包括以下六种：1）扣押、封存原始存储介质；2）现场提取电子数据；3）网络在线提取电子数据；4）冻结电子数据；5）调取电子数据；6）遇有以下三种情形，可以采取打印、拍照或者录像等方式固定相关证据：一是无法扣押原始存储介质并且无法提取电子数据的；二是或存在电子数据自毁功能或装置，需要及时固定相关证据的；三是需现场展示、查看相关电子数据的。

(3) 对扣押的原始存储介质，提出了明确的封存要求。1) 保证在不解除封存状态的情况下，无法使用或者启动被封存的原始存储介质。2) 封存前后应拍照。3) 封存手机等具有无线通信功能的原始存储介质，应当采取信号屏蔽、信号阻断或者切断电源等措施。

(4) 关于关联证据的收集。扣押原始存储介质，应收集关联证据：1) 应当收集证人证言以及犯罪嫌疑人供述和辩解等与原始存储介质相关联的证据。2) 可以向相关人员了解、收集并在有关笔录中注明以下情况：一是原始存储介质及应用系统管理情况、网络拓扑与系统架构情况、管理及使用人员的身份情况；二是用户名、密码情况；三是数据备份情况，有无加密磁盘、容器，有无自毁功能，有无其他移动存储介质，是否进行过备份，备份数据的存储位置等情况。

(5) 关于现场提取电子数据。现场提取应当制作“电子数据现场提取笔录”。现场提取应符合下列无法扣押原始存储介质情形之一：1) 原始存储介质不便封存的；2) 提取计算机内存数据、网络传输数据等不是存储在存储介质上的电子数据的；3) 案件情况紧急，不立即提取电子数据可能会造成电子数据灭失或者其他严重后果的；4) 关闭电子设备会导致重要信息系统停止服务的；5) 需通过现场提取电子数据排查可疑存储介质的；6) 正在运行的计算机信息系统功能或者应用程序关闭后，没有密码无法提取的。无法扣押原始存储介质的情形消失后，应当及时扣押、封存原始存储介质。

(6) 关于在线提取电子数据。在线提取应当制作“网络在线提取笔录”或者“远程勘验笔录”，对于关系到罪与非罪的关键证据，犯罪嫌疑人可能判处五年自由刑以上的案件，严重危害国家安全、公共安全的案件等，网络在线提取、远程勘验过程应当全程同步录像。

(7) 关于冻结电子数据，应当经县级以上公安机关负责人批准，制作“协助冻结电子数据通知书”，应采取以下一种或者几种方法：1) 计算电子数据的完整性校验值；2) 锁定网络应用账号；3) 采取写保护措施；4) 其他防止增加、删除、修改电子数据的措施。

(8) 关于调取电子数据，应当经办案部门负责人批准，开具“调取证据通知书”，注明需要调取电子数据的相关信息，通知电子数据持有人、网络服务提供者或者有关部门执行。

(9) 关于电子数据检查，对扣押的原始存储介质或者提取的电子数据，需要通过数据恢复、破解、搜索、仿真、关联、统计、比对等方式，以进一步发现和提取与案件相关的线索和证据时，可以进行电子数据检查，检查应当制作“电子数据检查笔录”。

(10) 关于电子数据侦查实验，是为了验证一定条件下电子设备发生的某种异常或者电子数据发生的某种变化；验证在一定时间内能否完成对电子数据的某种操作行为；验证在某种条件下使用特定软件、硬件能否完成某种特定行为、造成特定后果；确定一定条件下某种计算机信息系统应用或者网络行为能否修改、删除特定的电子数据；以及其他需要验证的情况。进行电子数据侦查实验，应当使用拍照、录像、录音、通信数据采集等一种或多种方式客观记录实验过程，应当制作“电子数据侦查实验笔录”。

（11）关于电子数据的检验、鉴定，为了解决案件中某些专门性问题，应当经县级以上公安机关负责人批准，指派、聘请有专门知识的人进行鉴定，或者委托公安部指定的机构出具报告。

（五）审查要点

2021年刑事审判解释对视听资料和电子数据的审查要点的规定具有共性，应当审查是否移送文字抄清材料以及对绰号、暗语、俗语、方言等不易理解内容的说明，未移送的，必要时可以要求人民检察院移送。此外，还对视听资料和电子数据的审查要点作出了不同的规定。

1. 视听资料审查要点

对于视听资料，应当着重审查以下内容：

（1）是否附有提取过程的说明，来源是否合法。

（2）是否为原件，有无复制及复制份数；是复制件的，是否附有无法调取原件的原因、复制件制作过程和原件存放地点的说明，制作人、原视听资料持有人是否签名。

（3）制作过程中是否存在威胁、引诱当事人等违反法律、有关规定的情形。

（4）是否写明制作人、持有人的身份，制作的时间、地点、条件和方法。

（5）内容和制作过程是否真实，有无剪辑、增加、删改等情形。

（6）内容与案件事实有无关联。

对视听资料有疑问的，应当进行鉴定。

2. 电子数据审查要点

对于电子数据，包括电子邮件、电子数据交换、网上聊天记录、博客、微博客、手机短信、电子签名、域名等，应当着重审查真实性、完整性、合法性等内容。

（1）对电子数据是否真实，应当着重审查以下内容：1）是否移送原始存储介质，在原始存储介质无法封存、不便移动时，有无说明原因，并注明收集、提取过程及原始存储介质的存放地点或者电子数据的来源等情况；2）是否具有数字签名、数字证书等特殊标识；3）收集、提取的过程是否可以重现；4）如有增加、删除、修改等情形的，是否附有说明；5）完整性是否可以保证。

（2）对电子数据是否完整，应当根据保护电子数据完整性的相应方法进行审查、验证：1）审查原始存储介质的扣押、封存状态；2）审查电子数据的收集、提取过程，查看录像；3）比对电子数据完整性校验值；4）与备份的电子数据进行比较；5）审查冻结后的访问操作日志；6）其他方法。

（3）对收集、提取电子数据是否合法，应当着重审查以下内容：1）收集、提取电子数据是否由二名以上调查人员、侦查人员进行，取证方法是否符合相关技术标准。2）收集、提取电子数据，是否附有笔录、清单，并经调查人员、侦查人员、电子数据持有人、提供人、见证人签名或者盖章；没有签名或者盖章的，是否注明原因；对电子数据的类别、文件格式等是否注明清楚。3）是否依照有关规定由符合条件的人员担任见证人，是否对相关活动进行录像。4）采用技术调查、侦查措施收集、提取电子数据的，是否依法经过严格的批准手续。5）进行电子数据检查的，检查程序是否符合有关规定。

（六）视听资料、电子数据的排除

视听资料、电子数据属于实物证据，适用实物证据的排除规则。

1. 视听资料的排除

依据2021年刑事审判解释第109条的规定，视听资料具有下列情形之一的，不得作为定案的根据：一是系篡改、伪造或者无法确定真伪的；二是制作、取得的时间、地点、方式等有疑问，不能作出合理解释的。

2. 电子数据的排除

依据2021年刑事审判解释第113条和第114条的规定，电子数据可基于真实性予以排除，也可基于合法性予以排除。

（1）基于真实性的排除。电子数据具有下列情形之一的，不得作为定案的根据：1）系篡改、伪造或者无法确定真伪的；2）有增加、删除、修改等情形，影响电子数据真实性的；3）其他无法保证电子数据真实性的情形。

（2）基于合法性的排除。电子数据的收集、提取程序有下列瑕疵，不能补正或者作出合理解释的，不得作为定案的根据：1）未以封存状态移送的；2）笔录或者清单上没有调查人员或者侦查人员、电子数据持有人、提供人、见证人签名或者盖章的；3）对电子数据的名称、类别、格式等注明不清的；4）有其他瑕疵的。对于以上瑕疵，经补正或者作出合理解释的，可以采用。

七、勘验、检查、辨认、侦查实验等笔录

《刑事诉讼法》第50条规定了证据包括勘验、检查、辨认、侦查实验等笔录。2020年《公安机关办理刑事案件程序规定》第59条对笔录类证据扩充列举，除勘验、检查、辨认、侦查实验笔录以外，还包括搜查、查封、扣押、提取等笔录。

（一）勘验、检查笔录

勘验、检查笔录是指侦查人员、检察人员和审判人员依法对与犯罪有关的**场所、物品、人身、尸体**等进行勘查、检验的情况所作的书面记载，既可以表现为文字记录，也可以表现为绘图和现场照相、录像等形式。

检查是指办案人员为了确定**犯罪嫌疑人、被害人**的某些**人身特征和伤害情况**或

者**生理状态**对同案件有关的人员进行观察和检验活动。对此进行的实况记录即是人身检查笔录。

（二）辨认、侦查实验笔录

辨认笔录是指侦查人员让**被害人、犯罪嫌疑人或者证人**对与犯罪有关的物品、文件、尸体、场所或者犯罪嫌疑人进行辨认所作的记录。

侦查实验笔录是指侦查人员为了验证在某种条件下某一事件或者现象是否发生，在与案件相同条件下实验性地重演该事件或现象的侦查活动时，对该活动以书面、拍照、录像等方式进行记录所形成的证据材料。

（三）刑事诉讼中的其他笔录类材料

在刑事诉讼过程中公安司法机关制作了许多种笔录类文件，是侦查机关、检察机关、人民法院对办案过程或者证据收集活动的实况记录，可以采用书面、录音录像、照相等多种灵活的记载方式。当前笔录类文件可以大致分为以下几种：

1. 刑事诉讼法和相关规范性文件列举的笔录类证据材料

包括《刑事诉讼法》规定的勘验、检查、辨认、侦查实验等笔录，以及《公安机关办理刑事案件程序规定》增加列举的搜查、查封、扣押、提取等笔录。此外，《刑事诉讼法》第 140 条规定了搜查笔录，《公安机关办理刑事案件电子数据取证规则》规定了电子数据现场提取笔录、网络在线提取笔录、远程勘验笔录等，进一步明确了提取笔录、勘验笔录的明细种类。

2. 属于其他独立证据种类的笔录类材料

对犯罪嫌疑人、被告人的讯问笔录，对证人、被害人的询问笔录，这些被归于犯罪嫌疑人供述和辩解、证人证言、被害人陈述，属于和笔录类证据并列的其他种类的证据，但其同样具有笔录类证据的特点。要求侦查人员二人以上进行相关笔录制作活动，不仅是为了证明笔录内容的真实性，也互相作证侦查活动的合法性。

另有一些笔录看起来并不属于某种证据种类，但实践中归属较为明确。例如，《刑事诉讼法》第 111 条规定，接受口头报案、控告、举报的工作人员应当写成笔录。这种笔录在实践中使用询问笔录，属于证人证言或者被害人陈述。《公安机关办理刑事案件程序规定》第 94 条规定，执行取保候审的派出所应当定期了解被取保候审人遵守取保候审规定的有关情况，并制作笔录。这种笔录使用讯问笔录。

3. 属于综合性证据种类的笔录材料

一份笔录材料中含有多种证据种类。例如，《刑事诉讼法》第 207 条规定，法庭审判的全部活动，应当由书记员写成笔录，经审判长审阅后，由审判长和书记员签名。法庭笔录中包含能够证明庭审活动合法性的证据，也包含证人证言、犯罪嫌疑人供述和辩解、被害人陈述、鉴定意见等证据种类。

4. 属于笔录类材料的诉讼材料

这些材料的性质非常复杂，主要有以下几种：

（1）公安司法机关制作的不对外公开的诉讼材料。例如，根据《刑事诉讼法》第 184 条的规定，合议庭进行评议的时候应当制作笔录，评议笔录由合议庭的组成人员签名。评议笔录依法是不对外公开的材料。

（2）诉讼中的程序性申请、申诉文件。例如，2021 年刑事审判解释第 129 条规定，开庭审理前，当事人及其辩护人、诉讼代理人申请人民法院排除非法证据的，人民法院应当在开庭前及时将申请书或者申请笔录及相关线索、材料的复制件送交人民检察院。此处所指的申请笔录实际上是记载了当事人方申请启动排除非法证据的笔录类材料。又如，根据 2019 年《人民检察院刑事诉讼规则》第 387 条的规定，被害人、被不起诉人对不起诉决定不服提出申诉的，没有书写能力的，也可以口头提出申诉，人民检察院应当根据其口头提出的申诉制作笔录。

（3）辩护意见。例如，2019 年《人民检察院刑事诉讼规则》第 54 条规定，在人民检察院侦查、审查逮捕、审查起诉过程中，辩护人要求听取其意见的，办案部门应当及时安排。听取辩护人意见应当制作笔录或者记录在案。

（4）公安司法机关制作的证明自己履行法定义务的材料。例如出庭笔录，2019 年《人民检察院刑事诉讼规则》第 427 条规定，出庭的书记员应当制作出庭笔录，详细记载庭审的时间、地点、参加人员、公诉人出庭执行任务情况和法庭调查、法庭辩论的主要内容以及法庭判决结果，由公诉人和书记员签名。又如各种形式的权利告知笔录，《人民检察院刑事诉讼规则》第 55 条规定，人民检察院自收到移送起诉案卷材料之日起三日以内，应当告知被害人及其法定代理人或者其近亲属、附带民事诉讼的当事人及其法定代理人有权委托诉讼代理人。被害人及其法定代理人、近亲属因经济困难没有委托诉讼代理人的，应当告知其可以申请法律援助。当面口头告知的，应当记入笔录，由被告知人签名；电话告知的，应当记录在案；书面告知的，应当将送达回执入卷。被害人众多或者不确定，无法以上述方式逐一告知的，可以公告告知。无法告知的，应当记录在案。

（四）笔录类证据的特点与意义

1. 特点

笔录类证据是在诉讼活动中形成的证据材料，与物证、书证、证人证言、犯罪嫌疑人供述与辩解、鉴定意见等有重要的区别。

（1）笔录类证据的制作主体是公安司法人员，其他政府部门无权主持制作刑事诉讼中的勘验、检查、辨认、侦查实验等笔录。

（2）笔录类证据针对的对象是特定的。这些对象是刑事案件有关的现场、物品、人身、尸体等，其记载方式多样，但对象特定。

（3）笔录类证据通常在司法实践中被认为客观性较强。主持制作笔录类证据的公安司法人员与案件以及案件当事人无直接利害关系，适用回避原则，立场中立，如实记录所发现的案件真象是其职责所在，其所制作的笔录形式多样，有文字记载、图片和音像资料等，有利于反映案件真实情况，具有较强的客观性和证明力。

（4）笔录类证据不同于书证、物证、鉴定意见、证人证言、视听资料等证据。物证、书证、视听资料是在犯罪行为发生前或发生的过程中形成的；证人知情也是在案件发生过程中；鉴定意见是案发后公安司法机关聘请鉴定专家对案件作出的具有科技含量和专业知识的判断。与以上证据相比，笔录类证据有其特点：一是在案发后形成；二是由公安司法人员制作；三是笔录类证据的内容可能会记载物证、书证等其他证据种类，甚至会有其他证据的录音录像，但这属于勘查检验等过程中发现其他证据的记载，能够证明其他证据的来源；四是虽然可能会利用各种音像设备或者勘查器材，但属于对案件相关事实和诉讼活动的观察、记载，并不作出专业知识很强的分析判断，有别于鉴定人作出的专家意见证据。

2. 意义

笔录类证据在刑事诉讼中具有以下重要意义：

（1）勘验、检查、辨认、侦查实验等笔录对案发现场、物品、人身、尸体等的检查、辨认等情况的实录，发挥着对案件事实的证明作用，这些笔录是对来源于案件事实的第一手资料的记录。

（2）笔录类证据起着固定证据的作用，勘验检查现场时发现的物品，检查人身、尸体等的过程中不仅会记录这些证据本身，对于证明诉讼中其他证据如物证、书证、电子数据等的来源具有重要意义，而且对于揭示证据之间的相互联系具有重要作用，有助于推进对案件全局真象的了解。

（3）笔录类证据起着证明所记载侦查活动等诉讼活动合法性的作用。勘验、检查、辨认、侦查实验等是获取证据和案件信息的重要手段，对于案件诉讼进程的推动和案件处理结果意义重大。勘验、检查、辨认、侦查实验等权力行使不当也会对公民权利造成较大的影响，损害司法公正和权威。在进行这些诉讼活动时，公安司法机关必须严格恪守法律、司法解释、部门规章的相关规定，在公安司法人员的主持下依照法定程序由有关人员参加和见证，如实、清楚记录诉讼活动，笔录的内容不但能够证明案件事实，而且能够证明勘验、检查、辨认、侦查实验等活动的合法性。

（五）笔录类证据的制作、取证规则

依据2018年《刑事诉讼法》、2020年《公安机关办理刑事案件程序规定》、2015年《公安机关刑事案件现场勘验检查规则》的相关规定，关于笔录类证据的取证要求主要有以下方面。

1. 制作笔录的人员及签章

勘验、检查、辨认、侦查实验的情况应当写成笔录，由参加勘验、检查、辨认的人和见证人签名或者盖章，侦查实验的情况应由参加实验的人签名或者盖章。其中，现场勘验检查应由一至二名与案件无关的见证人见证并签名。由于笔录类证据既需要记载能够证明案件事实的内容，又需要记载诉讼程序中取证人员、取证过程的内容，所以取证活动一般由两人以上参加，并需要见证人，与被取证人一起共同在笔录上签字盖章。

2. 制作笔录类证据的审批权限

笔录类证据的制作属于公安司法机关的诉讼行为，对于其中属于侦查行为的笔录类证据，需事先取得侦查机关负责人或者其他有决定权的人的批准之后，才能进行相关的侦查活动并制作笔录。例如，侦查实验应经公安机关负责人决定批准后才能进行。

3. 制作笔录类证据的侦查活动需符合权利保障方面的要求

例如，检查妇女的身体，应当由女工作人员或者医师进行。侦查实验，禁止一切足以造成危险、侮辱人格或者有伤风化的行为。

4. 制作笔录类证据的侦查活动需满足其他程序性要求

例如，公安机关、检察机关主持辨认犯罪嫌疑人时，被辨认人不得少于七人；对犯罪嫌疑人照片进行辨认的，不得少于十人的照片；辨认物品时，混杂的同类物品不得少于五件。公安机关主持对物品的照片进行辨认的，不得少于十个物品的照片。检察机关主持对物品的照片进行辨认的，照片不得少于五张。不得给辨认人任何暗示。辨认应当个别进行，辨认前辨认人与被辨认人不得会面。

（六）笔录类证据的审查要点

依据 2021 年刑事审判解释第 102 条的规定，对勘验、检查笔录应当着重审查以下内容：

（1）勘验、检查是否依法进行，笔录的制作是否符合法律、有关规定，勘验、检查人员和见证人是否签名或者盖章。

（2）勘验、检查笔录是否记录了提起勘验、检查的事由，勘验、检查的时间、地点，在场人员、现场方位、周围环境等，现场的物品、人身、尸体等的位置、特征等情况，以及勘验、检查、搜查的过程；文字记录与实物或者绘图、照片、录像是否相符；现场、物品、痕迹等是否伪造、有无破坏；人身特征、伤害情况、生理状态有无伪装或者变化等。

（3）补充进行勘验、检查的，是否说明了再次勘验、检查的缘由，前后勘验、检查的情况是否矛盾。

2021 年刑事审判解释第 104 条规定，对辨认笔录应当着重审查辨认的过程、方法，以及辨认笔录的制作是否符合有关规定；第 106 条规定，对侦查实验笔录应当着重审查实验的过程、方法，以及笔录的制作是否符合有关规定。

（七）笔录类证据的排除

依据 2021 年刑事审判解释的规定，勘验、检查笔录和辨认笔录、侦查实验笔录的排除条件并不相同。

勘验、检查笔录存在明显不符合法律、有关规定的情形，不能作出合理解释的，不得作为定案的根据。

辨认笔录具有下列六种情形之一的，不得作为定案的根据：（1）辨认不是在调查人员、侦查人员主持下进行的；（2）辨认前使辨认人见到辨认对象的；（3）辨认活动没有个别进行的；（4）辨认对象没有混杂在具有类似特征的其他对象中，或者供辨认的对象数量不符合规定的；（5）辨认中给辨认人明显暗示或者明显有指认嫌疑的；（6）违反有关规定、不能确定辨认笔录真实性的其他情形。

对侦查实验笔录而言，如果侦查实验的条件与事件发生时的条件有明显差异，或者存在影响实验结论科学性的其他情形的，那么侦查实验笔录不得作为定案的根据。

练一练①

1.（不定项选择题）以下属于物证的是（　　）。

A. 甲为报杀母之仇在日记里写了杀掉仇人乙的计划

B. 甲为报仇在家中私藏了冲锋枪 1 支、子弹 100 发

C. 丙发现甲的报仇日记后用手机拍了照片

D. 甲在除夕的酒店聚会上枪杀了乙，全程被酒店摄像头摄录

2.（多项选择题）以下属于笔录证据的是（　　）。

A. 勘验笔录　　B. 辨认笔录　　C. 检查笔录　　D. 侦查实验笔录

3.（不定项选择题）以下证据不得作为定案根据的是（　　）。

A. 侦查人员从甲家提取了棕绳，与被勒死的邻居乙脖子上的棕绳同款，但搜查笔录、扣押笔录和扣押清单里都没有关于棕绳的记录

B. 侦查人员丙、丁对甲的讯问笔录显示同一时间丙和丁还讯问了盗窃案犯罪嫌疑人戊，对此侦查机关未补正也未解释

C. 侦查人员丙、丁对愿意证明卖给甲棕绳的小卖部老板夫妻一起制作了询问笔录，夫妻两人在这份询问笔录上签名捺手印

D. 公安机关的法医对乙的尸体进行解剖作出鉴定意见，法医接到人民法院的出庭通知后未出庭

4.（多项选择题）以下证据属于书证的是（　　）。

A. 受贿案被告人写的受贿日记　　B. 人民法院制作的判决书

C. 合同诈骗案件中双方签订的合同　　D. 洗钱案件的银行汇款记录

小结

本节主要讲解了刑事诉讼八类法定证据的相关知识点，同学们对此不但要熟记，更要学会在实务中运用。请思考以下几个问题：

---

① 参考答案：1. B；2. ABCD；3. ABCD；4. ABCD。

1. 物证、书证的概念及区分标准是什么？
2. 犯罪嫌疑人、被告人的供述与辩解的审查标准是如何规定的？
3. 证人证言的采信标准是什么？
4. 对于鉴定意见的审查判断，法律是如何规定的？
5. 视听资料和电子数据该如何区分？

第三节　刑事证据的理论分类

导 语

同学们好！前面已经学习了法律规定的刑事证据的种类，本节我们学习刑事证据的理论分类。刑事证据种类是法律明文规定的，而刑事证据分类是从理论上依据一定的标准对刑事证据进行的分类。同学们要识记各个刑事证据分类的概念，并灵活运用。

刑事证据的分类与刑事证据的种类不同：第一，刑事证据的种类是基于法律的明文规定，是刑事证据的法定表现形式；刑事证据的分类是学理上对证据的区分。第二，刑事证据的种类具有法律效力，是刑事诉讼中证据定义的组成部分，只有具备法定形式的刑事证据才能划分到某个证据种类中去，成为刑事诉讼法意义上的证据材料；刑事证据的分类不具备法律效力。第三，刑事证据种类的划分标准取决于每种证据的定义，使单一证据材料属于单一证据种类。例如，讯问被告人做成的笔录和讯问录音录像仅属于被告人供述和辩解，而不是视听资料、笔录证据。刑事证据的理论分类则采取多种划分标准，单一证据材料可能属于多个证据分类。例如，法庭上讯问被告人，被告人的供述和辩解属于直接证据、原始证据、言词证据。

刑事证据的理论分类通常采取两分法，按照不同的标准将刑事证据分为两类。我国学术界较为通行的分类法是对刑事证据的四种理论分类，即把刑事诉讼证据分为言词证据和实物证据、原始证据和传来证据、直接证据和间接证据、控诉证据和辩护证据。

一、言词证据和实物证据

言词证据和实物证据是最常见的证据分类。

（一）分类标准

根据证据的表现形式、提供方式、存在方式的不同，可以将证据分为言词证据和实物证据。凡是表现为人的陈述，即以人的言词作为表现形式的证据，是言词证据。凡是表现为**物品、痕迹和文件等**，即以实物形态作为表现形式的证据，是实物证据。言词证据是人的意识对案件事实的反映；实物证据是以物品的特征、存在状态、各种物品之间的联系来证明案件事实，以物理上可见可触摸的实物、自然现象、痕迹等形式表现出来。

在法律规定的证据种类中，证人证言，被害人陈述，犯罪嫌疑人、被告人供述和辩解，鉴定人意见，辨认、侦查实验笔录，都属于言词证据。**辨认笔录所记载的有关案件事实的内容，主要是犯罪嫌疑人、被告人、证人或被害人所作出的关于辨认的陈述；鉴定意见是鉴定人对案件所涉及的专门性问题所提出的个人的意见，也是言词证据**。在我国刑事司法实践中，各种人的陈述都表现为各种笔录，在法庭审判中陈述人不出庭，大量使用书面化的言词证据。言词证据书面化是我国公安司法机关收集和固定、审查判断证据的特色。

物证，书证，勘验、检查笔录，视听资料、电子数据属于实物证据。勘验、检查笔录是办案人员在勘验、检查中对所见案件现场、物品、人身、尸体等**客观情况的客观记载**，而不是办案人员的陈述，因此也属于实物证据。**视听资料、电子数据具有实物外形**，一般认为属于**实物证据**。

有学者认为庭审录音录像、讯问和询问录音录像、搜查及辨认等录音录像属于视听资料、电子数据。有学者认为讯问和询问录音录像属于固定犯罪嫌疑人、被告人供述和辩解以及证人证言、被害人陈述的方法，属于言词证据。笔者认为，我国立法和司法解释根据证据种类来设计证据审查判断和证据排除的要点和条件，我国证据概念中划分证据种类的目的也在于方便公安司法人员收集和审查判断证据、便于律师依法提出证据方面的辩护意见。所以，讯问等录音录像作为证据材料，在载体上、表现形式上属于视听资料、电子数据，审查判断讯问等录音录像时当然需要使用对视听资料、电子数据的审查判断方法。同时，讯问等录音录像的内容又是言词证据，又属于犯罪嫌疑人、被告人供述和辩解等证据种类，审查判断时还需要适用对口供的审查判断规则。其他证据的处理以此类推。

（二）特点

1. 言词证据的特点

（1）言词证据证明范围广，其作为人的表述，是人的意识对客观事物的反映，在观察条件具备时，言词证据可能能够单独、直接地证明案件事实。

（2）言词证据具有主观性，作为人的表述，可能受到人主观意志的影响，当案件与其有利害关系时，出于趋利避害的本能会作出对自己有利的表述，隐瞒对自己不利的真实情况。这种属于故意的虚假陈述。

（3）言词证据受到陈述人的个人能力影响，当感知能力、表述能力、记忆能力有缺陷时，或者当观察条件受到案发时客观环境的限制时，言词证据容易失真。这种属于无意的虚假陈述。为此，《刑事诉讼法》第 62 条第 2 款规定：“生理上、精神上有缺陷或者年幼，不能辨别是非、不能正确表达的人，不能作证人。”

（4）言词证据容易受到他人的影响，取证人员的暴力、引诱、欺骗、威胁，甚至故意暗示或者不经意透露出来的信息都会影响陈述人的回忆和陈述，导致陈述失真。这种属于由于取证人员的错误或者失职造成的虚假陈述。

由上可见，由于言词证据如此复杂，不但需要审查其内容的真实性，审查陈述人的作证条件、作证能力、作证与案发时的时间长短等，还要审查取证人员取证行为是否合法、是否有不当暗示等。因此，采纳言词证据应特别慎重。

2. 实物证据的特点

（1）实物证据具有较强的客观性，不易失真。实物证据以其物理特征、外在形态、空间位置等来证明案件事实，一旦在案件中产生实物证据，即不容易被更改。

（2）实物证据也会受到人的主观意志的影响。实物证据由公安司法人员通过搜查、扣押、勘验等方式予以提取、固定，在此过程中存在人为因素的介入，可能会造成实物证据的灭失、毁损或隐匿。

（3）实物证据的证明力受到人的认识能力和经验的影响。实物证据是“哑巴”证据，所包含的信息需要由人来阐释，与人的认识能力密切相关。有的实物证据所包含的案件信息较容易分析，有的则需要现代科技和丰富的办案经验才能作为证据材料，如生物材料所需要的DNA鉴定等。

（4）实物证据需要妥善保存才能发挥证明作用。实物证据保管不当会被污染、丢失等，丧失证明价值。因此实物证据的提取、固定、保管、交接都应有可查证的记载。

（三）运用规则

对言词证据和实物证据予以区分的意义在于帮助公安司法人员和当事人了解两种证据不同的特点，把握两种证据不同的运用规则，以维护司法公正，维护当事人合法权益。需要掌握的是，言词证据和实物证据的排除规则有区别。在世界范围内，对英美法系尤其是美国而言，非法取得的言词证据和实物证据都要排除，英国对非法取得的实物证据裁量排除。欧盟国家中的大陆法系国家如法国、德国等对非法取得的言词证据也予以排除，对实物证据是否排除需要法官裁量决定。

1. 言词证据的运用规则

在我国，运用言词证据应当注意以下方面：

（1）收集、固定、运用言词证据应当注意关于证据合法性的法律规定，禁止以刑讯逼供、威胁、引诱、欺骗等非法手段收集言词证据。2017年“两高三部”《关于办理刑事案件严格排除非法证据若干问题的规定》第1条明文规定，严禁刑讯逼供和以威胁、引诱、欺骗以及其他非法方法收集证据，不得强迫任何人证实自己有罪。2018年《刑事诉讼法》第56条规定，采用刑讯逼供等非法方法收集的犯罪嫌疑人、被告人供述和采用暴力、威胁等非法方法收集的证人证言、被害人陈述，应当予以排除。依据2019年《人民检察院刑事诉讼规则》第66条的规定，对采用刑讯逼供等非法方法收集的犯罪嫌疑人供述，和采用暴力、威胁等非法方法收集的证人证言、被害人陈述，应当依法排除。2021年刑事审判解释第123条规定，采用下列非法方法收集的被告人供述，应当予以排除：一是采用殴打、违法使用戒具等暴力方法或者变相肉刑的恶劣手段，使被告人遭受难以忍受的痛苦而违背意愿作出的供述；二是采用以暴力或者严重损害本人及其近亲属合法权益等相威胁的方法，使被告人遭受难以忍受的痛苦而违背意愿作出的供述；三是采用非法拘禁等非法限制人身自由的方法收集的被告人供述。2021年刑事审判解释第125条和2017年“两高三部”《关于办理刑事案件严格排除非法证据若干问题的规定》都规定，采用暴力、威胁以及非法限制人身自由等非法方法收集的证人证言、被害人陈述，应当予以排除。

(2) 收集言词证据应当及时。人的记忆会随着时间流逝而逐渐变得不清晰，也会因受到其他事物的影响而混淆事实与虚构，只有及时找到相关陈述人并依法收集、固定才能确保言词证据的准确性。收集言词证据可以考虑多种固定手段，采用笔录类取证手段需要核实并签字盖印，采用录音录像类取证手段则需要注意全程、不间断、无剪辑等要求。

(3) 运用言词证据在法庭上证明案件事实的，需要对书面化或者音像化的言词证据进行质证或者对出庭的陈述人进行质证。质证时需要从陈述人的感知条件、感知能力、记忆能力、是否受到暗示及其与案件、当事人的利害关系等为立足点进行提问，确认其主观上心态是否中立、诚实，客观上是否具备观察和记忆案件事实的条件。既要避免陈述人的故意的虚假陈述被采纳，又要避免其因条件所限而无意作出的虚假陈述被采纳，避免因陈述人的虚假陈述造成无辜者被定罪的冤案。

(4) 当案件中既有言词证据又有实物证据时，应充分利用实物证据较强的客观性，将言词证据与实物证据相对照；当案件中只有言词证据时，使用言词证据定罪量刑应特别慎重，尤其是当只有供述而没有其他证据时，不得定罪。依据2018年《刑事诉讼法》第55条的规定，只有被告人供述，没有其他证据的，不能认定被告人有罪和处以刑罚。但是需要注意的是，2005年《最高人民检察院公诉厅毒品犯罪案件公诉证据标准指导意见（试行）》规定，在毒品、制毒物品等物证灭失的情况下，仅有犯罪嫌疑人、被告人自己的供述，不能定罪；但是，当犯罪嫌疑人、被告人的供述与同案犯的供述吻合，并且完全排除诱供、刑讯逼供、串供等情形，能够相互印证的口供可以作为定罪的证据。

2. 实物证据的运用规则

在我国，收集、固定和运用实物证据时，应当遵守关于实物证据的法律规定。

(1) 收集和固定实物证据要及时、细致、全面，避免在收集和固定实物证据中造成损毁和灭失。

(2) 实物证据要充分发挥证明作用，有的情况下需要借助高科技手段，需要鉴定的应予鉴定。例如，犯罪现场发现的身体组织等生物材料，有必要做出DNA鉴定并放入 DNA 数据库比对。

（3）对于实物证据，属于物证的，调取物证应当调取原物。原物不便搬运、保存，或者依法应当返还被害人，或者因保密工作需要不能调取原物的，可以将原物封存，并拍照、录像；属于书证、视听资料的，调取书证、视听资料应当调取原件。取得原件确有困难或者因保密需要不能调取原件的，可以调取副本或者复制件。

（4）在法庭上运用实物证据的，应关注实物证据的真实性，看其是否原件，是否被伪造或者变造。对于经过鉴定的，可对鉴定意见或者出庭的鉴定人进行质证，专业知识储备不足的当事人或者控辩双方可申请专家辅助人出庭。

（5）收集实物证据应符合法定程序，依据 2018 年《刑事诉讼法》第 56 条的规定，收集物证、书证不符合法定程序，可能严重影响司法公正的，应当予以补正或者作出合理解释；不能补正或者作出合理解释的，对该证据应当予以排除。

二、原始证据和传来证据

（一）划分标准

根据证据的来源或者出处的不同，是**直接来源于案件事实**还是**经过了中间环节**，可以将证据划分为原始证据与传来证据。直接来源于案件事实、没有经过**复制、转述、转录**等中间环节的证据，称为原始证据，即“第一手材料”。如物证的原物，书证的原件，犯罪嫌疑人、被告人的供述和辩解等都是原始证据。原始证据是在案件事实的直接作用下形成的，以案件事实、犯罪行为为原始出处。传来证据间接来源于案件事实，是经过了复制、转述、转录等中间环节的证据，是“第二手材料”。常见的传来证据如复印件、物证的复制品和照片，证人从他人那里听到的关于案情的描述等。**勘验、检查笔录**虽然是对与案件有关的物品、场所、人身和尸体情况的一种固定和保全，但勘验、检查笔录仍属于**原始证据**，勘验、检查笔录的**复印件**才属于**传来证据**的范畴。

传来证据不是传闻证据。英美法系中的传闻证据是指证人在法庭之外的陈述。其区别在于：

（1）划分标准不同。传来证据强调的是证据材料间接来源于案件事实，经过了转录、转述、复制；传闻证据强调的是证人必须出庭、当庭陈述自己感知的案件事实。

（2）法律意义不同。传来证据只是证据的理论分类，并无法律效力；传闻证据则是传闻证据规则的组成部分，该规则要求排除传闻证据，只有证人本人当庭陈述的自己感知的案件事实才具有可采性，传闻证据不具有可采性。

（3）内涵和外延不同。知道案件真实情况的陈述人在法庭外作出的陈述都属于传闻证据，但并不一定属于传来证据。例如，犯罪嫌疑人、被告人在侦查阶段接受讯问作出的讯问笔录属于传闻证据，但不是传来证据，而是原始证据。

（二）特点与意义

区分原始证据与传来证据的目的在于，公安司法人员和当事人在收集和运用证据时，应尽量优先寻找和使用原始证据，尽可能掌握案件的第一手材料。因为原始证据与案件事实之间的联系更密切、更直接，直接来源于案件事实，甚至是案件事实的组成部分，其证明力和可靠性比传来证据要强。传来证据经过转述、转录、复制，其与案件事实之间的联系被稀释、消解，加上可能有人为或者故意扭曲事实的因素，甚至有完全失真的可能性。

传来证据的意义在于：第一，传来证据能提供发现原始证据的线索或方向，有助于收集原始证据。第二，传来证据可以用来与原始证据相互对照，审查原始证据的完整性。第三，当取得原始证据有困难或者原始证据无法取得的情况下，符合条件的可使用传来证据。第四，传来证据可补充原始证据，充分发挥证据之间联系起来证明案件事实的功能，形成完整的证据链。

（三）运用规则

在证据的原物、原件与其复制件、复制品的比较意义上，原始证据优于传来证据，这是区分原始证据和传来证据以及两种证据运用中的重要规则。关于原始证据最著名的、最早的运用规则就是最佳证据规则，即书证应当使用原件。我国刑事程序法律法规也规定了在侦查、起诉、审判各阶段对原始证据和传来证据的收集调取和运用要求。

2019 年《人民检察院刑事诉讼规则》第 209 条规定了在侦查取证中原始证据优先的原则：（1）调取书证、视听资料应当调取原件，取得原件确有困难或者因保密需要不能调取原件的，可以调取副本或者复制件。（2）调取物证应当调取原物。在不能调取原物的情况下，可以封存原物并应拍摄足以反映原物的外形、内容的照片、录像。不能调取原物的情况有四种：一是原物不便搬运；二是原物不便保存；三是依法应当返还被害人；四是因保密工作需要。不能调取原物原件的，应当书面记明原因，复制件制作过程和原件、原物存放地点，并由制作人员和原书证、视听资料、物证持有人签名或者盖章。

2010 年最高人民法院《关于办理死刑案件审查判断证据若干问题的规定》第 8 条规定了审判阶段的原始证据优先原则，要求据以定案的物证应当是原物，据以定案的书证应当是原件。

复制件作为定案根据的条件是：（1）原物、原件的取得确有困难或者不能调取；（2）复制件如实反映了原件原物的外形、内容和特征，为此需经与原物原件核实无误或者经鉴定证明为真实的，或者以其他方式确能证明其真实。

复制件不能作为定案根据的情形是：（1）书证有更改或者更改迹象不能作出合理解释的；（2）书证的副本、复制件不能反映书证原件及其内容的，物证的照片、录像或者复制品，不能反映原物的外形和特征的；（3）收集调取物证照片、录像或者复制品，书证的副本、复制件未注明与原件核对无异，无复制时间、无被收集或调取人（单位）签名（盖章）的；（4）物证照片、录像或者复制品，书证的副本、复制件没有制作人关于制作过程及原物、原件存放于何处的说明或者说明中无签名的。

传来证据的运用应当注意：（1）来源不明的照片、录像、复制品、副本、复制件，作为传来证据不能作为认定案件事实的根据。（2）只有在确实无法调取或者确有困难无法取得原始证据的前提下，才可以收集和调取传来证据。（3）收集和调取传来证据应严格依照法定要求，所制作的复制件、复制品应能够全面、如实反映原始证据，并应当符合法定的制作过程要求。（4）如果只有传来证据，没有原始证据，对被告人定罪应非常谨慎，不宜仅根据传来证据认定被告人有罪。（5）当案件中的传来证据与其他原始证据存在矛盾时，应对其进行核对审查，对无法排除矛盾的传来证据应慎用，以免造成无辜者被定罪。

三、直接证据和间接证据

（一）分类标准

根据证据与案件主要事实的证明关系的不同，可以将证据划分为**直接证据与间接证据**。直接证据，是指能够**单独地**直接证明案件主要事实的证据。间接证据，是指**不能单独地**直接证明案件主要事实，而需要与其他证据相**结合**才能证明案件主要事实的证据。直接证据与案件主要事实的证明关系是直接的，间接证据与案件主要事实的证明关系是间接的、需要推理的。所谓案件主要事实，是案件关键事实，例如犯罪嫌疑人、被告人是否实施了犯罪行为，犯罪行为有哪些等。犯罪现场的目击证人对犯罪人是谁、犯罪行为是怎样实施的陈述，能够单独、直接证明案件主要事实，属于直接证据。犯罪现场遗留的犯罪工具、血迹、指纹等，属于物证，必须与鉴定意见或者其他证据相结合，才能共同证明犯罪人是谁，以及证明犯罪事实是怎样的，所以属于间接证据。间接证据不能独立证明案件主要事实，只能证明案件事实的某个部分，需要与其他证据结合起来，形成证据链条来环环递进地证明犯罪人和犯罪行为，间接证据本身是证据链条的重要组成部分。简而言之，单个证据能够证明完整的案件主要事实的，是直接证据；单个证据只能证明部分案件主要事实的，是间接证据。

（二）特点与意义

1. 直接证据的特点

（1）直接证据具有直接的证明性，不需要逻辑推理，也不需要借助科学技术手段去鉴定，一经查证属实即可单独、直接地证明案件主要事实，证明过程简单直接。

（2）直接证据多为言词证据，这是由言词证据的特点决定的。言词证据是人对案件事实的描述，人的感知能力、记忆能力、表述能力决定了言词证据可以覆盖案件多个环节、多个方面的细节，最大限度展示案发过程。这是物证、书证等实物证据不能比拟的。

（3）直接证据非常宝贵，数量很少。例如，证人是在日常生活和工作中、在自然条件下了解案件事实的人，是在偶然的状态下成为证人。

（4）直接证据的收集调取有很高的要求，必须严格遵循法定程序。例如，收集犯罪嫌疑人、被告人供述需要遵守合法程序，避免产生非法证据，非法证据应予排除。

（5）直接证据中的言词证据的稳定性较差，主观性强，容易受到外界因素的影响或因受到不当暗示而改变。

（6）随着科技发展，出现了新类型的直接证据。例如，犯罪现场的录音录像等视听资料、电子数据，这些属于实物证据的直接证据证明力强，但需要审查其是否原始证据、是否经剪辑编辑以及收集程序是否合法。

2. 间接证据的特点

（1）间接证据与案件主要事实之间的证明关系是间接的，证明过程复杂，需要逻辑推理。

（2）间接证据不能独立证明案件主要事实，必须与其他证据相结合，具有依赖性。

（3）间接证据能够证明的案件事实是碎片化的、片段的、片面的，不是完整的、全局的、全面的案件事实。

（4）依靠间接证据虽然可以定案，但单个间接证据无法定案，间接证据形成完整的证据链条才能定案。

3. 直接证据与间接证据的意义及关系

直接证据在案件诉讼过程中至关重要，但间接证据的重要性也不能忽视。直接证据和间接证据之间的关系是：

（1）很多案件中直接证据数量有限，或者难以合法取得，证明案件事实只能从间接证据入手，运用间接证据作为发现案件真相的线索和向导。

（2）间接证据可以与直接证据相对照，相互加强证据的证明力。尤其是直接证据容易受到主观因素的影响而失真，间接证据则客观性较强，可用以验证直接证据的可信度。

（3）不能笼统地断定直接证据的证明力强于间接证据，法律也不能规定直接证据的证明力大于间接证据。例如，当犯罪嫌疑人供述和物证发生矛盾时，需要谨慎判断何者为真。案件中的数个间接证据形成的证据链条足以超过直接证据的可信度。

（4）直接证据可以单独、直接地证明案件主要事实，数个间接证据形成的证据链条也可以证明案件主要事实。案件中并非必须有直接证据才能证明案件主要事实，没有直接证据也能靠间接证据定案。

（三）运用规则

直接证据的运用规则，可参见言词证据的运用规则。对于犯罪现场录音录像等高科技性的新类型直接证据，可参见视听资料、电子数据相关证据种类的收集、审查判断等运用规则。

间接证据的运用规则，对于属于物证书证等的，应适用物证、书证等证据种类的收集、审查判断规则。当运用间接证据定案时，应遵循以下规则：

（1）间接证据与案件事实之间必须具有关联性，能够证明案件事实中的某个待证事实。

（2）间接证据必须查证属实，每个间接证据的虚假都会削弱全案间接证据所形成的证据链条的证明力。

（3）间接证据之间逻辑关系明确，排除了矛盾和疑问。

（4）间接证据形成了完整的证据链条，足以认定案件事实。例如，2010 年《最高人民法院关于办理死刑案件审查判断证据若干问题的规定》第 33 条规定："没有直接证据证明犯罪行为系被告人实施，但同时符合下列条件的可以认定被告人有罪：（一）据以定案的间接证据已经查证属实；（二）据以定案的间接证据之间相互印证，不存在无法排除的矛盾和无法解释的疑问；（三）据以定案的间接证据已经形成完整的证明体系；（四）依据间接证据认定的案件事实，结论是唯一的，足以排除一切合理怀疑；（五）运用间接证据进行的推理符合逻辑和经验判断。根据间接证据定案的，判处死刑应当特别慎重。"

四、控诉证据和辩护证据

（一）分类标准

以证据的证明方向为分类标准，可将证据分为控诉证据和辩护证据。凡是能够证明犯罪嫌疑人、被告人有犯罪行为、有罪、罪重、加重刑事责任的证据为控诉证据。凡是能够证明犯罪嫌疑人、被告人没有犯罪行为、无罪、罪轻、减轻、免除刑事责任的证据为辩护证据。控诉证据一般是由控方提出的，目的是定罪、处刑、定重罪、处重刑。辩护证据一般是由辩方积极寻找和提出的，目的是不定罪、不追责、减轻责任或者免除处罚。但不能仅仅根据是控方还是辩方提出来区分控诉证据和辩护证据，而应当根据证据本身是证明指控还是辩护来区分。

控方不仅要收集和提出控诉证据，也必须收集辩护证据并提出辩护证据，这是法律所要求的。依据《刑事诉讼法》第 52 条的规定，审判人员、检察人员、侦查人员必须依照法定程序，收集能够证实犯罪嫌疑人、被告人有罪或者无罪、犯罪情节轻重的各种证据。

辩方没有义务提出控诉证据，但是辩方中的犯罪嫌疑人、被告人基于自愿和有效的律师辩护可以向控方认罪、供述，向控方提供有证据能力和证明力的控诉证据。另外，需要注意的是，即使犯罪嫌疑人、被告人向辩护人就被指控的犯罪行为认罪，辩护人非经犯罪嫌疑人、被告人授权，也不得自行提出关于犯罪嫌疑人、被告人有罪、罪重的控诉证据。这是出于保障被追诉人辩护权的目的。为达到此目的，法律规定了辩护人的相关职责和权利义务：一是关于辩护人的责任。《刑事诉讼法》第 37 条规定："辩护人的责任是根据事实和法律，提出犯罪嫌疑人、被告人无罪、罪轻或者减轻、免除其刑事责任的材料和意见，维护犯罪嫌疑人、被告人的诉讼权利和其他合法权益。"二是关于辩护律师对委托人的保密义务。《刑事诉讼法》第 48 条规定："辩护律师对在执业活动中知悉的委托人的有关情况和信息，有权予以保密。但是，辩护律师在执业活动中知悉委托人或者其他人，准备或者正在实施危害国家安全、公共安全以及严重危害他人人身安全的犯罪的，应当及时告知司法机关。"

此外，有两种相似的分类：第一种是根据证据的证明作用是**肯定还是否定**犯罪嫌疑人、被告人实施了犯罪行为，可以将证据分为有罪证据与无罪证据。凡是能够**肯定犯罪事实存在和犯罪行为**是犯罪嫌疑人、被告人所实施的证据，是有罪证据；凡是能够**否定犯罪事实存在**，或者能够证明犯罪嫌疑人、被告人**未实施犯罪行为**的证据，是无罪证据。这种分类也能涵盖所有的证据种类，一般辩方会积极寻找这些证据，控方依法也应收集这类证据。因此这种分类的意义不如控诉证据和辩护证据的分类意义大。第二种是以证据与诉讼双方的利害关系为分类标准，即视其对控方有利还是对辩方有利，将证据区分为有利于控方的证据和有利于辩方的证据。

（二）特点与意义

区分控诉证据与辩护证据的意义在于，它可以提示公安司法人员注意收集不同证明方向的证据，以达到全面、客观收集证据的要求。同时，也有利于辩护人帮助犯罪嫌疑人、被告人行使辩护权。

实践中存在的现象是，公安司法人员重视控诉证据，并不重视收集辩护证据，甚至对无罪、罪轻的证据不予提及，也不放入案卷，不履行《刑事诉讼法》第 52 条关于全面收集证据的原则和第 53 条关于忠实于事实真象的义务。为此，《刑事诉讼法》第 41 条专门规定了辩护人申请调查辩护证据的权利："辩护人认为在侦查、审查起诉期间公安机关、人民检察院收集的证明犯罪嫌疑人、被告人无罪或者罪轻的证据材料未提交的，有权申请人民检察院、人民法院调取。"2019 年《人民检察院刑事诉讼规则》第 50 条第 1 款规定，案件提请批准逮捕或者移送起诉后，辩护人认为公安机关在侦查期间收集的证明犯罪嫌疑人无罪或者罪轻的证据材料未提交，申请人民检察院向公安机关调取的，人民检察院负责捕诉的部门应当及时审查。经审查，认为辩护人申请调取的证据已收集并且与案件事实有联系的，应当予以调取；认为辩护人申请调取的证据未收集或者与案件事实没有联系的，应当决定不予调取并向辩护人说明理由。公安机关移送相关证据材料的，人民检察院应当在三日以内告知辩护人。第 363 条的规定，在审查起诉期间，人民检察院可以根据辩护人的申请，向监察机关、公安机关调取在调查、侦查期间收集的证明犯罪嫌疑人、被告人无罪或者罪轻的证据材料。依据 2021 年刑事审判解释第 57 条的规定，辩护人认为在调查、侦查、审查起诉期间监察机关、公安机关、人民检察院收集的证明被告人无罪或者罪轻的证据材料未随案移送，申请人民法院调取的，应当以书面形式提出，并提供相关线索或者材料。人民法院接受申请后，应当向人民检察院调取。人民检察院移送相关证据材料后，人民法院应当及时通知辩护人。

辩方有权申请调取有利于辩护的证据，但辩方并没有义务提供辩护证据。因为在刑事案件中，证明责任归于控方，控方应当向法庭提供确实、充分的指控证据，排除合理怀疑地证明被告人有罪。被告人没有义务证明自己的无辜，被告人的无辜不需要证明。只要控方提供的证明被告人有罪证据不能排除合理怀疑，法庭就不能判被告人有罪，必须判被告人无罪。

另外，需要注意的是，刑事案件中常见的翻供现象，即犯罪嫌疑人、被告人供认犯罪行为后，推翻有罪供述，改为自己辩解。这种现象常被公安司法机关作为认定犯罪嫌疑人、被告人认罪态度不好的依据。在证据法上，辩解也是一种证据。供述是控诉证据，辩解是辩护证据。如果翻供是被告人在法庭上当庭作出的，由于在公开的法庭上不存在刑讯逼供的可能性，又有辩护人在场，其证明力是较强的。因此，公安司法人员应对翻供和辩解这种辩护证据予以充分重视。

（三）运用规则

控诉证据、辩护证据的收集、固定、审查判断、据以定案等运用规则有：

（1）收集控诉证据和辩护证据是控方的义务，辩方没有义务收集控诉证据和辩护证据。

（2）辩方有权利要求控方调取已经收集、未入卷的辩护证据。

（3）控方必须收集并运用指控证据来证明被告人有罪到证据确实充分、排除合理怀疑的程度，法庭才能给被告人定罪。

| 小贴士 |

控诉证据和辩护证据并不必然对应着有罪证据和无罪证据。

练一练①

1.（不定项选择题）公安机关在犯罪现场的尸体上提取到一把尖刀，它属于哪种证据？（　　）

A. 原始证据、直接证据　　B. 传来证据、间接证据

C. 实物证据、原始证据　　D. 原始证据、间接证据

① 参考答案：1. CD；2. ABC。

2.（多项选择题）下列属于原始证据的是（　　）。

A. 目击证人的证言　　B. 被害人辨认犯罪嫌疑人的辨认笔录

C. 签订的合同原件　　D. 甲转述证人的言论

小 结

本节学习的刑事证据的理论分类比法定种类更为抽象，刑事证据的四种理论分类主要是对八类法定证据在学理上进行的分类。请思考以下几个问题：

1. 原始证据与传来证据的划分标准是什么？
2. 直接证据与间接证据是怎么区分的？
3. 言词证据与实物证据各有哪些种类？
4. 控诉证据与辩护证据是怎么区分的？

第四节　刑事证明的基本原则

导 语

同学们好！本节我们学习刑事证明的基本原则，包括无罪推定和证据裁判原则。

一、无罪推定原则

（一）无罪推定的含义

无罪推定的基本含义是，每个受到刑事指控的人都是无辜的，除非且直到控方证明其有罪到排除合理怀疑。1983 年版布莱克法律词典指出："无罪推定要求控方证明被告人有罪到排除合理怀疑。这意味着，如果陪审团在审查所有证据后，仍然不能确信被告人有罪、心存疑虑时，就必须判他无罪。"2009 年版布莱克法律词典认为无罪推定是"一项基本原则，除非控方证明个人有罪到排除合理怀疑，不得判处其有罪，被指控人不承担证明无辜的任何责任"。新版词典不再解释排除合理怀疑，体现了对无罪推定下排除合理怀疑的新认识，即使说不清楚为什么存在合理怀疑，合理怀疑也可以存在。贝卡利亚较早在其《犯罪与刑罚》一书中提出了关于无罪推定的经典叙述："在法官判决之前，一个人是不能被称为罪犯的。只要还不能断定他已经侵犯了给予他公共保护的契约，社会就不能取消对他的公共保护。""如果犯罪是不肯定的，就不应折磨一个无辜者，因为，在法律看来，他的罪行并没有得到证实。”在立法文件上，最初由 1789 年法国《人权宣言》第 9 条规定，“任何人在未经判罪前均应假定其无罪”，其后各国宪法相继规定了这一原则。国际法上的各种文件也相继宣示了无罪推定的核心内容。无罪推定原则如今已成为国际公认的刑事司法最低准则，被收入联合国的相关公约及其他法律文件。如 1948 年联合国《世界人权宣言》第 11 条规定：“凡受刑事控告者，在未经依法公开审判证实有罪前，应视为无罪，审判时并须给予答辩上所需之一切保障。”1966 年联合国《公民权利和政治权利国际公约》第 14 条规定：“凡受刑事控告者，在未依法证实有罪之前，应有权视为无罪。”此后，在《联合国少年司法最低限度标准规则》《欧洲人权公约》等国际公约中均将无罪推定作为重要的内容。其他一些公约如《联合国反酷刑公约》《保护所有遭受任何形式拘留或监禁的人原则》等，则包括了无罪推定所要求的保障被告人权利的具体内容。

了解无罪推定在英美法系上的要求有助于对照理解我国的无罪推定。首先，无罪推定对于刑事证据法的影响主要体现在证明责任的分配和证明标准的确立：一是证明被告人有罪的责任由控方承担；二是除非且证明到排除合理怀疑的程度，否则，必须判被告人无罪；三是作为证明手段的证据必须是可采证据。其次，掌握无罪推定对证据法的影响不能脱离其对刑事诉讼程序的要求和对犯罪嫌疑人、被告人权利的保障。

（二）无罪推定的要求

（1）无罪推定必然要求控方承担证明责任，除非且直到控方证明到排除合理怀疑，否则不得判被告人有罪。对此，美国联邦最高法院认为检察官的责任是证明指控犯罪的每个要素事实到排除合理怀疑的程度，[①] 指出“证明有罪到排除合理怀疑是控方的义务。就正当程序的历史和程序的内容而言，这一理念是正当程序的要求和保障，是我们法律的基本要素，是自由社会的荣耀之一”[②]。“任何对陪审团的说明，如果减轻了控方承担的必要证明责任，都明显与源于宪法的无罪推定不一致。”[③]

（2）无罪推定要求严格的证据规则。为了避免误导陪审团，为了保护被告人权利，英美法系国家建立了复杂的证据规则体系，其核心规则是以一系列排除规则为内容的可采性规则，如传闻规则排除法庭之外的陈述内容；又如最佳证据规则要求书证、录音、照片等应是原件，以避免记忆失误或者转录出错；再如非法证据排除，等等。美国联邦最高法院指出：“刑事案件中的犯罪必须以证据证明到排除合理怀疑，该证据须符合证据规则。证据规则与证明标准相一致，形成于长期的普通法传统经验并某种程度上体现在宪法里。这些规则是我们体制在历史上的基础性权

---

① In re Winship，397 U. S. 358，361，364（1970）；转引自：祁建建．论有效辩护权［M］．北京：中国政法大学出版社，2018.

② Leland v. Oregon，343 U. S. 790，802-803（1952）（Dissenting Opinion）.

③ Gibson v. Ortiz，387 F. 3d 812，820（9th Cir. 2004）；Byrd v. Lewis 566 F. 3d 855（9th Cir. 2009）.

利，用以保护个人不因可疑的、不公正的定罪而失去生命、自由和财产。”[①]

（3）律师有效辩护下的控辩对抗是无罪推定的必然要求。获得律师有效辩护帮助是无罪推定的要求。无罪推定作为基本权利，也是正当程序的权利，被告人享有的公正审判权，是无罪推定之下的二级权利，其典型特征之一就是得到辩护律师的有效帮助、与控方对抗的权利。只有通过这种公正严谨的程序所产生的判决才被视为能够达到排除合理怀疑，才能贯彻无罪推定。如在美国，律师辩护包含以下几方面内容：一是辩护律师是法庭人员，审理刑事案件的法庭应被视为由辩护律师、控方律师、法官、陪审团和其他法庭人员组成的实体。辩护律师作为法庭官员，对其委托人、司法机关所负有的主要职责，是担任委托人的顾问和支持者；确保其委托人的宪法和其他合法权益得到保护；诚信地提供有效的、高质量的法律服务。[②] 二是政府有义务为贫穷的刑事被告人提供称职辩护律师的服务，并为其提供充足的资金等。[③] 三是律师要在法庭上提出陪审员回避、交叉质证、询问证人、进行辩论等，尽力发现并指出被告人不认罪案件的合理怀疑。如果没有有效的律师辩护，就没有充分的控辩对抗，也就无法保障无罪推定。

（三）我国现行《刑事诉讼法》中的无罪推定

关于我国现行法中的无罪推定，我国《刑事诉讼法》体现和贯彻无罪推定的规定见于第 12 条、第 51 条、第 55 条、第 200 条。这四条规定结合起来，对无罪推定较为完整地表述为：未经人民法院依法判决，对任何人都不得确定有罪；被告人有罪的证明责任由控方即人民检察院或自诉人承担；证据确实、充分的，也即定罪量刑的事实都有证据证明，据以定案的证据均经法定程序查证属实，综合全案证据，对所认定事实已排除合理怀疑，可以认定被告人有罪和处以刑罚；证据不足，不能认定被告人有罪的，应当作出证据不足、指控的犯罪不能成立的无罪判决。

有学者认为我国刑事诉讼法没有无罪推定的明确表述，但其精神在逐步展现和加强，仍未真正到位。[④] 有学者认为我国现行刑事诉讼法中确立了无罪推定原则，但表述上与西方国家有区别，相关制度有待进一步完善。[⑤]

我国无罪推定原则最集中地体现在第一审普通程序中，主要规定于《刑事诉讼法》第 183 条至第 209 条，是刑事审判的基础程序，也是对被告人享有的审判权利、辩护权利保障最完善的程序，包含了庭前会议、法庭调查、法庭辩论、被告人最后陈述、合议庭评议等环节。其中在法庭调查环节包括了关于证据的出示、证人等出庭、质证、查证、证据排除等。首先，控方用于定罪的证据必须出示，辩方可提出证据排除的主张，可针对犯罪构成要件事实是否均有证据证明提出合理怀疑。

---

① Brinegar v. United States，338 U. S. 160，174（1949）.

② ABA Standards of the Criminal Justice Standards for the Defense Function，Standard 4-7. 2.

③ Argersinger v. Hamlin，407 U. S. 25，25-40（1972）；Gideon v. Wainwright，372U. S. 335，336-345（1963）.

④ 陈光中，张佳华，肖沛权．论无罪推定原则及其在中国的适用［J］．法学杂志，2013，34（10）：1-8.

⑤ 易延友．论无罪推定的含义与刑事诉讼法的完善［J］．政法论坛，2012，30（1）：10-23.

其次，控方出示证据、证人出庭后，辩方可通过质证、辩论提出合理怀疑并论证，控方对此进行反驳。最后，审判组织在控辩对抗中通过有合法性和关联性的证据来认识案件事实、判断有无合理怀疑，对其认为排除合理怀疑的案件作出有罪判决，对于认为不能排除合理怀疑的案件要贯彻无罪推定原则，实行疑罪从无。

（四）司法改革对落实无罪推定提出进一步要求

近年来的我国司法改革文件继续落实无罪推定，如2016年10月“两高三部”发布的《关于推进以审判为中心的刑事诉讼制度改革的意见》、2017年6月发布的《关于办理刑事案件严格排除非法证据若干问题的规定》、2015年9月发布的《关于依法保障律师执业权利的规定》、2019年发布的《关于适用认罪认罚从宽制度的指导意见》等，除了重申《刑事诉讼法》第12条和人民检察院的证明责任、排除合理怀疑的要求外，还提出了进一步的要求，这主要体现在以下方面：

首先，进一步指出“人民法院作出有罪判决，对于证明犯罪构成要件的事实，应当综合全案证据排除合理怀疑”。这一规定进一步指出排除合理怀疑作为证明标准的地位。

其次，强调证据裁判和证据规则，主要有：要求对物证、书证等实物证据，一般应当提取原物、原件；要求贯彻非法证据排除规定，防止刑讯逼供，不得强迫任何人证实自己有罪；要求健全庭前证据展示，确保诉讼证据出示在法庭；依法保障控辩双方的质证权利，为此要求完善对证人、鉴定人的法庭质证规则，落实证人、鉴定人、侦查人员出庭作证制度，提高出庭作证率等。

最后，保障犯罪嫌疑人、被告人获得辩护的权利，人民法院、人民检察院、公安机关、国家安全机关有义务保证犯罪嫌疑人、被告人获得辩护，完善通知辩护机制，依法保障辩护人会见、阅卷、收集证据和发问、质证、辩论辩护等权利，完善便利辩护人参与诉讼的工作机制，扩大法律援助范围，确立和完善值班律师制度。

上述刑事司法改革的内容对保障犯罪嫌疑人、被告人的辩护权提出了更高的要求，并要求完善证据规则，这些要求有利于加强控辩双方的质证、辩论，这是落实无罪推定的重要条件。将这些改革要求与现有规定相结合，表明我国普通程序庭审将不断加强对无罪推定的贯彻落实。

（五）我国无罪推定立法的发展完善

我国《刑事诉讼法》确立的未经法庭依法审判不得确定任何人有罪原则、控方证明责任、排除合理怀疑证明标准、疑罪从无原则等，明确体现了无罪推定原则的要求，体现了刑事证据法的发展。

将来我国《刑事诉讼法》进一步完善无罪推定立法的要点有以下方面：

(1)《刑事诉讼法》第204条规定，在法庭审判过程中，遇有以下三种情形之一，影响审判进行的，可以延期审理：一是需要通知新的证人到庭，调取新的物证，重新鉴定或者勘验的；二是检察人员发现提起公诉的案件需要补充侦查，提出建议的；三是由于申请回避而不能进行审判的。由于对延期审理的次数未予限制，可能造成疑案从挂，违反疑罪从无的要求。

（2）2021 年刑事审判解释第 352 条规定，对认罪认罚案件，人民检察院起诉指控的事实清楚，但指控的罪名与审理认定的罪名不一致的，人民法院应当听取人民检察院、被告人及其辩护人对审理认定罪名的意见，依法作出判决。第 295 条第 1 款第 2 项规定，对第一审公诉案件，人民法院审理后，起诉指控的事实清楚，证据确实、充分，但指控的罪名不当的，应当依据法律和审理认定的事实作出有罪判决；第 3 款规定，对具有第 1 款第 2 项规定情形的，人民法院应当在判决前听取控辩双方的意见，保障被告人、辩护人充分行使辩护权，必要时，可以再次开庭，组织控辩双方围绕被告人的行为构成何罪及如何量刑进行辩论。对于第 352 条、第 295 条的以上规定，在人民检察院不同意人民法院审理认定的罪名的案件中，人民法院如果按照审理认定的罪名判决有罪，则不仅违反了控审分离的原则，而且人民法院认为控方未对其指控罪名完成证明责任，按照无罪推定原则应对指控的罪名判决无罪。

（3）《刑事诉讼法》第 160 条规定了特殊侦查羁押期限的起算，对于犯罪嫌疑人不讲真实姓名、住址，身份不明的，应当对其身份进行调查，侦查羁押期限自查清其身份之日起计算。这意味着对犯罪嫌疑人有罪推定。

（4）《刑事诉讼法》第 120 条规定，犯罪嫌疑人对侦查人员的提问，应当如实回答。这一规定被称为犯罪嫌疑人、被告人的如实陈述义务，虽然没有规定明确的不利法律后果，但实践中违反这一义务会作为认罪悔罪态度考虑，在定罪量刑时对犯罪嫌疑人、被告人不利。如实陈述义务违反不自证其罪的要求。

（5）我国《刑事诉讼法》尚未确立律师在场权，犯罪嫌疑人、被告人的认罪、供述无律师在场，自愿性难以保障，据此对认罪的被告人按照认罪认罚从宽制度予以定罪量刑，有较大的风险，既需要防范对无辜者定罪，又需要防范通过非法手段获取犯罪嫌疑人、被告人的认罪供述，损害司法公正，违反无罪推定。

二、证据裁判原则

（一）证据裁判的内涵与要求

证据裁判是刑事证据法的基本原则，要求认定案件事实只能根据证据，没有证据不得认定案件事实。

刑事诉讼中的事实认定应依据证据，这是证据裁判原则的基本要求。第一，在诉讼中，认定事实的根据，只能是证据。第二，诉讼中事实认定的根据不能是证据以外的其他任何东西，如推测、想象、猜疑等，都不是认定事实的根据。第三，如果没有证据，就不能认定案件事实。在刑事诉讼中，对被告人有罪的认定基础只有一个，那就是证据。

（二）证据裁判的理论基础

迄今为止，人类证据制度的发展主要经历了三个阶段：神明裁判制度、法定证据制度、自由心证制度。神明裁判制度是最早期的证据制度，通过一定的仪式显示“神”对案件事实的判断，如水审、火审、决斗等。法定证据制度产生于中世纪的欧洲大陆，由法律预先规定证据的证明力，其最大的特征是刑讯逼供盛行无阻。18世纪资产阶级革命建立的自由心证制度是产生证据裁判的基础，自由心证制度之下有较为严格的证据排除规则，对于未被排除、能够进入诉讼的证据，其证明力的有无和大小由审理事实的人根据自己的良知自由判断。

证据裁判产生于自由心证的证据制度。法国相关法律条文有对自由心证的经典表述，1808年《法国刑事诉讼法》第342条规定：“法律仅要求陪审团深思细查，本着良心诚实推求已经提出的不利于和有利于被告人的证据在他们的理智上产生了何种印象。法律只向他们提出这样的问题：你们已经形成内心的确信了吗?”现行2020年修正的《法国刑事诉讼法》第353条规定：“在重罪法庭休庭前，审判长应宣读下列说明，并以粗体字显示在评议室最明显处：法律并不要求法官和陪审员解释说服自己的方式；也没有任何规则要求他们应力求充分和足够的证据。法律只要求他们凭借其理智，根据针对被告人的指控证据及其辩护意见，沉心静气地沉思问自己，并以良知诚恳地寻求自己已形成了什么印象。法律只问他们一个问题，其中包含了他们职责的全部内容：您内心是否确信?”这是大陆法系国家经典的自由心证的条文，其中包含了证据裁判的基本内涵，即对被告人定罪的根据是指控证据。《德国刑事诉讼法》第261条规定，“对证据调查的结果，由法庭根据其在审理过程中建立起来的自由内心确信而决定”。1876年日本法律规定，“凡断罪，依证据”，以及“以证据断罪，完全由法官确定”。现行《日本刑事诉讼法》第317条规定，“认定事实，应当依据证据”。这体现了证据裁判的要求。同时《日本刑事诉讼法》在其他条文中规定了自由心证，区分了证据裁判和自由心证。

（三）我国刑事证据法上的证据裁判

我国首次在条文上确认证据裁判是在2010年《关于办理死刑案件审查判断证据若干问题的规定》第2条：“认定案件事实，必须以证据为根据。”2021年刑事审判解释第69条作出相同规定。2017年《最高人民法院关于全面推进以审判为中心的刑事诉讼制度改革的实施意见》规定：“坚持证据裁判原则，认定案件事实，必须以证据为根据。重证据，重调查研究，不轻信口供，没有证据不得认定案件事实。”2017年《人民法院办理刑事案件第一审普通程序法庭调查规程（试行）》第1条规定：“法庭应当坚持证据裁判原则。认定案件事实，必须以证据为根据。法庭调查应当以证据调查为中心，法庭认定并依法排除的非法证据，不得宣读、质证。证据未经当庭出示、宣读、辨认、质证等法庭调查程序查证属实，不得作为定案的根据。”

证明的目的和任务就是认定案件事实，包括谁实施了什么犯罪行为。对于公安司法人员来说，案件事实都是发生在过去的历史事实，一去不复返，探索案件真相是靠碎片化的遗存证据材料来认定当时案发事实，公安司法人员的任务就是收集和运用证据来发现真象。

贯彻和运用证据裁判原则，还需要认识到证据裁判对犯罪嫌疑人、被告人权利的保障要求，正确对待口供。口供的自愿性以犯罪嫌疑人、被告人的各项权利获得充分保障为前提，并且需要经得起非法证据排除规则的考验。证据裁判是刑事司法走向法治过程中的重要发展。

练一练[①]

1.（不定项选择题）以下哪些内容属于无罪推定的要求？（　　）

A. 排除合理怀疑　　B. 控方承担证明责任

C. 证据确实充分　　D. 证据要具有合法性

2.（不定项选择题）以下哪些选项体现了证据裁判原则？（　　）

A. 认定案件事实，只能依靠证据

B. 没有证据不得认定案件事实

C. 口供是“证据之王”，必须取得口供

D. 侦查人员找“大仙”算出犯罪嫌疑人所在方位

小 结

本节主要讲了无罪推定和证据裁判原则，其中无罪推定和证据裁判的具体要求是重点。请思考以下几个问题：

1. 无罪推定对刑事证据与证明的要求主要有哪些？

2. 证据裁判对刑事证据与证明的要求主要有哪些？

第五节　严格证明与自由证明

导 语

同学们好！本节学习严格证明与自由证明，它们是刑事诉讼的证明规则，在不同国家、不同地区，甚至是同一国家的不同时代，其适用范围一直在发展和更新。在学习具体内容之前，让我们一起通过一个案例对严格证明和自由证明做简单区别。

---

① 参考答案：1. ABCD；2. AB。

案例与思考

某县人民法院在审理县检察院诉陈某、李某、王某合伙盗窃某车行 10 辆高档摩托车一案时，陈某的辩护律师提出检察官按照被害人提供的新车购买价格计算，认定案值总计 100 余万元，没有考虑摩托车折旧，申请人民法院对摩托车价格重新评估认定。李某的辩护律师提出李某自动投案且如实供述，是自首，建议从轻处罚。在车行工作的王某的辩护律师为其做无罪辩护，提出王某虽然和陈某、李某是朋友，但是王某只是告诉他们店里来了 3 台新车、7 台二手车，根本不知道陈某、李某要偷车，也没有参与偷车。三个辩护律师都提出，检察官是车行老板的继兄，当庭申请检察官回避。检察官诉称：县里在严打盗窃犯罪，案值往高了算是为了体现严打政策；李某自动投案，但推脱自己的责任，不认定自首；陈某、李某在销赃后给了王某 1 万元赃款，王某肯定是同案犯。

检察官和辩护律师所述事实，哪些需要严格证明？哪些可以自由证明？[①]

严格证明和自由证明是德国法上的概念，流传到日本和我国台湾地区。严格证明与自由证明是两种证明模式，根本区别在于：法律是否给予司法人员运用证据证明案件事实的自由；法律是否事先明确规定法官采纳和审查每一种证据的具体标准；法官是否能够根据案件的具体情况和个人的良知去自由使用证据。严格证明和自由证明的主要区分标准是：第一，法律是否要求法定的证据材料。第二，法律是否要求证据材料具有合法性，遵循严格的收集调取证据的程序，证据材料具有证据能力；是否要求证据必须经过法定的法庭调查程序如出庭、出示、质证等方式予以审查认定。就我国而言，严格证明意味着证据材料必须符合法定证据种类，符合关联性、合法性要求，并经过法庭庭审中法庭调查程序的认定。

一、严格证明

（一）严格证明的含义

严格证明是指使用具有证据能力的证据，经过法律规定的证明方式和程序进行调查的证明规则。这是出于多重需要：第一，司法公正要求类似案件获得相似处理，因此司法人员收集和运用证据时需要遵守统一、明确的规则。第二，在刑事诉讼中最容易受到侵犯的是犯罪嫌疑人、被告人的权利，规定严格的取证要求，适用严格的证据规则，保障犯罪嫌疑人、被告人的诉讼权利、人身权利、财产权利，有利于在刑事诉讼中尊重和保障人权。

① 提示：关于犯罪构成要件的事实与从严处罚的事实属于严格证明的范围，程序性事实和从宽处罚的事实，如回避、自首属于自由证明的范围。

（二）严格证明的适用事项与范围

严格证明的适用事项是关于定罪的事项。严格证明的范围有：第一，定罪事实，指决定罪名成立的事实，主要有两类：一是有罪事实，主要就是被指控犯罪行为构成要件的各项事实；二是区分此罪与彼罪的事实。第二，法定从重、加重量刑情节。法定量刑情节是指刑法明文规定的量刑时必须予以考虑的各种情节。法定从重情节和法定加重情节属于法定从严情节。

适用严格证明时，其中证明被告人有罪的事项需达到最高程度的证明标准，也即排除合理怀疑。

二、自由证明

（一）自由证明的含义

自由证明是指对证据材料的种类和收集调取、审查判断证据的程序没有严格要求，法官相信事实存在的可能性大于不存在的可能性即可作出判断，法官可使用不一定具有证据能力的证据，由法官进行自由裁量就可径直作出判断的证明规则。

（二）自由证明的适用事项与范围

自由证明的适用事项包括一般性的诉讼程序上的主张和事实。自由证明的范围有：

1. 程序法事实

主要分为以下几个方面：一是对犯罪嫌疑人、被告人采取五种强制措施的事实；二是有关回避的事实；三是关于诉讼程序的进行是否超越法定期限的事实；四是是否存在侵犯犯罪嫌疑人、被告人诉讼权利的事实；五是管辖等其他与程序的合法性有关的事实；六是犯人是否怀孕等与执行合法性有关的事实；七是关于证据是否真实以及证据没有证据能力的事实。

2. 酌定量刑情节

酌定量刑情节是指法律没有明确规定，从审判实践中总结出来的，对犯罪嫌疑人行为的社会危害程度和行为人的反社会性大小有一定影响的，由审判机关酌情考虑的主客观情况。

3. 法定从宽情节

主要包括从轻、减轻和免除处罚三种。

4. 违法阻却、责任阻却事由

即足以排除行为的违法性、可罚性和有责性的事实。主要包括两个方面：（1）根据我国《刑法》的规定，这类事实主要有正当防卫、紧急避险、职务行为以及意外事故等。（2）根据我国《刑事诉讼法》第 16 条的规定，具备法定情形不予追究刑事责任，排除行为可罚性和有责性的事实。

三、严格证明与自由证明的区别

（一）取证与质证、审查证据方法上的区别

严格证明适用最为严格的证明方法，贯彻直接与言词审理的原则；而自由证明则可以采取诸如查阅案卷笔录、电话询问等非正式的审查方法。

（二）证据排除上的区别

严格证明的事实一律采取最严格的证据能力规则；自由证明采取的证据方法较为自由，不受证据排除规则的限制。

（三）证明程度上的区别

严格证明需要证明至法官产生内心确信无疑的最高程度，适用排除合理怀疑的证明标准；自由证明则只需要达到高度可能性的程度即可。也有学者认为，证明标准并不是严格证明和自由证明的区别。

四、严格证明与自由证明的适用

（一）酌定情节的证明

酌定情节可分为酌定从严情节和酌定从宽情节。只要是酌定从严处罚的情节，都应要求严格证明，酌定从宽情节则要求自由证明即可。这种理解符合 2021 年刑事审判解释第 72 条第 2 款的规定："认定被告人有罪和对被告人从重处罚，适用证据确实、充分的证明标准。"

（二）速裁程序和简易程序案件的证明

在一般情况下，速裁程序和简易程序中只要经自由证明即可。如果由速裁程序和简易程序转化为普通程序，就应适用严格证明。这是因为速裁程序和简易程序定罪机制是基于被告人自愿认罪，与纯粹的刑事证明的定罪机制不同。

（三）自白任意性的证明

如果被告人未就其自白任意性提出异议，则无须经严格的证明；而在提出其自白并非出于任意性时，应区别对待。自白对于被告人不仅具有重要的程序意义，还关系着被告人人身权利等实体权利的保障，对定罪量刑有极为重要的意义，而且自白直接关系到审判结果，当被告人主张自白不自愿时，对于自白是否自愿，应实行严格证明。

五、严格证明与自由证明的结合

当前世界主要国家的证据制度都是严格证明与自由证明的结合。二者在各国证据制度中的结合点并不完全相同。英美法系有严格的证据排除规则和法庭质证

规则，证据制度总体上更倾向于严格证明模式；大陆法系国家的证据制度更倾向于自由证明模式。但是，在事关犯罪嫌疑人、被告人基本权利事项上，都倾向于选择采用更有利于保障被追诉人权利的模式。无论是英美法系还是大陆法系国家，当法官判断证据时，对于证据的证明力，都采用了自由证明的态度，由法官和陪审员根据案件的具体情况对证据的真实性、可信度和证明价值作出判断。当法官或者陪审员根据证据和自己的理智判断被告人有罪时，按照大陆法系如法国刑事诉讼法的规定，这就是达到了内心确信，按照英美法系的说法，这就是排除了合理怀疑。

从整体看，我国刑事证据制度采用了严格证明与自由证明相结合的方式，采用以严格证明为主、自由证明为辅的模式。在证据的收集、调取方面要求遵循规范化的法定程序，在证据的合法性认定上采取严格的法庭调查，但是法律基本上不对证据的证明力作出规定，法官和陪审员对证据的证明力大小采取自由判断的形式，对证据的证明力的判断属于法官和陪审员自由裁量的范畴。

从研究者的视角看，研究证据和证明的主要问题有：第一，证据能力、可采性，即证据在诉讼中是否具有准入资格，能否合法地出现在法庭上接受质证、作为认定案件事实的根据，这在本质上是要研究约束侦查权和保障诉讼权利。第二，证明力、关联性，即证明对案件事实证明作用的大小，这在本质是要研究对真相的发现。从研究者的角度看，严格证明和自由证明在认定单个证据的证明力上基本是一致的，并无本质区别，都是依靠逻辑、经验、科学技术来判断证明力。严格证明和自由证明的主要区别在于对证据的合法性、可采性、证据能力的要求上。严格证明对证据能力作出了严格限定，要求提交法庭的证据必须在证据的种类、收集调取程序和质证审查判断方面符合法定条件，才能采纳为定案的根据。不具备合法性、证据能力的证据不容许进入法庭调查和审判，更不得作为定案的根据。这一要求是严格证明与自由证明的分野，也是严格证明的意义所在，其意义就在于约束侦查人员调查取证权力、约束法庭审理事实的审判权力，避免侦查权为充分取证之目的损害权利保障和司法公正，避免法官定罪量刑的恣意性，从而避免公安司法人员出于故意或者过失造成无辜者被定罪。

从我国司法实践来看，我国刑事司法长期以来重“事实”“真象”，在证据的各种属性中强调客观性、关联性，在证明标准上强调客观真实，在立法上对证据的规定集中在对证据的概念、收集书面证据的形式以及对证据查证属实方面，导致实践中公安司法人员在收集证据、审查判断证据、运用证据时，过于重视证据的真实性和证明价值，重视证据对案件真相的证明作用，而对证据的合法性、证据能力的要求有待提高。因此，要发展我国刑事证据法律实践，必须扭转公安司法人员的观念，必须认识到，客观性、关联性是一个材料作为证据的必要条件，但是仅有客观性和关联性是不够的，证据必须具有合法性。

练一练[1]

1.（多项选择题）下列哪些属于自由证明的范围？（　　）

A. 有关回避的事实　　B. 法定从重情节

C. 此罪与彼罪的事实　　D. 犯罪嫌疑人被超期羁押的事实

2.（多项选择题）下列哪些属于严格证明的要求？（　　）

A. 疲劳审讯获得的犯罪嫌疑人供述，应予排除

B. 二审人民法院不开庭审理，径行判决

C. 鉴定人经人民法院通知未出庭作证，其所作的鉴定意见不得作为定案根据

D. 证人询问笔录无证人签名，应予排除

小 结

严格证明与自由证明是根据证明程序对司法证明进行的划分，是证据法中的基础概念。本节主要讲解了严格证明与自由证明的内涵、区别以及在特殊情况下的适用。请思考以下几个问题：

1. 严格证明的适用范围包括哪些内容？

2. 自由证明的适用范围包括哪些内容？

3. 严格证明与自由证明的区别有哪些？

第六节　刑事诉讼证明对象

导 语

同学们好！刑事诉讼证明的要素有证明对象、证明标准、证明责任。本节主要讲述证明对象。同学们要能够理解证明对象的概念及特征，重点掌握证明对象的内容，包括实体法事实、程序法事实、证据法事实。

一、证明对象概述

（一）证明对象的概念

证明对象，也称待证事实、要证事实、证明标的、证明客体等，是指诉讼中需

① 参考答案：1. AD；2. ACD。

要运用证据证明的事实。刑事诉讼中的证明对象包含以下几个方面：

（1）案件中的实体性事实，主要是谁是犯罪人以及犯罪事实是什么，即是谁实施了什么犯罪，包括定罪事实和量刑事实等，最重要的是犯罪构成要件事实。

（2）诉讼中的程序性事实，主要是作出程序性决定或者裁定时需要证明的待证事实，如决定回避时需要证明回避人与案件或者当事人有利害关系等。

（3）案件中关于证据的真实性、合法性等的待证事实。例如关于犯罪嫌疑人供述的自愿性的事实。证明对象属于诉讼主张的组成部分，未经司法证明过程，就不能转化为人民法院定案的事实根据。

（二）证明对象的特征

1. 证明对象是对公正处理刑事案件有积极意义的事实

作为需要运用证据予以证明的事实，必须是案件事实或者与案件的公正处理有关联。案件事实是连续的、琐碎的历史事实，不必证明案件事实的所有细节，只要满足证明的要求即可。

2. 证明对象是法律予以规定的要件事实

要件事实是作出判决、裁定、决定所必要的事实，不仅包括实体法要件事实，如犯罪构成要件事实，也包括程序法要件事实，主要涉及诉讼行为合法性的问题以及犯罪嫌疑人、被告人等当事人诉讼权利保障。

3. 证明对象必须是需要运用证据加以证明的事实

证明对象是证明活动指向的目标，不需要通过证据证明的事实不属于证明对象，如月缺月圆日期等属于自然规律，无须证明，不是证明对象。

4. 证明对象与证明责任、证明标准等范畴有密切联系

证明对象需要由承担证明责任的人来提供证据证明，并达到法定的证明要求，否则法官不予认定该事实，承担证明责任的人将负担不利后果。刑事诉讼中证明被告人有罪的证明责任在于控方，即检察机关和自诉人，证明的标准是证据确实充分、排除合理怀疑，这是三大诉讼中最高的证明标准。

二、证明对象的内容

刑事诉讼中的证明对象的内容主要有三部分：

（1）证明对象为刑事诉讼中的案件事实，其中主要包括犯罪行为是否发生、是否系被追诉人所为及其情节轻重等定罪量刑事实，即**实体法事实**。

（2）现代刑事诉讼强调无罪推定、严格证明，对于诉讼证明中的侦查取证、调取证据等活动施加程序控制，以保障诉讼证明的正当性与合法性，这使回避的事实、管辖的事实、期限是否可以延长的事实、采取强制措施的事实、申请证据保全的事实等**程序法事实**成为证明对象。

（3）由于无罪推定、严格证明、证据裁判对犯罪嫌疑人、被告人权利的保障，强调证据的合法性和证据能力，对于证据材料的合法性也应予以证明。因此，刑事

证明贯穿于刑事诉讼的始终，刑事诉讼从启动到终结，证明主体都在进行对案件事实加以证明的活动，即**证据法事实**。

依据《刑事诉讼法》和相关司法解释等规范性文件的规定，我国刑事诉讼中的证明对象主要有以下内容。

（一）实体法事实

实体法事实包括指控罪名的犯罪构成要件事实，以及与犯罪行为严重程度和刑罚轻重相关的各种量刑情节的事实。每一类型的刑事犯罪、每一个具体的罪名都有不同的构成要件，以在概念上确定罪与非罪、区分此罪与彼罪。犯罪构成要件有主体（即犯罪行为人）、客体（即犯罪行为侵害的社会政治经济关系）、犯罪的客观方面（即犯罪行为）、犯罪的主观方面（即行为人的主观心理状态，包括故意、过失等）。其中的部分要件被总结为“七何”要素，即何时、何地、何人、何故、何手段、何行为、何果。

2018年《刑事诉讼法》第52条规定了证据收集的一般原则，要求审判人员、检察人员、侦查人员必须依照法定程序，收集能够证实犯罪嫌疑人、被告人有罪或者无罪、犯罪情节轻重的各种证据。“犯罪嫌疑人、被告人有罪或者无罪、犯罪情节轻重”即是实体法事实。2021年刑事审判解释第72第1款条进一步细化了对实体法事实的描述，依据其规定，应当运用证据证明的案件事实包括：（1）被告人、被害人的身份；（2）被指控的犯罪是否存在；（3）被指控的犯罪是否为被告人所实施；（4）被告人有无刑事责任能力，有无罪过，实施犯罪的动机、目的；（5）实施犯罪的时间、地点、手段、后果以及案件起因等；（6）是否系共同犯罪或者犯罪事实存在关联，以及被告人在犯罪中的地位、作用；（7）被告人有无从重、从轻、减轻、免除处罚情节；（8）有关涉案财物处理的事实；（9）有关附带民事诉讼的事实；（10）有关管辖、回避、延期审理等的程序事实；（11）与定罪量刑有关的其他事实。

2019年《人民检察院刑事诉讼规则》第330条规定了人民检察院审查移送起诉的案件应当查明的内容，这些内容所包含的事实都属于证明对象，其中包括：（1）犯罪嫌疑人身份状况是否清楚，包括姓名、性别、国籍、出生年月日、职业和单位等；单位犯罪的，单位的相关情况是否清楚。（2）犯罪事实、情节是否清楚；实施犯罪的时间、地点、手段、危害后果是否明确。（3）认定犯罪性质和罪名的意见是否正确；有无法定的从重、从轻、减轻或者免除处罚情节及酌定从重、从轻情节；共同犯罪案件的犯罪嫌疑人在犯罪活动中的责任认定是否恰当。（4）有无遗漏罪行和其他应当追究刑事责任的人。（5）是否属于不应当追究刑事责任的。（6）犯罪嫌疑人是否认罪认罚。（7）有无附带民事诉讼；对于国家财产、集体财产遭受损失的，是否需要由人民检察院提起附带民事诉讼；对于破坏生态环境和资源保护，食品药品安全领域侵害众多消费者合法权益，侵害英雄烈士的姓名、肖像、名誉、荣誉等损害社会公共利益的行为，是否需要由人民检察院提起附带民事公益诉讼等。

《关于办理死刑案件审查判断证据若干问题的规定》第 36 条规定了量刑事实的范围，要求在对被告人作出有罪认定后，人民法院认定被告人的量刑事实，除审查法定情节外，还应审查以下影响量刑的情节：（1）案件起因；（2）被害人有无过错及过错程度，是否对矛盾激化负有责任及责任大小；（3）被告人的近亲属是否协助抓获被告人；（4）被告人平时表现及有无悔罪态度；（5）被害人附带民事诉讼赔偿情况，被告人是否取得被害人或者被害人近亲属谅解；（6）其他影响量刑的情节。

（二）程序法事实

程序法事实是指刑事诉讼程序是否合法进行的事实，包括关于强制措施、羁押必要性的事实、回避的事实，诉讼程序的进行是否超出法定期限，公安司法机关是否侵犯犯罪嫌疑人、被告人诉讼权利，管辖的合法性，执行中服刑人员是否怀孕等。2018 年《刑事诉讼法》第 238 条规定了二审程序中关于第一审程序法事实的审查内容，要求第二审人民法院发现第一审人民法院的审理有下列违反法律规定的诉讼程序的情形之一的，应当裁定撤销原判，发回原审人民法院重新审判：（1）违反刑事诉讼法有关公开审判的规定的；（2）违反回避制度的；（3）剥夺或者限制了当事人的法定诉讼权利，可能影响公正审判的；（4）审判组织的组成不合法的；（5）其他违反法律规定的诉讼程序，可能影响公正审判的。

2021 年刑事审判解释第 72 条第 1 款第 10 项规定的程序法事实包括有关管辖、回避、延期审理等的程序事实。2019 年《人民检察院刑事诉讼规则》第 330 条规定的程序法事实包括：（1）证明犯罪事实的证据材料是否随案移送；（2）证明相关财产系违法所得的证据材料是否随案移送；（3）不宜移送的证据的清单、复制件、照片或者其他证明文件是否随案移送；（4）证据是否确实、充分，是否依法收集，有无应当排除非法证据的情形；（5）采取侦查措施包括技术侦查措施的法律手续和诉讼文书是否完备；（6）采取的强制措施是否适当，对于已经逮捕的犯罪嫌疑人，有无继续羁押的必要；（7）侦查活动是否合法；（8）涉案财物是否查封、扣押、冻结并妥善保管，清单是否齐备，对被害人合法财产的返还和对违禁品或者不宜长期保存的物品的处理是否妥当，移送的证明文件是否完备。

（三）证据法事实

当证据材料对案件事实认定有帮助或者很关键，控辩双方对该证据材料是否具有客观性、关联性、合法性有争议，法庭对其能否作为定案根据存疑的时候，该证据材料本身就需要运用证据证明。2018 年《刑事诉讼法》第 196 条规定，法庭审理过程中，合议庭对证据有疑问的，可以宣布休庭，对证据进行调查核实。凡是涉及证据的合法性、关联性、客观性和人证可信度的事实，都可以成为证明对象。其中，非法证据排除程序中审查判断证据合法性的时候，与侦查取证活动的合法性也即程序法事实的证明相互重合。司法解释中对每种法定证据种类的审查判断方式都规定了对具体证据合法性的要求，其中就包含了证明对象的内容。例如，最高人民法院《关于办理死刑案件审查判断证据若干问题的规定》第30条规定，法庭对于侦查机关组织的辨认，存在下列情形之一的，应当严格审查，不能确定其真实性的，辨认结果不能作为定案的根据：（1）辨认不是在侦查人员主持下进行的；（2）辨认前使辨认人见到辨认对象的；（3）辨认人的辨认活动没有个别进行的；（4）辨认对象没有混杂在具有类似特征的其他对象中，或者供辨认的对象数量不符合规定的，尸体、场所等特定辨认对象除外；（5）辨认中给辨认人明显暗示或者明显有指认嫌疑的。这条规定意味着，对于向法庭提交辨认笔录的控方来说，其需要证明的是：侦查人员主持，辨认人与辨认对象未提前会面，辨认活动个别进行，辨认对象和混同对象有类似特征，没有不当暗示等。又如，2017年《人民法院办理刑事案件第一审普通程序法庭调查规程（试行）》第36条规定了法庭对存疑证据的调查核实，法庭对证据有疑问的，可以告知控辩双方补充证据或者作出说明；必要时，可以在其他证据调查完毕后宣布休庭，对证据进行调查核实。对于向法庭提出存疑证据的诉讼一方来说，需要补充证据或者作出说明，对存疑证据进行证明，以消除法庭的疑问。这时存疑证据本身就是证明对象。

（四）对证明对象范围扩张的认识

从刑事诉讼理论和实践的发展来看，证明对象的范围是扩张的，经历了三个阶段。第一个阶段认为刑事案件证明对象就是案件的实体法事实，只要定罪量刑的事实有证据证明，刑事诉讼的打击犯罪的目的就达到、任务就完成。第二个阶段是随着程序法的发展和对当事人权利保障的认识，当公安司法人员办案程序违反法律规定时，会影响到诉讼的进行。例如，第一审程序中违反回避规定的或者审判组织违法的，第二审人民法院要将案件发回重审。为此，当事人为了维护自己合法权益，也会重视法律法规对公安司法人员办案的程序要求，积极收集能够证明相关的程序法要件事实的证据，使程序法事实成为证明对象。第三个阶段是随着证据法的发展和公民权利意识的增强，我国推进了以审判为中心的诉讼制度改革，实行证据裁判，推进非法证据排除规则的落实，公安机关、人民检察院向法庭提交的证据会经历较为严格的非法证据排除程序，在法庭上经受质证、辩论，对各种证据的证明力和证据能力提供材料进行反驳或者论证，使证据本身成为证明对象。

三、免证事实

根据证据裁判原则，认定案件事实，必须以证据为根据。据此，认定案件事实，只能通过司法证明活动来完成。未经司法证明，任何事实也不应被认定为定案的事实依据。

从理论上说，认定案件事实除了根据证据进行司法证明外，司法认知也可以替代司法证明。司法认知，是英美证据法中的重要概念，是指人民法院无须司法证明而直接确认某些事实存在的裁判活动。一般而言，司法认知的事实主要是众所周知的事实以及法官根据法律职务所获知的法律、法令和制度安排等。作为一种替代司法证明的方法，司法认知的事实在理论上属于免证事实。

2019 年《人民检察院刑事诉讼规则》第 401 条规定："在法庭审理中，下列事实不必提出证据进行证明：（一）为一般人共同知晓的常识性事实；（二）人民法院生效裁判所确认并且未依审判监督程序重新审理的事实；（三）法律、法规的内容以及适用等属于审判人员履行职务所应当知晓的事实；（四）在法庭审理中不存在异议的程序事实；（五）法律规定的推定事实；（六）自然规律或者定律。"

需要注意的是，在实践中运用免证理论定罪量刑时应极为慎重。第一，对于民事、行政裁判认定的事实，如果当事人有异议，不得直接作为定罪和从严量刑证据，这是由于民事、行政案件的证明标准低于刑事案件，民行案件裁判认定存在的事实，不一定能在刑事程序中证明。第二，对于法律规定的推定事实，在刑事案件中应尽量避免采用推定事实来作为证明犯罪构成要件的关键证据，这是因为推定减轻了控方证明责任，使犯罪嫌疑人、被告人无罪推定的权利受到侵犯。此外，如果当事人有异议，推定事实能否直接作为定罪和从严量刑的根据，也需要慎重考虑。例如，检察机关办理毒品案件中对犯罪故意和明知的推定，该推定的内容之一是：如果犯罪嫌疑人故意选择没有海关和边防检查站的边境路段绕行出入境，并且犯罪嫌疑人不能作出合理解释的，可推定其明知，但有相反证据的除外。对于推定事实，在刑事诉讼中运用的时候应十分慎重。

练一练①

（多项选择题）证明对象的主要类别有哪些？（　　）

A. 定罪量刑事实　　B. 程序法事实

C. 证据法事实　　D. 犯罪主体事实

小结

本节主要讲授了刑事诉讼证明对象的基本内容，包括证明对象的概念和特征、证明对象具体包含的内容和免证事实。同学们在学习的过程中，要结合一些刑事案例，分析案件具体要证明哪些细节。请思考以下几个问题：

① 参考答案：ABC。

1. 证明对象的特征是什么?
2. 刑事诉讼中要证明哪些具体对象?
3. 如何看待刑事诉讼中的免证事实?

第七节 刑事诉讼证明责任

导 语

同学们好!本节主要讲刑事诉讼证明责任,其中证明责任的概念和证明责任的分配是重点。刑事诉讼证明责任是指控方承担提供证据证明被告人有罪的责任,公诉案件中的公诉人、自诉案件中的自诉人承担证明责任。

一、证明责任概述

(一)证明责任的概念

证明责任也称举证责任、证明负担,是证据法中的一项基本制度,是指诉讼主体应提供证据证明自己主张的事实,以及当不能证明时要承担的不利后果。它所解决的问题是:诉讼中一方主张的案件事实,应当**由谁提供证据加以证明**,以及在诉讼结束时如果证据不足以认定该方当事人所主张的案件事实,应当由谁来承担**不利**的诉讼后果(见图2-4)。证明责任可以分为两个部分:第一,行为意义上的证明责任,强调诉讼中哪方对案件事实应当提出证据来证明,是提供证据的责任;第二,结果意义上的证明责任,强调当证明责任无法完成时,由诉讼中哪一方来承担不利的法律后果。

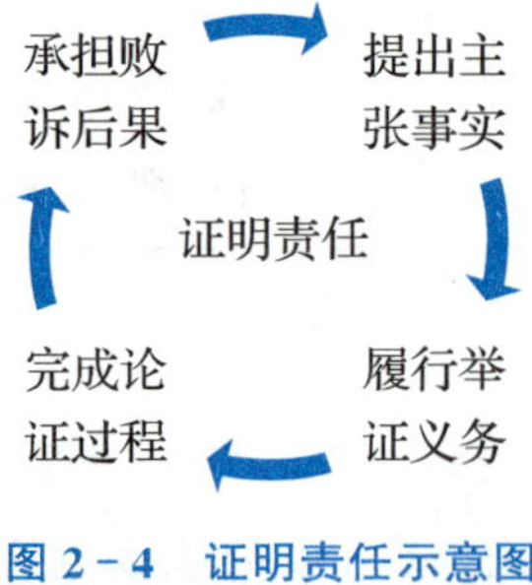

图2-4 证明责任示意图

刑事证明责任是指**人民检察院**或**自诉人**对其指控的被告人犯罪事实及罪名,应当提供证据证明到证据确实充分、排除合理怀疑的程度,否则被告人将被判无罪。刑事案件中被告人有罪的证明责任由控方承担,被告人不承担证明自己无辜的责任。我国刑事诉讼法律法规中常使用举证责任指称证明责任。

（二）证明责任的特征

1. 证明责任总是与一定的诉讼主张相联系

罗马法有格言："谁主张，谁举证。"在诉讼活动中，哪一方提出了积极的诉讼主张，或者提出肯定某一事实存在的诉讼请求，该方就负有提出证据对该项主张加以证明的义务；否则，该方所提出的诉讼主张就不被法庭所接受。刑事案件中检察机关或者自诉人向法庭提起诉讼，诉请追究被告人刑事责任，主张被告人有犯罪行为，检察机关或者自诉人有义务提供证据，证明被告人实施了犯罪行为。

2. 证明责任是提供证据责任与说服责任的统一

所谓提供证据的责任，即负有证明责任的诉讼一方在诉讼过程中，应当根据诉讼进行的状态，就其主张的事实或者反驳的事实提供证据加以证明。所谓说服责任，即说服法官的义务，负有证明责任的诉讼一方应当承担运用证据对案件事实进行说明、论证，使法官形成对其主张的案件事实的确信。

3. 证明责任总是和一定的不利诉讼后果相联系

证明责任最终表现为，如果承担证明责任的一方当事人不能提出足以说服法官确认自己诉讼主张的证据，则需承担败诉后果或者其他不利后果的责任。

二、我国刑事诉讼证明责任的分配

（一）公诉案件中公诉机关的证明责任

《刑事诉讼法》第 51 条规定："公诉案件中被告人有罪的举证责任由人民检察院承担，自诉案件中被告人有罪的举证责任由自诉人承担。"第 200 条更是明确了公诉机关举证不能后的不利法律后果：证据不足，不能认定被告人有罪的，应当作出证据不足、指控的犯罪不能成立的无罪判决。

公诉案件由检察机关代表国家行使公诉权，主动追究犯罪，实现国家刑罚权。现代法治国家追诉个人犯罪的刑事法基础原则是无罪推定原则，其基本要求是控方承担证明责任。这项要求的内容是，控方必须承担证明被告人有罪的责任除非且直到排除合理怀疑，否则就必须判被告人无罪。

我国公诉案件的控方是指检察机关，检察机关是唯一的公诉机关。刑事公诉案件由公安机关、检察机关等侦查机关通过立案来启动。侦查机关对已经立案的刑事案件，应当进行侦查，侦查的任务之一就是通过强制性的调查措施收集、调取证据，讯问犯罪嫌疑人，询问证人与被害人，搜查、查封扣押书证物证、鉴定、技术侦查等。检察机关在收到公安机关移送审查起诉的案件后，要审查在案证据的真实性、合法性、关联性，判断有罪证据是否确实充分，是否足以在法庭上使法官排除合理怀疑，是否需要补充侦查，对符合起诉条件的案件向人民法院提起诉讼。由于公安机关等侦查机关收集、调取犯罪证据，抓获犯罪嫌疑人，客观上起着追究犯罪嫌疑人刑事责任的作用，因此也与检察机关一起被称为"大控方"。

在人民法院开庭审判时，检察官需要在法庭上提出证据，对指控的罪名和犯罪事实加以证明。公诉人在法庭上履行证明责任的方式为：（1）通过宣读起诉书，宣告指控罪名和指控犯罪事实。（2）对出庭的人证采取提问的方式进行质证。包括讯问被告人，询问证人、被害人、鉴定人等。（3）对实物证据采取出示、辨认的方式进行质证。公诉人向法庭出示物证，让当事人辨认。（4）对笔录和其他文书通过宣读的方式进行质证。公诉人对未到庭的证人的证言笔录、鉴定人的鉴定意见、勘验笔录和其他作为证据的文书，应当当庭宣读。（5）公诉人可以申请法庭通知有专门知识的人出庭，就鉴定人作出的鉴定意见提出意见。（6）公诉人在非法证据排除程序中承担证据合法性的证明责任。在对证据收集的合法性进行法庭调查的过程中，人民检察院应当对证据收集的合法性加以证明。现有证据材料不能证明证据收集的合法性的，人民检察院可以提请人民法院通知有关侦查人员或者其他人员出庭说明情况。（7）公诉人经法庭许可后可以对证据和案件情况发表意见并且可以互相辩论。如果公诉人不出庭支持公诉，或者不举证，或者举证达不到法律规定的证据确实充分、排除合理怀疑的要求，法庭就应当宣告被告人无罪。

需要注意的是，在毒品犯罪案件中，所有的毒品犯罪都是故意犯罪，但是作为犯罪主观方面的犯罪故意的证明有较大的难度。现行公诉证据规则将某些情况下犯罪故意、主观上明知的证明责任予以减轻，规定检察机关对犯罪嫌疑人毒品犯罪主观上的明知可不予以证明，而是可予以推定。2005 年《最高人民检察院公诉厅毒品犯罪案件公诉证据标准指导意见（试行）》规定，通过犯罪嫌疑人、被告人及其同案犯供述和辩解，有关证人证言，有关书证（书信、电话记录、手机短信记录），以及其他有助于判断主观故意的客观事实，证明毒品犯罪案件的起因、犯罪动机、犯罪目的等主观特征，当以上证据均无法证明犯罪嫌疑人、被告人在主观上是否具有毒品犯罪的“明知”时，可根据一定的客观事实判定“明知”。推定“明知”应当慎重使用。对于具有下列情形之一，并且犯罪嫌疑人、被告人不能作出合理解释的，可推定其“明知”，但有相反证据的除外：（1）故意选择没有海关和边防检查站的边境路段绕行出入境的；（2）经过海关或边检站时，以假报、隐匿、伪装等蒙骗手段逃避海关、边防检查的；（3）采用假报、隐匿、伪装等蒙骗手段逃避邮检的；（4）采用体内藏毒的方法运输毒品的。对于具有下列情形之一的，能否推定“明知”还需结合其他证据予以综合判断：（1）受委托或雇佣携带毒品，获利明显超过正常标准的；（2）犯罪嫌疑人、被告人所有物、住宅、院落里藏有毒品的；（3）毒品包装物上留下的指纹与犯罪嫌疑人、被告人的指纹经鉴定一致的；（4）犯罪嫌疑人、被告人持有毒品的。

（二）自诉案件中自诉人的证明责任

依据《刑事诉讼法》第 51 条的规定，**自诉案件中**被告人有罪的举证责任由**自诉人承担**。第 211 条规定，人民法院对于自诉案件进行审查后，按照下列情形分别处理：（1）犯罪事实清楚，有足够证据的案件，应当开庭审判；（2）缺乏罪证的自诉案件，如果自诉人提不出补充证据，应当说服自诉人撤回自诉，或者裁定驳回。可见，人民法院在开庭前对自诉案件的证据是否足够进行实质审查，自诉人在开庭前就应当已经收集到了足够的有罪证据。在自诉案件中，自诉人负有向法庭提供证据证明被告人有罪的证明责任。由于自诉案件由人民法院直接立案受理，公安机关不立案、不侦查自诉案件、不收集调取证据，自诉人自行收集定罪量刑等证据。在法庭开庭前，经法庭审查缺乏罪证、有罪证据不足的自诉案件，应让自诉人撤诉或裁定驳回，不必开庭。只有经法庭审查认为有足够证据的案件，才开庭审理，在法庭审理中，自诉人承担向法庭出示证据、质证，向法庭证明被告人有罪的证据确实充分、排除合理怀疑的责任。如果法庭认为自诉人没有证明被告人有罪到证据确实充分、排除合理怀疑，就要判被告人无罪。

（三）附带民事诉讼中原告的证明责任

在附带民事诉讼中，实行和民事诉讼同样的证明责任，**依据民事诉讼分配原则："谁主张、谁举证"**，由附带民事诉讼的**原告**承担证明责任。

（四）特殊法律规定

根据无罪推定的要求，控方承担提供证据证明被告人有罪的证明责任，除非且直到法庭认为控方证明被告人有罪到证据确实充分、排除合理怀疑才能判被告人有罪，在此之前被告人都是无辜的，被告人的无辜不需要证明。我国刑事诉讼中被告人也不承担提供证据证明自己无辜的证明责任。

但是有些法律规定减轻了控方对某些犯罪构成要件事实的证明责任，主要是使用推定的手段，在某种程度上让被告人承担这些犯罪构成要件事实的证明责任。例如，《刑法》第395条规定的巨额财产来源不明罪，国家工作人员的财产、支出明显超过合法收入，差额巨大的，可以责令该国家工作人员说明来源，不能说明来源的，差额部分以非法所得论，构成本罪。此罪中对于巨额财产明显超过合法收入的，推定为非法所得，除非国家工作人员说明来源。这种推定减轻了控方对巨额财产属于"非法所得"这一犯罪构成要件事实上的证明责任，控方只需要证明犯罪嫌疑人具有国家工作人员的身份，其财产、超过合法收入且差额巨大即可。

练一练[①]

（不定项选择题）以下关于证明责任的说法正确的是（　　）。

A. 陈某虐待失能父亲，被姐姐以虐待罪诉至人民法院，其姐姐负证明责任

B. 某县检察院诉陈某故意伤害罪，检察院承担证明责任

C. 边境巡逻人员查到走野路入境的陈某随身携带的行李箱夹层中有1千克冰毒，陈某说不知道行李箱有冰毒，检察院不需要证明陈某的犯罪故意

D. 首都机场入境的陈某被海关人员查到随身携带的行李箱夹层中有1千克冰毒，陈某说不知道行李箱有冰毒，检察院需要证明陈某的犯罪故意

---

① 参考答案：ABCD。

小结

本部分主要讲述了证明责任的概念、特征和我国刑事诉讼中证明责任分配的具体规定。请思考以下几个问题：

1. 在我国刑事诉讼中，证明责任是如何分配的？
2. 依据我国法律规定，在哪些情况下控方的证明责任减轻了？

第八节　刑事诉讼证明标准

导语

同学们好！本部分内容是刑事诉讼证明的最后一个要素，即证明标准。学习本节知识点，一定要结合之前学过的证明对象和证明责任，注意知识的系统性和连接性。刑事诉讼证明标准的多样化是重要特点，同学们一定要把握刑事诉讼中不同阶段各个证明标准。另外，同学们需要理解并掌握什么是排除合理怀疑。

一、刑事诉讼证明标准概述

在刑事诉讼中，单个证据并不能完成证明的任务，有关联性的证据相互结合、相互印证，才能达到证明案件事实所要求的程度，这就是所谓的证明标准问题。证明标准的目的在于解决认识案件事实的尺度问题，是法官进行判断的标尺，也是指导和规范刑事证明活动的准则。因此，证明标准在证据制度中占据着举足轻重的地位。

（一）刑事诉讼证明标准的概念

在我国刑事诉讼理论中，证明标准指的是法律所规定的运用证据证明案件事实所要达到的程度。

对刑事证明标准的概念还应从以下方面来理解。

1. 从无罪推定和被告人权利方面来理解

证明标准是无罪推定的内在组成部分，控方只有证明被告人有罪达到证明标准，被告人才会被判有罪。如果错误理解证明标准、降低证明标准，就损害了无罪推定和被告人的权利。正确理解和运用证据确实充分、排除合理怀疑的证明标准是贯彻无罪推定原则、保障被告人权利的基本要求。

2. 从刑事诉讼控方负担证明责任的角度来理解

证明标准是指负有证明责任的控方为了成功地赢得诉讼或者推进诉讼，提供证据证明所主张事实应当达到的程度。刑事诉讼中的证明标准是对控方证明的要求或者法律赋予控方的证明任务，证明标准在一定意义上成为控方证明负担能否卸除的标尺。

3. 从法官做出判决、认定案件事实的角度来理解

定罪证明标准是法官判断控方举证分量应达到多少的衡量尺度，是其对案件事实能否作出有罪判决的界限。无论是法国等大陆法系国家内心确信的证明标准，还是英美法系排除合理怀疑的证明标准，这种心理上的尺度均与案件事实裁判者确信程度有关，定罪的证明标准是法官作出有罪认定的指标。

无论控方所举证达到何种程度以及具有何等的说服力，也无论控方证明负担何时卸除，这些问题均与法官是否能够认定案件事实有关。因此，对证明标准的理解有必要从刑事诉讼的基石性原则、被告人权利、控方和法官等不同角度进行认识。

从证明标准的概念看，证明标准与证明责任之间存在着密切的联系，或者从本质上说，它们是一物两面的概念。两者关系见图 2－5。

（1）证明责任解决的问题是，对于待证事实，谁来提供证据加以证明；

（2）证明标准解决的问题是，对于待证事实，应当证明到什么程度。

（1）证明标准是在证明责任基础上产生的概念，没有真正意义上的证明责任制度，便没有真正意义上的证明标准制度；

（2）证明标准是证明责任的方向和准绳，证明责任因为证明标准而具体化和富有可操作性。

图 2－5　证明标准与证明责任的关系

（二）证明标准相关理论学说

对于案件客观真相能否认识、如何认识，以及是否要求必须认识到真相才能完成诉讼证明任务，我国理论界主要有三种学说：客观真实学说、主观真实说、法律真实说（见图 2－6）。

1. 客观真实说

客观真实说是我国刑事证明标准理论中的传统观点。我国的诉讼法立法未明确规定“客观真实”的证明要求，实质上这一专门术语是诉讼法学研究者的理论提炼和高度概括。客观真实“就是指客观存在的案件事实在司法人员主观认识中的正确反映。简言之，符合案件客观事实的认识，是真实，不符合案件客观事实的认识，是不真实”[①]。客观真实是指诉讼中的案件事实曾经发生或者曾经实际存在的状态，

① 张子培．刑事证据理论［M］．北京：群众出版社，1982：94.

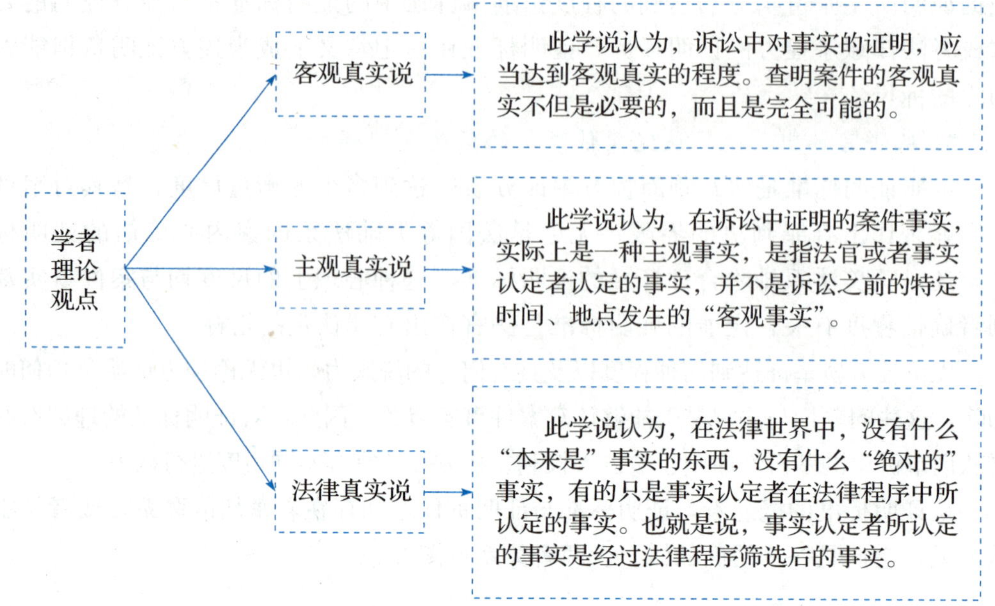

图 2-6 证明标准相关理论学说

是案件事实的真实状态，是指实际发生过、实际存在过的案件事实，是曾经存在过的事实真相。这种真相可以被诉讼中的司法人员认识，司法人员必须认识到诉讼中的案件真相。客观真实说对查明案件事实真相提出了四条具体要求：一是据以定案的每一个证据均经过查证，确是客观存在的事实；二是据以定案的证据与案件事实之间存在着客观联系，这种联系是客观的；三是证据之间、证据与案件事实之间的矛盾得到合理排除；四是案件事实都有相应的证据予以证明，并且排除了其他可能性。

2. 主观真实说

主观真实说认为司法活动中人们对案件事实的认识符合主观的标准，检验认识是否真实的标准不是客观实际情况，而是主观认识，是用具有权威性的认识去检验具体司法证明中的认识。

3. 法律真实说

有学者认为，法律真实是指：“裁判人员运用证据认定的案件事实达到了法律所规定的视为真实的标准，在诉讼证明的过程中，法官运用证据、逻辑推理和经验法则，对案件事实的认定应当符合实体法和程序法的规定，应当达到从法律的角度认为是真实的程度。”① 法律真实说首先强调在理论上区分两种事实：客观事实和法律事实。案件实际发生时的事实是原始状态的自然事实、自在事实，但在诉讼的视野中，纯粹的客观事实是不存在的，在诉讼中再现的只是法律意义上的事实，不是原始状态的实际事实。原始状态下的事实如果不通过法律规定的程序和规则进行审

① 樊崇义．客观真实管见——兼论刑事诉讼证明标准［J］．中国法学，2000（1）：114-120.

查、判断、认定，就不能产生法律上的后果。法律意义上的事实是事实因素与法律相结合的产物，是通过诉讼程序对案件事实的法律评价，是带有法律价值判断色彩的事实。司法人员在认定案件事实、作出裁判时，作为裁判基础的事实只能是在法律规范的调整下形成的法律事实。

（三）证明标准的多层次性

由于证明标准不容易把握，为了准确理解和运用证明标准，英美法系国家的诉讼法理论对证明标准分为九个层级，适用于诉讼中不同的案件事实和证明对象：第一等是绝对确定。由于认识论的限制，认为这一标准无法达到，因此无论出于任何法律目的均无这样的要求。第二等是排除合理怀疑，是刑事案件作出有罪判决的要求，也是诉讼证明方面的最高标准。第三等是清楚和有说服力的证据，在某些司法机关在死刑案件中拒绝保释时，以及作出某些民事判决时有这样的要求。第四等是优势证据，是作出民事判决以及肯定刑事辩护时的要求。第五等是合理根据，适用于签发令状，无证逮捕、搜查和扣押，提起大陪审团起诉书和检察官起诉书，撤销缓刑和假释以及公民扭送等。第六等是有理由的相信，适用于“拦截和搜身”。第七等是有理由的怀疑，足以对被告人判决无罪。第八等是怀疑，可以开始侦查。第九等是无线索，不足以采取任何法律行为。[①]

这种对证明标准多层次、多等级的规定，体现了人的认识的有限性和诉讼中认识案件事实的局限性，也体现了法律对不同类型的诉讼和不同诉讼阶段的不同要求。

二、我国刑事诉讼的多元化证明标准

我国《刑事诉讼法》以及相关规定与解释对公诉案件的立案、逮捕、移送审查起诉、提起公诉和判决等规定了不同的证明标准，并因程序与实体的不同，其证明标准也有差异。在我国法律以及相关规定与解释中，有关刑事诉讼证明标准的规定主要体现在以下几个方面。

（一）立案的证明标准

立案的证明标准是启动刑事诉讼的证明标准，是刑事诉讼中最低的证明标准。2018 年《刑事诉讼法》第 109 条规定：“公安机关或者人民检察院发现犯罪事实或者犯罪嫌疑人，应当按照管辖范围，立案侦查。”依据第 112 条的规定，人民法院、人民检察院或者公安机关对于报案、控告、举报和自首的材料，应当按照管辖范围，迅速进行审查，认为有犯罪事实需要追究刑事责任的时候，应当立案；认为没有犯罪事实，或者犯罪事实显著轻微，不需要追究刑事责任的时候，不予立案。

理解这一证明标准需要把握几点：第一，主观性强，公安司法机关认为有犯罪

---

① 卞建林，译．美国联邦刑事诉讼规则和证据规则［M］．北京：中国政法大学出版社，1996：22.

事实需要追究刑事责任的时候，就应当立案。第二，要具备证据条件，需要有证据证明有犯罪事实发生，证据可以是侦查机关自行发现的，也可以是接受报案、控告、举报和自首获得的。第三，须符合实体法条件，即需要追究刑事责任。如果犯罪事实显著轻微，不需要追究刑事责任，就不符合立案的法律条件。

（二）逮捕的证明标准

依据2018年《刑事诉讼法》第81条的规定，对有证据证明有犯罪事实，可能判处徒刑以上刑罚的犯罪嫌疑人、被告人，采取取保候审尚不足以防止发生下列社会危险性的，应当予以逮捕：（1）可能实施新的犯罪的；（2）有危害国家安全、公共安全或者社会秩序的现实危险的；（3）可能毁灭、伪造证据，干扰证人作证或者串供的；（4）可能对被害人、举报人、控告人实施打击报复的；（5）企图自杀或者逃跑的。批准或者决定逮捕，应当将犯罪嫌疑人、被告人涉嫌犯罪的性质、情节，认罪认罚等情况，作为是否可能发生社会危险性的考虑因素。对有证据证明有犯罪事实，可能判处十年有期徒刑以上刑罚的，或者有证据证明有犯罪事实，可能判处徒刑以上刑罚，曾经故意犯罪或者身份不明的，应当予以逮捕。其中，人民检察院对公诉案件有批捕权，依据2019年《人民检察院刑事诉讼规则》第128条的规定，有证据证明有犯罪事实是指同时具备下列情形：（1）有证据证明发生了犯罪事实；（2）有证据证明犯罪事实是犯罪嫌疑人实施的；（3）证明犯罪嫌疑人实施犯罪行为的证据已经查证属实。2020年《公安机关办理刑事案件程序规定》第134条第1款规定的证明要求仅在第3项上有细微差别，要求“证明犯罪嫌疑人实施犯罪行为的证据已有查证属实的”。

需要注意的是，逮捕可分为三种：第一种是基于可能实施新的犯罪等五种社会危险性的逮捕，第二种是可能判处十年自由刑以上的基于重刑的逮捕，第三种是基于故意犯罪前科或者身份不明的逮捕。这三种逮捕所要求的条件有同有异：第一，证据条件，即有证据证明有犯罪事实，这是对定罪证据的要求，是这三种逮捕共同的条件。第二，刑罚条件，本质上这是对量刑证据的要求。对于基于社会危险性的逮捕和基于故意犯罪前科或者身份不明的，需要有证据证明可能判处有期徒刑以上刑罚，对于基于重刑的逮捕，需要有证据证明可能判处十年以上刑罚。第三，社会危险性条件或者前科条件或者身份不明条件。对于基于社会危险性的逮捕，应提供证据证明犯罪嫌疑人、被告人具备五种社会危险性情形；对于基于前科条件的逮捕，应提供证据证明犯罪嫌疑人、被告人曾经故意犯罪；对于基于身份不明的逮捕，应提供证据证明犯罪嫌疑人、被告人身份不明。《人民检察院刑事诉讼规则》第129条至第133条将《刑事诉讼法》规定的五种社会危险性条件细化为24种具体情形，对于因社会危险性而有必要逮捕的，应证明存在社会危险性。《人民检察院刑事诉讼规则》第135条规定：“人民检察院审查认定犯罪嫌疑人是否具有社会危险性，应当以公安机关移送的社会危险性相关证据为依据，并结合案件具体情况综合认定。必要时，可以通过讯问犯罪嫌疑人、询问证人等诉讼参与人、听取辩护律师意见等方式，核实相关证据。依据在案证据不能认定犯罪嫌疑人符合逮捕社会危险性条件的，人民检察院可以要求公安机关补充相关证据，公安机关没有补充移送的，应当作出不批准逮捕的决定。”

据此，除了需要有证明有犯罪事实这样的定罪证据，还需要有量刑证据、社会危险性证据等，否则就不符合逮捕的条件。可见，逮捕的证明标准和对证据的要求高于立案。

（三）侦查终结、移送审查起诉的证明标准

2018 年《刑事诉讼法》第 162 条规定了侦查终结的证明标准，公安机关侦查终结的案件，应当做到犯罪事实清楚，证据确实、充分，并且写出起诉意见书，连同案卷材料、证据一并移送同级人民检察院审查决定。其中，证据确实充分应当符合以下条件：（1）定罪量刑的事实都有证据证明；（2）据以定案的证据均经法定程序查证属实；（3）综合全案证据，对所认定事实已排除合理怀疑。《公安机关办理刑事案件程序规定》第 283 条规定：“侦查终结的案件，应当同时符合以下条件：（一）案件事实清楚；（二）证据确实、充分；（三）犯罪性质和罪名认定正确；（四）法律手续完备；（五）依法应当追究刑事责任。”另外，第 284 条规定：“对侦查终结的案件，公安机关应当全面审查证明证据收集合法性的证据材料，依法排除非法证据。排除非法证据后证据不足的，不得移送审查起诉。公安机关发现侦查人员非法取证的，应当依法作出处理，并可另行指派侦查人员重新调查取证。”对于人民检察院侦查的案件，《人民检察院刑事诉讼规则》第 237 条第 1 款规定：“人民检察院经过侦查，认为犯罪事实清楚，证据确实、充分，依法应当追究刑事责任的，应当写出侦查终结报告，并且制作起诉意见书。”

侦查终结、移送审查起诉案件的证明标准明显高于立案和逮捕，移送审查起诉的案件必须考虑案件中定罪证据能否获得法庭的认定，现有证据能否说服法庭判定被告人有罪。

（四）提起公诉的证明标准

依据 2018 年《刑事诉讼法》第 176 条的规定，人民检察院认为犯罪嫌疑人的犯罪事实已经查清，证据确实、充分，依法应当追究刑事责任的，应当作出起诉决定。《人民检察院刑事诉讼规则》第 355 条第 1 款规定：“人民检察院认为犯罪嫌疑人的犯罪事实已经查清，证据确实、充分，依法应当追究刑事责任的，应当作出起诉决定。”第 368 条从不起诉条件出发规定了何为证据不确实、不充分：“具有下列情形之一，不能确定犯罪嫌疑人构成犯罪和需要追究刑事责任的，属于证据不足，不符合起诉条件：（一）犯罪构成要件事实缺乏必要的证据予以证明的；（二）据以定罪的证据存在疑问，无法查证属实的；（三）据以定罪的证据之间、证据与案件事实之间的矛盾不能合理排除的；（四）根据证据得出的结论具有其他可能性，不能排除合理怀疑的；（五）根据证据认定案件事实不符合逻辑和经验法则，得出的

结论明显不符合常理的。”

人民检察院起诉的证明标准也是证据确实充分。由于人民检察院需要派员出庭支持公诉，通过出示证据、进行质证、辩论，说服法官案件证据确实充分，应判被告人有罪，所以人民检察院审查起诉时，其所认定的证据确实充分，必然是指检察官确信现有证据能够在法庭上说服法官，让法官认为证据确实充分，足以排除合理怀疑地对被告人定罪。

（五）有罪判决的证明标准

2018年《刑事诉讼法》第55条第2款规定了刑事案件中有罪判决的证明标准，证据确实、充分的，可以认定被告人有罪和处以刑罚：“证据确实、充分，应当符合以下条件：（一）定罪量刑的事实都有证据证明；（二）据以定案的证据均经法定程序查证属实；（三）综合全案证据，对所认定事实已排除合理怀疑。”第200条规定：“在被告人最后陈述后，审判长宣布休庭，合议庭进行评议，根据已经查明的事实、证据和有关的法律规定，分别作出以下判决：（一）案件事实清楚，证据确实、充分，依据法律认定被告人有罪的，应当作出有罪判决；（二）依据法律认定被告人无罪的，应当作出无罪判决；（三）证据不足，不能认定被告人有罪的，应当作出证据不足、指控的犯罪不能成立的无罪判决。”2010年“两高三部”《关于办理死刑案件审查判断证据若干问题的规定》第5条规定：“办理死刑案件，对被告人犯罪事实的认定，必须达到证据确实、充分。证据确实、充分是指：（一）定罪量刑的事实都有证据证明；（二）每一个定案的证据均已经法定程序查证属实；（三）证据与证据之间、证据与案件事实之间不存在矛盾或者矛盾得以合理排除；（四）共同犯罪案件中，被告人的地位、作用均已查清；（五）根据证据认定案件事实的过程符合逻辑和经验规则，由证据得出的结论为唯一结论。办理死刑案件，对于以下事实的证明必须达到证据确实、充分：（一）被指控的犯罪事实的发生；（二）被告人实施了犯罪行为与被告人实施犯罪行为的时间、地点、手段、后果以及其他情节；（三）影响被告人定罪的身份情况；（四）被告人有刑事责任能力；（五）被告人的罪过；（六）是否共同犯罪及被告人在共同犯罪中的地位、作用；（七）对被告人从重处罚的事实。”

2019年“两高三部”《关于适用认罪认罚从宽制度的指导意见》第3条规定证据裁判原则，其中要求不降低认罪认罚案件的证明标准：“坚持证据裁判原则。办理认罪认罚案件，应当以事实为根据，以法律为准绳，严格按照证据裁判要求，全面收集、固定、审查和认定证据。坚持法定证明标准，侦查终结、提起公诉、作出有罪裁判应当做到犯罪事实清楚，证据确实、充分，防止因犯罪嫌疑人、被告人认罪而降低证据要求和证明标准。对犯罪嫌疑人、被告人认罪认罚，但证据不足，不能认定其有罪的，依法作出撤销案件、不起诉决定或者宣告无罪。”

可以说，在刑事诉讼中，最为重要、最高要求的证明标准是“案件事实清楚，证据确实、充分，排除合理怀疑”。

（六）其他情形下的证明标准

1. 选择审判程序的证明标准

依据《刑事诉讼法》第 222 条的规定，适用速裁程序的案件必须“案件事实清楚，证据确实、充分”。第 214 条规定，适用简易程序的案件需要“案件事实清楚、证据充分”。这说明，刑事诉讼不仅在立案、逮捕、审查起诉、定罪上需要满足一定的证明标准，在审判程序的选择适用上，也需要达到一定程度的证明标准，其中，对速裁程序的要求有别于简易程序。

2. 非法证据排除的证明标准

2018 年《刑事诉讼法》第 56 条规定了法庭对非法证据的认定标准，“对于采用刑讯逼供等非法方法收集的犯罪嫌疑人、被告人供述和采用暴力、威胁等非法方法收集的证人证言、被害人陈述，应当予以排除”。2017 年“两高三部”《关于办理刑事案件严格排除非法证据若干问题的规定》第 34 条第 1 款规定：“经法庭审理，确认存在本规定所规定的以非法方法收集证据情形的，对有关证据应当予以排除。法庭根据相关线索或者材料对证据收集的合法性有疑问，而人民检察院未提供证据或者提供的证据不能证明证据收集的合法性，不能排除存在本规定所规定的以非法方法收集证据情形的，对有关证据应当予以排除。”据此，排除非法证据的证明标准有两种：第一种是较高的证明标准，要求法庭确认存在非法证据；第二种是较低的证明标准，只要法庭对合法性有疑问而检察官未能提供证据或者提供的证据不能证明合法性，不能消除法庭的疑问，就不能排除存在非法证据，对证据应予排除。从非法证据排除程序设置的目的和功能来说，第二种证明标准更符合非法证据排除程序的立法原意。

三、认识排除合理怀疑

（一）我国刑事诉讼法中的排除合理怀疑

我国现行法中的排除合理怀疑，其是对有罪事实的确信，是对被告人定罪的正当化理由，规定于《刑事诉讼法》第 55 条：“对一切案件的判处都要重证据，重调查研究，不轻信口供。只有被告人供述，没有其他证据的，不能认定被告人有罪和处以刑罚；没有被告人供述，证据确实、充分的，可以认定被告人有罪和处以刑罚。证据确实、充分，应当符合以下条件：（一）定罪量刑的事实都有证据证明；（二）据以定案的证据均经法定程序查证属实；（三）综合全案证据，对所认定事实已排除合理怀疑。”

排除合理怀疑作为定罪证明标准，以无罪推定为基础，与无罪推定不可分割，离开无罪推定的排除合理怀疑易产生冤假错案。达到排除合理怀疑的定罪证明标准需要严格的证据规则、法定程序保障。排除合理怀疑是动态的被告人权利行使过程，是辩方通过质证、辩论，有机会针对控方证据提出合理怀疑，再由控方在庭审中反驳辩方提出的合理怀疑，才有可能使事实审理者产生合理怀疑。排除合理怀疑是对法官、陪审员作出有罪判决的心理状态的描述和要求，这是一种在庭审中形成的动态心理状态，是法官或者陪审员认为控辩对抗之下的证据足以使对被告人定罪处罚正当化的确信。在我国，只有普通程序的庭审才严格要求控方必须出示定罪证据，辩方可以针对出示的证据、出庭的证人进行质证和辩论，只有在此过程中，合理怀疑才有可能显示出来，合议庭才能看到所有证据并听取控辩双方的质证、辩论和对合理怀疑的控辩意见，对定罪事实产生排除合理怀疑的确信。

庭审定罪与控方在侦查、审查起诉中的证明标准之根本区别，在于庭审中的证明标准以控辩对抗、法定程序、证据规则为保障。《刑事诉讼法》第55条规定的证明标准虽然仅适用于人民法院，仅适用于审判阶段、审判程序、审判组织。但侦查、起诉程序中的办案人员必须要考虑在案有罪证据在庭审中让法庭排除合理怀疑地定罪的可能性，必须考虑辩方提出的辩护意见。审判阶段的控辩对抗是与侦查机关在侦查终结移送审查起诉和人民检察院在审查起诉中排除合理怀疑要求的关键区别。普通程序庭审对控辩对抗的保障符合排除合理怀疑的定罪证明要求。排除合理怀疑将犯罪构成要件事实作为证明对象，对证据的客观性、合法性、关联性都作出了要求，并对于定案证据有法定程序查证要求，这蕴含了辩方的权利，使辩方在证据查证程序中行使权利、提出合理怀疑。根据刑事诉讼法的规定，控方在第一审普通程序庭审过程中不可能提出并论证合理怀疑，因为控方认为不能排除合理怀疑的案件，控方就不能起诉，起诉后也必须撤诉。

（二）英美法系排除合理怀疑

排除合理怀疑是源于英美法系的理论，了解其在英美法系的实践与发展有助于理解排除合理怀疑。

1. 排除合理怀疑是无罪推定的一部分

排除合理怀疑是无罪推定定义中的一部分，不存在脱离于无罪推定的排除合理怀疑。美国联邦最高法院认为，“排除合理怀疑标准在美国刑事诉讼体制中的作用至关重要，它是减少基于事实错误定罪风险的主要机制。该标准规定了无罪推定的具体化”[①]。排除合理怀疑标准代表了“我们社会的一种基本价值观，枉判一个无辜者比放纵一个有罪的人糟得多”[②]。

美国联邦最高法院在判决中指出，任何对合理怀疑的陪审团说明都必须：（1）向陪审员说明只能考虑证据；（2）准确地说明控方的证明责任。[③] 这表明，排除合理怀疑和无罪推定在逻辑上具有相似性，排除合理怀疑是对无罪推定的贯彻落实。

---

① Coffin v. United States，156 U. S. 432，453（1895）；转引自：祁建建．论有效辩护权［M］．北京：中国政法大学出版社，2018.

② In re Winship，397 U. S. 358，372（1970）（Harlan，J.，concurring）；Francis v. Franklin，471 U. S. 307，313（1985）.

③ Victor v. Nebraska，511 U. S. 1，5（1994）.

2. 要不要给合理怀疑下定义

美国法院系统没有关于合理怀疑的统一定义。美国联邦最高法院在判决中指出，法官不向陪审员进一步解释合理怀疑是合宪的，“排除合理怀疑是正当程序的要求，但宪法既不禁止法庭对合理怀疑下定义，也不当然要求法庭下定义”①。

美国各州法院和联邦各法院的做法并不一致：第一种做法，有的法院要求法官必须向陪审团给合理怀疑下定义，否则构成判决被推翻的理由，11 个联邦上诉法院中有 4 个法院这样要求。第二种做法，其他法院认为不必下定义，在向陪审团说明排除合理怀疑时告诉他们，审慎商议合理怀疑的含义是陪审员的任务，认为合理怀疑是一个不容易细化或者定义的基本概念，使用合理怀疑这个词，不用作进一步解释就足以向陪审团说明证明责任。还有的法院规定如果法官向陪审员对合理怀疑下定义，就构成推翻有罪判决的理由。几乎所有的上诉法院都曾警告，解释排除合理怀疑的任何努力，不是给陪审员造成思想上的混乱，就是误导证明责任这一排除合理怀疑的精髓。

3. 怎么解释合理怀疑

美国各法院对于向陪审团说明排除合理怀疑，使用过至少六种说法，如有理由的怀疑、实质的真实的怀疑、明确有力说得清楚的怀疑、确信无疑等②，这些说法已被联邦最高法院批评过。美国法院系统还使用过“证实到愿意（proof-willing）”和“怀疑致犹豫（doubt-hesitate）”两种说法。这两种说法建立在对个人“重要生活事件”进行类比的基础上。对于“证实到愿意”的解释，2016 年美国联邦第六上诉法院《刑事陪审团说明模板》第 1.03 条第（5）项的说法是：“排除合理怀疑的证明意味着证明是如此得令人信服，你会毫不犹豫地信赖和采取行动来作出自己生活中最重要的决定。”③ 对于“怀疑致犹豫”的解释，2008 年宾夕法尼亚州的说法是：“合理怀疑是合理谨慎和敏感的人在对个人重要事务采取行动之前，会导致其暂停和犹豫的怀疑。”④

“证实到愿意”重点在于帮助陪审员理解指控证据何时足够定罪，而“怀疑致犹豫”则侧重引导陪审员了解当对证据产生何种怀疑时应判无罪。⑤ 联邦最高法院认为，应当使用“犹豫”的说法，而不应使用“愿意行动”的说法。⑥ 美国联邦最

---

① Victor v. Nebraska，511 U. S. 1，6（1994）；Hopt v. Utah，120 U. S. 430，440-441（1887）.

② Taylor v. Kentucky，436 U. S. 478，489（1978）.

③ Pattern Criminal Jury Instructions，Prepared by Sixth Circuit Committee on Pattern Criminal Jury Instructions. 陪审员候选人如果不愿接受无罪推定，则是控辩双方要求其回避的理由。因此无罪推定可以作为陪审员选任程序中的发问问题。如果在陪审员选任过程中，法官拒绝提问候选人是否认可无罪推定，将会导致判决被推翻。

④ Pennsylvania Suggested Standard Criminal Jury Instruction，2008，7. 01.

⑤ Dhami Mandeep K，Lundrigan Samantha，Mueller-Johnson Katrin. Instructions on Reasonable Doubt：Defining the Standard of Proof and the Juror's Task. Psychology，Public Policy and Law，2015，21（2）：169-178.

⑥ Holland v. United States，348 U. S. 121，140（1954）.

高法院指出，“即使说不清楚是基于什么原因而怀疑，合理怀疑也可以存在”[①]。

理解排除合理怀疑，必须结合无罪推定的要求。在无罪推定之下，合理怀疑是“有或者没有”的问题，而不是有多少的问题。如果陪审员对“被告人有罪”是一种八九不离十的把握就可以判定犯罪嫌疑人有罪，这意味着对无罪推定原则的违反，因为这其中包含了对无辜者定罪的可能性、合理性，所以是错误的。实践中佛蒙特州要求法官向陪审团说明，陪审团只要有一个合理怀疑，就必须判无罪，即使陪审团认为指控的犯罪可能是真的。[②] 关于排除合理怀疑，以下详细列举若干方式的定义或者解释，以便了解陪审团在实践中对合理怀疑的把握。

例 1 美国联邦第九上诉法院 2017 年更新的《刑事陪审团模范说明手册》第 3.05 条对合理怀疑的界定：“排除合理怀疑的证明是让你坚定地相信被告人是有罪的。它不要求控方证明到排除所有可能的怀疑。合理怀疑是基于推理和常识的怀疑，而不是仅仅基于猜测。它产生于对所有证据的仔细的、中立的衡量，或者是由于证据不足。在对所有证据进行仔细、中立的衡量之后，如果你不能排除合理怀疑地确信被告人是有罪的，你有义务判被告人无罪。另一方面，在对所有证据进行仔细、中立的衡量之后，如果你排除合理怀疑地确信被告人是有罪的，你有义务判被告人有罪。”[③]

例 2 美国联邦第一上诉法院《刑事陪审团说明模板》第 3.02 条指出：“法律并不要求控方证明有罪到排除一切可能的怀疑；证明到排除合理怀疑就足以定罪。证明责任从不转移给被告人。通过证据和从证据中得出的合理推断来证明指控犯罪的每一个要素，总是控方的责任。被告人（姓名）有权依靠控方未能或者无法对指控犯罪的任何必要要素证明到排除合理怀疑获得无罪释放。如果在公正和中立地考量所有证据之后，你对被告人（姓名）犯有某罪有合理怀疑，那么你有义务判其无罪。另一方面，如果在公正和中立地考量所有证据之后，你排除合理怀疑地相信被告人犯有某罪，你应当投票给他/她定罪。”[④]

例 3 2016 年美国第六上诉法院《刑事陪审团说明模板》在“一般原则”部分第 1.03 条关于合理怀疑的规定如下：“……（4）控方必须证明指控犯罪的每一个要素都达到排除合理怀疑。排除合理怀疑的证明并不意味着证明到排除所有可能的怀疑。纯粹基于猜测的疑虑或怀疑不是合理怀疑。合理怀疑是基于推理和常识。合理怀疑可能来自证据，证据不足或证据的性质。”[⑤] “（5）……如果你确信控方已经排除合

---

① Harris v. Rivera，454 U. S. 339，347（1981）.

② State v. Giroux，151 Vt. 361，365（1989）.

③ United States v. Soto-Zuniga，837 F. 3d 992，1004（9th Cir. 2016）. 美国联邦第九上诉法院《刑事陪审团模范说明手册》由其陪审团说明委员会制定，现行版本为 2017 年更新的 2010 年版。

④ Pattern Criminal Jury Instructions for the First Circuit，p. 97.

⑤ Pattern Criminal Jury Instructions，Prepared by Sixth Circuit Committee on Pattern Criminal Jury Instructions. 陪审员候选人如果不愿接受无罪推定，则是控辩双方要求其回避的理由。因此无罪推定可以作为陪审员选任程序中的发问问题。如果在陪审员选任过程中，法官拒绝提问候选人是否认可无罪推定，将会导致判决被推翻。

理怀疑地证明了被告人有罪，通过作出有罪判决这么说。如果你不确信，那么通过作出无罪判决这么说。”①

练一练②

1.（不定项选择题）下列关于证据的说法，正确的是（　　）。

A. 由法律明确规定　　B. 逮捕和定罪的证明标准一样高

C. 控辩双方可以约定证明标准　　D. 刑事案件证明标准只有一个

2. 如何理解排除合理怀疑？

小 结

本部分内容丰富，知识点比较多，主要讲解了刑事诉讼的证明标准。同学们如果能够回答出以下几个基本问题，那么对该部分知识点就学得透彻了：

1. “案件事实清楚，证据确实、充分”的具体内涵是什么？

2. 怎么看待和理解“排除合理怀疑”？

3. 如何理解刑事诉讼中多层次的证明标准？

第九节　刑事证据规则

导 语

同学们好！刑事证据规则也称证明规则，是关于取证、举证、质证、认证等运用证据证明案件事实的规范和准则。本质上是约束取证、举证行为，保障质证权利，指引认证等诉讼行为。刑事证据规则在刑事证据法中居核心地位，确立和实施证据规则是落实无罪推定和证据裁判，是发现真相、保障人权的重要保证。

---

① 虽然陪审员在证明到排除合理怀疑后仍然有权作出无罪判决，但美国联邦第六上诉法院明确判决法院的陪审团说明不应当告诉陪审员他们有这项权力。See United States v. Avery，717 F. 2d 1020，1027（6th Cir. 1983）；United States v. Burkhart，501 F. 2d 993，996-997（6th Cir. 1974）. “陪审团废法的法律……似乎并不要求或者允许法官告诉陪审团他们有权力忽略法律。” States v. Burkhart，501 F. 2d 993，n. 3（6th Cir. 1974）. 所以，《刑事陪审团说明模板》第 1.03 条第（5）项避免使用陪审团“应当作出有罪判决”的表述，而是使用“这么说”（say so）的表述。

② 参考答案：1. AB。2. 理解合理排除怀疑的内涵，要从以下几个方面着手：排除合理怀疑与无罪推定的关系；排除合理怀疑对取证活动的约束；排除合理怀疑与控方证明责任的关系；排除合理怀疑与证据裁判；域外对排除合理怀疑的理解与运用。

一、刑事证据规则概述

刑事证据规则是指刑事诉讼中关于证据能力和证明力的规则，或者说是关于可采性与关联性的规则。刑事证据规则是控辩双方收集和出示证据、质证、法庭采纳和运用证据认定案件事实必须遵循的重要准则。司法活动中的证明，是运用证据材料按照思维逻辑判断某种事实真相的过程。

证据规则的意义在于：**一是有利于保证证据的真实性、可靠性，查明案件事实。**刑事证据法要求依据证据裁判，没有证据不得认定犯罪事实，在认定有犯罪事实、需要从重加重处罚的事实时，必须依据证据，严格禁止或者格外谨慎对待推定。**二是有利于保护人权，实现司法公正。**例如，非法证据排除规则等证据规则排除了证据的证据能力、可采性，无论其客观性、真实性、关联性如何，都不得作为认定案件事实的证据，这肯定会制约案件事实的发现，但是这蕴含着比发现真相更高的价值。

二、关联性规则

（一）概念

关联性规则，是指只有与案件事实**有关**的材料，才能作为证据使用。关联性是证据被法庭采纳的**首要条件**，没有关联性的证据一定不具有可采性，有关联性的证据不一定有可采性。侦查、起诉、审判人员在审查判断证据时，辩护人在阅卷、会见后提出辩护意见时，应当注意排除与本案无关的证据材料。

（二）我国法律规定的关联性

证据的关联性一直被我国证据法理论所强调，我国有关司法解释体现了关联性规则的精神。

1. 法庭要审查证据材料的关联性

2021年刑事审判解释第82条、第97条、第108条规定，法庭要审查物证、书证、鉴定意见、视听资料的内容与案件事实有无关联。

2. 无关联性的证人不准出庭作证，无关联性的证据不准许出示

2021年刑事审判解释第247条规定："控辩双方申请证人出庭作证，出示证据，应当说明证据的名称、来源和拟证明的事实。法庭认为有必要的，应当准许；对方提出异议，认为有关证据与案件无关或者明显重复、不必要，法庭经审查异议成立的，可以不予准许。"

3. 法庭对与本案无关的质证问题可予以制止

2021年刑事审判解释第262条规定："控辩双方的讯问、发问方式不当或者内容与本案无关的，对方可以提出异议，申请审判长制止，审判长应当判明情况予以支持或者驳回；对方未提出异议的，审判长也可以根据情况予以制止。"

（三）域外排除关联性的规则

以美国联邦证据法为例，有关联性的证据，如果可能会导致不公正、混淆事

实、误导陪审团且这种风险超过了其证明价值，或者会导致拖延、不必要的堆积证据等，就会被排除。可以说，关联性规则排除的是没有关联性的材料，而可采性规则除了排除没有关联性的材料，还排除有关联性但仍然不允许进入法庭作为证据的材料。就此而言，很多学者认为美国证据规则的核心是可采性规则，其由一系列排除规则构成。例如，品格证据排除规则，被告人的品格与被指控犯罪事实没有关联性，不得用于证明被告人有罪。

三、反对自我归罪特权规则

（一）概念

反对自我归罪特权规则，又称自白任意规则、非任意自白排除规则、不自证其罪特权规则，是指在刑事诉讼中，只有基于被追诉人**自由意志**而作出的自白（即承认有罪的供述），才具有可采性；违背当事人意愿或违反法定程序而强迫其作出的供述，必须予以排除。简而言之，犯罪嫌疑人、被告人自愿的供述具有可采性，非自愿供述要排除，核心要义是不得强迫任何人证明自己有罪。

反对自我归罪特权是无罪推定的要求，控方承担证明被告人有罪的证明责任，被告人不承担证明自己有罪或者无辜的证明责任。根据反对自我归罪规则，在法庭审判过程中，对于控方举出的违反这一规则的犯罪嫌疑人、被告人供述，如果辩护方表示异议的，法官应当禁止控方向法庭提交该证据，并不得以该证据作为裁判的依据。

（二）我国的不得强迫任何人证实自己有罪规则

依据我国 2018 年《刑事诉讼法》第 52 条的规定，严禁刑讯逼供和以威胁、引诱、欺骗以及其他非法方法收集证据，不得强迫任何人证实自己有罪。依据第 56 条的规定，采用刑讯逼供等非法方法收集的犯罪嫌疑人、被告人供述和采用暴力、威胁等非法方法收集的证人证言、被害人陈述，应当予以排除。2017 年《关于办理刑事案件严格排除非法证据若干问题的规定》也细化了刑讯逼供等非法方法是指哪些具体手段，明确规定了排除非法取得的审判前供述及其具体程序。

从法律规定来看，我国具备反对自我归罪特权规则的立法基础，在具体程序保障方面有待完善。例如，第一，对所有案件讯问时录音录像和讯问时的律师在场等。第二，《刑事诉讼法》第 120 条规定了供述的取证程序，即讯问的程序，要求犯罪嫌疑人对侦查人员的提问，应当如实回答。这条规定的内容被学界称为如实陈述义务，其与不得强迫任何人证实自己有罪的规定之间的矛盾有待解决。

（三）域外的反对自我归罪特权规则

反对自我归罪特权来自英国。其中一个著名的案件是对约翰·利尔伯恩（John Lilburne）的审判。[①] 约翰·利尔伯恩在 1637 年被要求在英王的星级法院宣誓，该

---

① “The Trial of John Lilburne and John Wharton”, How. St. Tr., 3 (1637), 1315. Cf. Miranda v. Arizona, 384 U. S. 436, 447 (1966).

誓言内容是要求其回答对他提出的任何方面的所有问题。他抵制宣誓并辩称："我当时主张的另一项基本权利是，没有一个人的良知应该被强求回答关于自己涉嫌犯罪问题这样的誓言所折磨。"[①] 美国宪法第五修正案规定，"在刑事案件中，任何人不得被强迫做不利于己的证人"。反对自我归罪特权的核心是禁止强迫自我归罪，尤其是当犯罪嫌疑人、被告人失去人身自由、处于被羁押状态下接受警方讯问时，禁止强迫其自我归罪。

美国联邦最高法院为了落实反对自我归罪特权，在 1966 年审理了米兰达等案件。被告人米兰达于 1963 年涉嫌绑架强奸，在家被捕，被关押在凤凰警察局。证人指证了他。然后警方把他带到警局"二号讯问室"，接受两名警察的讯问。警察在审判时承认，讯问时并没有告知他有权让律师在场。两小时后，警察拿着米兰达签署的书面供述从审讯室出来。书面供述的顶部是一个打印的段落，表示认罪是自愿的，没有威胁或免罪的承诺，并"充分了解我的合法权利，理解我所作的任何陈述可能会用来指控我"。陪审团在审判时，不顾辩护律师反对，仍将书面供述采为证据，警察出庭证明米兰达在讯问时的口头供述。米兰达被判犯有绑架和强奸罪，每罪判罚 20～30 年监禁，同时执行刑罚。在上诉中，亚利桑那州最高法院认定，米兰达的宪法权利在获得供述方面没有受到侵犯，并支持这一定罪。州最高法院在作出判决时强调，米兰达没有提出要律师在场的具体要求。[②] 联邦最高法院推翻了有罪判决，在判决意见中对于警方讯问和反对自我归罪特权、律师在场权之间的关系作了详细的分析阐述，这些分析都立足于犯罪嫌疑人、被告人的权利，从强迫性的产生及强迫性的消除着眼展开。

1. 强迫从何而来？

什么是强迫？强迫从哪里来？美国联邦最高法院的裁判主要分析了身体暴力和精神强制两种强迫方式。

美国联邦最高法院在 1966 年指出，在其所判决的一系列案件中，警方诉诸身体暴力，以殴打、悬吊、鞭打等方式，持续不断地讯问被隔离的犯罪嫌疑人，以逼取供述。[③] 这种情况在 20 世纪 60 年代仍然存在并且备受关注。这不仅涉及执法人员公然违法，而且使警方和检察官不再尽心尽力收集客观证据，还降低了公众对刑事司法的尊重和期待。当时的英国大法官桑基勋爵（Sankey Lord）指出，"侵犯一个伟大的权利是不可接受的……通过不正当的手段获得适当的结果是不正义的"[④]。

联邦最高法院更是关注到了身体强制之外的精神强制。"本法院认识到，强制是精神上和身体上的，被告人的鲜血不是违宪行为的唯一标志。"[⑤] 为了搞清楚精神

---

① Haller & Davies, The Leveller Tracts1647-1653, Columbia University Press, 1944, p. 454. Cf. Miranda v. Arizona, 384 U. S. 436, 447 (1966).

② Miranda v. Arizona, 384 U. S. 436 (1966).

③④ Cf. Miranda v. Arizona, 384 U. S. 436, 446 (1966).

⑤ Blackburn v. Alabama, 361 U. S. 199, 206 (1960).

强制，联邦最高法院研究了警方的执法手册。事实上，关于当时警察做法的宝贵资料来源可以在各种警察手册和文本中找到，其中记录了过去成功采用的程序，并提出了各种其他有效的策略。讯问仍然发生在隐秘场合，这会导致保密，这反过来又有助于人们了解讯问室里面实际上发生的事。警方手册明确指出，促成成功讯问的主要心理因素是隐秘与受讯问人的孤单，这会使人丧失一切心理优势，为此要在讯问人员选取的场合如自己的办公场所会见犯罪嫌疑人。如果是在犯罪嫌疑人的家里，那么其会因为有家庭成员和朋友的支持，对其个人的权利等更为敏感，也有更多勇气拒绝回答问题。为了突出孤立和陌生的环境，警方手册指示警方要对犯罪嫌疑人的有罪显露出信心，从外表上看，只保留一些确认细节的兴趣。警方手册还指示讯问人员要尽可能降低犯罪嫌疑人的道德感，将犯罪原因归咎于被害人、他人或者社会，甚至为了使其承认某些行为，可以为他的行为提供合法借口，如告诉他行为的目的不是犯罪等。警方手册强调讯问人员应具有的主要素质是耐心和毅力，在有些案件中，讯问可能会持续数天，可提供必要的食物和睡眠时间，但应一直保持压倒性的气氛。当正常程序不能产生所需的结果时，警方可能会采取欺骗性策略，例如提供虚假的法律意见，说服、欺骗或哄骗犯罪嫌疑人放弃行使其宪法权利。比如告诉犯罪嫌疑人，“说句实话，你是无辜的，你不需要律师，你一个人就能把这事说清楚”；或者告诉犯罪嫌疑人，“你不说话就像是有所隐瞒”。这些措施的全部重点在于使犯罪嫌疑人处于恐惧等情绪化的状态，损害其理性判断能力，使其放弃宪法权利。

联邦最高法院列举了几个判例说明精神强制，其中一个判例是犯罪嫌疑人在讯问期间一直要求打电话给妻子或律师未果[①]。在此判例中，犯罪嫌疑人已经提出了要行使权利，但最终屈从于孤立状态下警方主导的气氛。

联邦最高法院关注警方讯问气氛带来的后果。当被告人进入陌生的环境，感受到特殊的讯问气氛，经过威严的警察讯问程序，这种强制的潜力是强有力的，是真实存在的。如果不曾作为被讯问人，普通人很难体会到其中难以抗拒的强制。关于讯问的记录当然并不能证明存在明显的身体强制或心理强制手段。事实是，警方不会在讯问开始时采取适当的保障措施，来确保供述是犯罪嫌疑人自由选择的结果。很显然的是，如果犯罪嫌疑人权利获得保障，警方有很大可能无法再取得供述。

联邦最高法院认为，警方单独讯问的环境自带恐吓功能，这种环境本来就是为了使个人臣服于讯问人员意志的目的而创造的。可以肯定的是，这不是身体暴力的恐吓，而是精神方面的强制，对人的尊严同样具有破坏性。单独审讯的做法与宪法中的自我归罪特权相悖。除非采取足够的保护措施来消除羁押环境中固有的强迫性，否则供述就不是自由选择的结果。

---

① Haynes v. Washington，373 U. S. 503（1963）.

2. 怎么消除强迫？

为了进一步探讨在不自由状态下受讯问时的自我归罪特权所暴露出的有关问题，为了给执法机构和法院作出具体的准则，1966年联邦最高法院通过审理米兰达案等一系列案件作出的判决意见是："控方不得使用羁押下讯问取得的口供，无论是无罪的辩解还是有罪的供述，除非警方表明所用的程序有效地保障了自我归罪特权。所谓羁押下的讯问，我们的意思是执法人员在某人被羁押或以其他方式被剥夺其行动自由之后进行的提问。对于要采用的程序性保障措施，除非设计出其他完全有效的手段来告知被告人沉默权，并确保其持续行使权利，否则需要采取以下措施：在提出任何问题之前，必须警告该人他有权保持沉默，他所作的任何陈述都可能会被用作对他不利的证据，而且他有权要求聘请或指派律师在场。被告可以放弃行使这些权利，只要弃权是自愿、知情和理智的。但是，如果他在程序中以任何方式、在任何阶段来表示希望在讲话之前咨询律师，警方就不得提问。同样地，如果其单独一个人并以任何方式表示不愿受讯问，警方不得提问。他本人可能回答了一些问题或自愿作出了一些陈述，但这并没有剥夺他不再回答任何进一步问题的权利，除非其在咨询律师后同意接受提问。"①

对于律师在警方讯问中的作用，联邦最高法院指出，警方讯问营造了一种气氛，需要保护手段来消除这种引人注目的气氛，解除被告人在讯问室内所感受到的焦虑。对犯罪嫌疑人而言，"律师的存在将使他有必要采取足够的保护措施，使警察讯问过程符合特权的规定。律师的存在将确保在控方建立的气氛中所作的陈述不是强制的结果"②。

对于具体的要求，联邦最高法院指出，如果被羁押的人受讯问，首先必须明确告知他有权保持沉默。这种警告是克服讯问的固有压力气氛的绝对先决条件。其次，必须告知犯罪嫌疑人其任何陈述都可被用于法庭指控其犯罪。这不仅使犯罪嫌疑人意识到不得自证其罪特权本身，而且还意识到这种特权的后果，只有认识这些后果，才能真正理解和明智地行使特权。再次，有必要告知犯罪嫌疑人不仅有权向律师咨询，而且如果他很贫穷，将为其指派免费律师。穷人被讯问时，如果不告知其这项权利，咨询律师的权利往往被犯罪嫌疑人理解为只有当他有钱聘请律师时才可以咨询律师，如此一来，咨询律师的权利就是一句空话。有权保持沉默的权利和有权获得律师帮助的权利的告知一样，只有对贫穷者有效地作出明确的解释，才能确保其真的有能力行使这项权利。又次，如果犯罪嫌疑人希望保持沉默，讯问必须停止。因此此后其所作的任何陈述必然是强制的结果，并非其真实意愿。如果犯罪嫌疑人说想要一名律师，则讯问也必须停止，直到律师出席为止。最后，在告知犯罪嫌疑人这项权利、给他这样的机会之后，其可以知情、理智地放弃这些权利，并

---

① Cf. Miranda v. Arizona，384 U.S. 436，444，445 (1966).

② Cf. Miranda v. Arizona，384 U.S. 436，466 (1966).

同意回答问题或作出陈述。但是，除非且直到控方在审判中证明了权利告知和弃权，否则讯问所取得的证据不得用于指控。[1]

警方讯问羁押状态下犯罪嫌疑人时的律师在场权已经在许多国家确立，除了英美法系国家以外，2010年法国和苏格兰也通过立法，要求在所有刑事案件中，警方讯问犯罪嫌疑人时，犯罪嫌疑人有权要求律师在场，恐怖活动犯罪案件也不例外。

四、非法证据排除规则

（一）非法证据排除规则的概念

非法证据排除规则，是指违反法定程序，以非法方法获取的证据，原则上不具有证据能力，不能被法庭采纳，不能作为法庭认定案件事实的根据。既包括非法言词证据的排除，也包括非法实物证据的排除。

（二）我国非法证据排除的范围

1. 言词证据的排除

依据《刑事诉讼法》第56条的规定，采用刑讯逼供等非法方法收集的犯罪嫌疑人、被告人供述和采用暴力、威胁等非法方法收集的证人证言、被害人陈述，应当予以排除。在侦查、审查起诉、审判时发现有应当排除的证据的，应依法予以排除，不得作为起诉意见、起诉决定书和判决的依据。

为了切实防范冤假错案的发生，最高人民法院2013年《关于建立健全防范刑事冤假错案工作机制的意见》对排除非法证据的情形作出了更加细化的规定，其中第8条规定："采用刑讯逼供或者冻、饿、晒、烤、疲劳审讯等非法方法收集的被告人供述，应当排除。除情况紧急必须现场讯问以外，在规定的办案场所外讯问取得的供述，未依法对讯问进行全程录音录像取得的供述，以及不能排除以非法方法取得的供述，应予以排除。"

可见，言词证据只要依法确认其非法性即应一律排除，不但不能作为人民法院定案的根据，也不能作为批准逮捕和提起公诉的根据。

2. 实物证据的排除

依据《刑事诉讼法》第56条的规定，收集物证、书证不符合法定程序，可能严重影响司法公正的，应当予以**补正**或者**作出合理解释**；不能补正或者作出合理解释的，对该证据应当予以排除。在侦查、审查起诉、审判时发现有应当排除的证据的，应依法予以排除，不得作为起诉意见、起诉决定书和判决的依据。

据此，我国对实物证据的处理方案是：（1）对于不符合法定程序收集来的物证书证，可能严重影响司法公正的，不能一律排除。（2）只要能够补正或者作出合理解释，对不符合法定程序或者对可能严重影响司法公正的实物证据予以补正，或者对不符合法定程序或者对可能严重影响司法公正的实物证据提供合理解释，就可以

---

[1] Cf. Miranda v. Arizona, 384 U.S. 436, 467, 468 (1966).

不予排除。(3) 不符合法定程序，可能严重影响司法公正，又不能补正或者不能作出合理解释的，就应当予以排除。

(三) 我国非法证据排除的法庭程序

1. 程序启动

法庭对于非法方法收集的证据启动证据合法性调查程序的方式有两种：一是法庭自行发现后依职权启动；二是当事人申请并经法庭审查决定。2018 年《刑事诉讼法》第 58 条规定："法庭审理过程中，审判人员认为可能存在本法第五十六条规定的以非法方法收集证据情形的，应当对证据收集的合法性进行法庭调查。当事人及其辩护人、诉讼代理人有权申请人民法院对以非法方法收集的证据依法予以排除。申请排除以非法方法收集的证据的，应当提供相关线索或者材料。"2021 年刑事审判解释第 127 条进一步说明了"线索或者材料"是指涉嫌非法取证的人员、时间、地点、方式、内容等相关线索或者材料。

当事人及其辩护人、诉讼代理人申请启动证据收集合法性调查程序时，对所需要证明的事实承担证明责任。这一证明责任包括：

(1) 提供证据的行为责任。当事人方需要提供的证据材料是关于非法取证的人员、时间、地点、方式、内容等相关线索或者材料，当事人方提出的线索或材料是以"犯罪嫌疑人供述或辩解、被害人陈述、证人证言"等证据种类的形式出现在案卷中或者法庭上的，本身就是证据。

(2) 说服责任和证明标准。法庭启动非法证据排除程序的条件是"对证据收集的合法性有疑问"，当事人方所要达到的证明标准就是让法官"对证据收集的合法性有疑问"。达到这一标准就完成了说服法官启动程序的责任。

(3) 证明不能的后果责任。如果不能证明到让法庭认为证据收集的合法性有疑问，如果法庭认为没有疑问的，应驳回申请。2021 年刑事审判解释第 132 条规定："当事人及其辩护人、诉讼代理人在开庭审理前未申请排除非法证据，在庭审过程中提出申请的，应当说明理由。人民法院经审查，对证据收集的合法性有疑问的，应当进行调查；没有疑问的，驳回申请。驳回排除非法证据的申请后，当事人及其辩护人、诉讼代理人没有新的线索或者材料，以相同理由再次提出申请的，人民法院不再审查。"

非法证据排除程序启动阶段包括三项活动：第一，当事人申请；第二，当事人提供证据材料证明；第三，法庭审查，依据当事人的申请与材料认定是否对证据收集的合法性有疑问，并作出决定。

有学者认为当事人方不承担证明责任，承担的是提供线索或材料推动程序启动的责任。

2. 申请启动排除程序的时间

当事人向法庭申请启动证据收集合法性程序的时间点，原则上应在开庭前，但也有例外。2021 年刑事审判解释第 128 条、第 132 条和 2017 年《关于办理刑事案件严格排除非法证据若干问题的规定》第 29 条有如下相关规定：

（1）告知庭前申请。人民法院向被告人及其辩护人送达起诉书副本时，应当告知其申请排除非法证据的，应当在开庭审理前提出。

（2）允许庭审中提出申请的例外规定。当事人方在庭审期间才发现相关线索或者材料的，可在法庭审理过程中提出申请。

（3）不属于庭审期间才发现相关线索或材料的例外规定。在法庭审理过程中，当事人及其辩护人、诉讼代理人仍申请排除非法证据的，一是申请人应当说明理由；二是应当在法庭调查结束前一并进行审查，并决定是否进行证据收集合法性的调查；三是法庭经审查，对证据收集的合法性有疑问的，应当进行调查，没有疑问的，应当驳回申请；四是法庭驳回排除非法证据申请后，被告人及其辩护人没有新的线索或者材料，以相同理由再次提出申请的，法庭不再审查。

3. 庭前会议

庭前会议对非法证据排除而言具有重要意义。2021 年刑事审判解释第 129 条、第 130 条、第 230 条第 3 款规定：（1）开庭审理前，当事人及其辩护人、诉讼代理人申请人民法院排除非法证据的，人民法院应当在开庭前及时将申请书或者申请笔录及相关线索、材料的复制件送交人民检察院。（2）开庭审理前，人民法院可以召开庭前会议，就非法证据排除等问题了解情况，听取意见。在庭前会议中，人民检察院可以通过出示有关证据材料等方式，对证据收集的合法性加以说明。必要时，可以通知调查人员、侦查人员或者其他人员参加庭前会议，说明情况。（3）庭前会议准备就非法证据排除了解情况、听取意见，或者准备询问控辩双方对证据材料的意见的，应当通知被告人到场。有多名被告人的案件，可以根据情况确定参加庭前会议的被告人。

依据 2021 年刑事审判解释第 131 条和 2017 年《关于办理刑事案件严格排除非法证据若干问题的规定》第 25 条的规定，在庭前会议中，人民检察院可以决定撤回有关证据，撤回的证据，没有新的理由，不得在庭审中出示。被告人及其辩护人可以撤回排除非法证据的申请。撤回申请后，没有新的线索或者材料，不得再次对有关证据提出排除申请。2017 年《关于办理刑事案件严格排除非法证据若干问题的规定》第 26 条规定："公诉人、被告人及其辩护人在庭前会议中对证据收集是否合法未达成一致意见，人民法院对证据收集的合法性有疑问的，应当在庭审中进行调查；人民法院对证据收集的合法性没有疑问，且没有新的线索或者材料表明可能存在非法取证的，可以决定不再进行调查。"

可见，庭前会议对非法证据排除的功能是：

（1）控辩双方有机会向法庭提出己方对非法证据的意见。

（2）控方有机会提供证据材料说明证据的合法性。

（3）控辩双方有机会对证据合法性达成一致，在庭审前解决非法证据问题。主要有两种方案：一是检察院撤回有关证据，在庭审中不再作为证据使用；二是被告人及其辩护人撤回申请。

（4）法庭审查决定是否对证据收集的合法性有疑问，是否在庭审中启动非法证据排除程序。

4. 对证据收集合法性的法庭调查

我国《刑事诉讼法》所规定的对证据收集合法性的法庭调查程序，就是我国非法证据排除程序的法庭程序。

（1）法庭调查时间。

2021年刑事审判解释第134条规定："庭审期间，法庭决定对证据收集的合法性进行调查的，应当先行当庭调查。但为防止庭审过分迟延，也可以在法庭调查结束前调查。"

可见非法证据排除程序的安排要注意以下方面：第一，先行调查，可在开庭后当庭审理证据合法性问题；第二，为防止庭审过分迟延，可在法庭调查结束前进行非法证据排除程序。

（2）检察官证明责任。

《刑事诉讼法》第59条规定了对非法证据的法庭调查：第一，检察官承担证明责任。在对证据收集的合法性进行法庭调查的过程中，人民检察院应当对证据收集的合法性加以证明。第二，公诉人提供的证据材料包括：现有证据材料；提请人民法院通知侦查人员或者其他人员出庭作证。如果现有证据材料不能证明证据收集的合法性的，人民检察院可以提请人民法院通知有关侦查人员或者其他人员出庭说明情况；人民法院可以通知有关侦查人员或者其他人员出庭说明情况。有关侦查人员或者其他人员也可以要求出庭说明情况。经人民法院通知，有关人员应当出庭。

关于在法庭调查证据合法性中检察院如何履行证明责任，2019年《人民检察院刑事诉讼规则》第410条、第411条进一步规定了人民检察院在证明证据合法性方面的手段：第一，关于庭前供述合法性的证明，人民检察院可以提供七种证据材料。公诉人可以通过出示讯问笔录、提讯登记、体检记录、采取强制措施或者侦查措施的法律文书、侦查终结前对讯问合法性进行核查的材料等证据材料，有针对性地播放讯问录音、录像，提请法庭通知调查人员、侦查人员或者其他人员出庭说明情况等方式，对证据收集的合法性加以证明。第二，人民检察院可以建议法庭休庭或者延期审理，自己调查核实证据。公诉人不能当庭证明证据收集的合法性，需要调查核实的，可以建议法庭休庭或者延期审理。第三，人民检察院与监察机关或公安机关的配合。在法庭审理期间，人民检察院可以要求监察机关或者公安机关对证据收集的合法性进行说明或者提供相关证明材料。必要时，可以自行调查核实。第四，人民检察院可以建议法庭休庭或者延期审理，由人民法院调查核实证据。公诉人对证据收集的合法性进行证明后，法庭仍有疑问的，可以建议法庭休庭，由人民法院对相关证据进行调查核实。人民法院调查核实证据，通知人民检察院派员到场的，人民检察院可以派员到场。

（3）质证与辩论。

对于检察官提供的证据材料和检察官申请出庭说明情况的人员，公诉人、被告人及其辩护人可以发问、质疑，提出意见并相互辩论。2017 年《关于办理刑事案件严格排除非法证据若干问题的规定》第 31 条、第 32 条规定：第一，被告人有权提供线索或材料等。被告人及其辩护人可以出示相关线索或者材料，并申请法庭播放特定时段的讯问录音录像。第二，出庭作证人员有义务接受发问。侦查人员或者其他人员出庭，应当向法庭说明证据收集过程，并就相关情况接受发问。对发问方式不当或者内容与证据收集的合法性无关的，法庭应当制止。第三，公诉人、被告人及其辩护人可以对证据收集的合法性进行质证、辩论。第四，法庭对控辩双方提供的证据有疑问的，可以宣布休庭，对证据进行调查核实。必要时，可以通知公诉人、辩护人到场。

5. 排除证据的法律后果

《刑事诉讼法》第 60 条规定了非法证据的处理："对于经过法庭审理，确认或者不能排除存在本法第五十六条规定的以非法方法收集证据情形的，对有关证据应当予以排除。"对依法予以排除的证据，不得宣读、质证，不得作为判决的根据。

对于排除非法证据的证明标准，在证明标准部分已经分析，不再赘述。

6. 法庭的裁判

2017 年《关于办理刑事案件严格排除非法证据若干问题的规定》第 33 条规定了法庭对证据收集合法性的裁判：第一，当庭裁判。法庭对证据收集的合法性进行调查后，应当当庭作出是否排除有关证据的决定。第二，休庭由合议庭评议决定。第三，休庭提交审判委员会讨论决定。对于后两种休庭后作出决定的，再次开庭时必须要宣布决定。

7. 二审中的非法证据排除

具有下列情形之一的，第二审人民法院应当对证据收集的合法性进行审查，并根据《刑事诉讼法》和 2021 年刑事审判解释第 138 条的有关规定作出处理：

（1）第一审人民法院对当事人及其辩护人、诉讼代理人排除非法证据的申请**没有审查，且以该证据作为定案根据的**；

（2）人民检察院或者被告人、自诉人及其法定代理人不服第一审人民法院作出的有关证据收集合法性的调查结论，**提出抗诉、上诉的**；

（3）当事人及其辩护人、诉讼代理人在第一审结束后才发现相关线索或者材料，申请人民法院排除非法证据的。

（四）关于当事人的质证权利与我国非法证据排除程序

本部分要解决的一个疑问是：如果法庭决定不启动非法证据排除程序，当事人有权利在庭审过程中对证据的合法性进行质证吗？答案是肯定的。

1. 质证

质证是指在法庭的主持下，控辩双方针对双方提供的证据的真实性、合法性、关联性进行提问、辩论的活动或过程，以说明证据的证据能力的有无、证明力的有无和大小。

在理论上，质证内容包括三个方面：第一，合法性。证据材料必须具有合法性，这是证据材料能够进入法庭的前提条件，合法性的问题不解决，证据就不能在法庭上出示、宣读、质证。2017 年《关于办理刑事案件严格排除非法证据若干问题的规定》第 33 条第 2 款规定："在法庭作出是否排除有关证据的决定前，不得对有关证据宣读、质证。"如果没有启动专门的非法证据排除程序，证据宣读、出示后，当事人仍然有权利对证据的合法性进行质证。第二，证据的真实性。控辩双方可以从证据的来源、形式、内容等方面审查证据与其他证据之间是否存在矛盾，是否真实可靠。第三，证据的关联性。控辩双方从证据与案件事实之间的逻辑联系的有无与强弱来质疑关联性。

质证的意义非常重要：第一，质证是当事人在法庭审判中的核心权利，质证是证据法的一项重要制度，也是法庭审理中不可或缺的环节，具有很强的对抗性。第二，质证是直接言词原则的要求，直接言词原则有一些基本要求，包括在场原则、口头原则等，要求诉讼各方必须在场、出庭，所有的证据材料和诉讼活动都以口头的方式提出和进行。

2. 我国法律对质证的规定

（1）质证是必经程序，对于各种证据种类有不同的质证方式。人证的质证方式是问答；书面证据的质证方式是宣读、提出意见；物证的质证方式是出示、辨认、提出意见；电子数据可以借助多媒体设备出示、播放或者演示，必要时，可以聘请具有专门知识的人进行操作，并就相关技术问题作出说明。《刑事诉讼法》第 61 条规定了证人证言法庭质证原则，证人证言必须在法庭上经过公诉人、被害人和被告人、辩护人双方质证并且查实以后，才能作为定案的根据。第 192 条规定了证人、鉴定人出庭作证。第 194 条规定，公诉人、当事人和辩护人、诉讼代理人经审判长许可，可以对证人、鉴定人发问。第 195 条规定："公诉人、辩护人应当向法庭出示物证，让当事人辨认，对未到庭的证人的证言笔录、鉴定人的鉴定意见、勘验笔录和其他作为证据的文书，应当当庭宣读。审判人员应当听取公诉人、当事人和辩护人、诉讼代理人的意见。"2021 年刑事审判解释作出了更详细的规定，第 71 条规定："证据未经当庭出示、辨认、质证等法庭调查程序查证属实，不得作为定案的根据。"

（2）质证是控辩双方攻击防御的方式，所以控辩双方质证的内容就是各种证据的审查判断要点，其中包括证据的合法性。例如，依据 2021 年刑事审判解释第 82 条的规定，物证、书证的审查判断要点之一是看其收集程序、方式是否符合法律有关规定；第 87 条规定，对证人证言要审查有无以暴力、威胁等非法方法收集证人证言的情形；第 93 条规定，对被告人供述要审查有无以刑讯逼供等非法方法收集被告人的供述的情形。依据 2016 年最高人民法院、最高人民检察院、公安部《关于办理刑事案件收集提取和审查判断电子数据若干问题的规定》第 24 条的规定，对收集、提取电子数据是否合法，应当着重审查取证人员、取证方法、笔录、清单、见证人、录像等内容。这些审查要点显然是控辩双方在法庭上的质证要点，都属于证据的合法性问题。

（3）关于质证的顺序，对于出庭的人证，申请通知证人出庭的一方先发问，对方后发问；对于实物证据，举证方先出示，对方再质证。2021 年刑事审判解释第 259 条规定："证人出庭后，一般先向法庭陈述证言；其后，经审判长许可，由申请通知证人出庭的一方发问，发问完毕后，对方也可以发问。法庭依职权通知证人出庭的，发问顺序由审判长根据案件情况确定。"这一规定也适用于鉴定人、有专门知识的人、调查人员、侦查人员或者其他人员出庭的情况。第 267 条规定："举证方当庭出示证据后，由对方发表质证意见。"

（4）通过质证使合议庭对证据产生疑问的，合议庭有权休庭，调查核实证据。《刑事诉讼法》第 196 条规定了法庭休庭调查："法庭审理过程中，合议庭对证据有疑问的，可以宣布休庭，对证据进行调查核实。人民法院调查核实证据，可以进行勘验、检查、查封、扣押、鉴定和查询、冻结。"

综上，即使法庭没有启动独立的非法证据排除程序，在对单个证据进行质证时，当事人及其律师仍然有权利针对证据材料的合法性发问、提出意见，进行质疑和辩论。

3. 域外的质证模式

英美法系国家的质证模式是交叉询问，也是其陪审团审判中法庭审理的核心内容。交叉询问可分为主询问、反询问、再主询问、再反询问等几个阶段。

主询问又称直接询问，是指当事人传唤并询问己方证人，证明对己方有利的事实。法律对主询问有较为严格的限制，对事件的描述一般情况下只能从何人、何时、何地、何因和何事等角度进行，不能采用诱导性询问等方式。

反询问也称交叉询问，是指主询问结束后，对方律师对证人进行询问，目的是通过提问质疑对方证人资格或者可信度，或者发现对方证人证言的矛盾与破绽，因此常常攻击证人的道德品质、陋习恶行、前科劣迹、感知缺陷、精神状态等。

再主询问是在反询问后，主询问一方对己方证人再次补充询问，对有关事项补充性说明，目的是增强证人证言在反询问中被削弱的证明力，消除反询问暴露出来的矛盾和漏洞。

再反询问是进一步针对主询问和再主询问，攻击证人证言。

控辩双方都可以提供证人，交叉询问既适用于控方证人，也适用于辩方证人。

（五）我国检察机关对侦查活动的监督

人民检察院是我国法律监督机关，在刑事诉讼中依法对侦查活动的合法性进行检察监督。侦查活动的主要目的之一是取证，非法取证的侦查活动会产生非法证据排除的后果。

1. 人民检察院对侦查取证活动的监督

依据2019年《人民检察院刑事诉讼规则》第567条的规定，人民检察院应当对侦查活动中是否存在以下违法行为进行监督：

（1）采用刑讯逼供以及其他非法方法收集犯罪嫌疑人供述的；

（2）讯问犯罪嫌疑人依法应当录音或者录像而没有录音或者录像，或者未在法定羁押场所讯问犯罪嫌疑人的；

（3）采用暴力、威胁以及非法限制人身自由等非法方法收集证人证言、被害人陈述，或者以暴力、威胁等方法阻止证人作证或者指使他人作伪证的；

（4）伪造、隐匿、销毁、调换、私自涂改证据，或者帮助当事人毁灭、伪造证据的；

（5）违反刑事诉讼法关于决定、执行、变更、撤销强制措施的规定，或者强制措施法定期限届满，不予释放、解除或者变更的；

（6）违反刑事诉讼法关于讯问、询问、勘验、检查、搜查、鉴定、采取技术侦查措施等规定的；

（7）对与案件无关的财物采取查封、扣押、冻结措施，或者应当解除查封、扣押、冻结而不解除的；

（8）侦查人员应当回避而不回避的；

（9）依法应当告知犯罪嫌疑人诉讼权利而不告知，影响犯罪嫌疑人行使诉讼权利的；

（10）阻碍当事人、辩护人、诉讼代理人、值班律师依法行使诉讼权利的；

（11）应当对证据收集的合法性出具说明或者提供证明材料而不出具、不提供的；

（12）侦查活动中的其他违反法律规定的行为。

2. 人民检察院调查程序的启动材料和条件

依据《人民检察院刑事诉讼规则》第72条的规定，人民检察院发现侦查人员以非法方法收集证据的，或者当事人及其辩护人或者值班律师、诉讼代理人报案、控告、举报侦查人员采用刑讯逼供等非法方法收集证据，并提供涉嫌非法取证的人员、时间、地点、方式和内容等材料或者线索的，人民检察院应当受理并进行审查。根据现有材料无法证明证据收集合法性的，应当及时进行调查核实。上一级人民检察院接到对侦查人员采用刑讯逼供等非法方法收集证据的报案、控告、举报，可以直接进行调查核实，也可以交由下级人民检察院调查核实。交由下级人民检察院调查核实的，下级人民检察院应当及时将调查结果报告上一级人民检察院。对于检察院自行侦查的案件有非法证据的，依据《人民检察院刑事诉讼规则》第569条的规定，人民检察院负责捕诉的部门发现本院负责侦查的部门在侦查活动中有违法情形，应当提出纠正意见。需要追究相关人员违法违纪责任的，应当报告检察长。上级人民检察院发现下级人民检察院在侦查活动中有违法情形，应当通知其纠正。下级人民检察院应当及时纠正，并将纠正情况报告上级人民检察院。

3. 人民检察院的监督手段或者调查核实手段

依据《人民检察院刑事诉讼规则》第 71 条、第 74 条、第 75 条，人民检察院的主要监督手段如下：

（1）重大案件侦查终结前对讯问合法性核查。对重大案件，人民检察院驻看守所检察人员在侦查终结前应当对讯问合法性进行核查并全程同步录音、录像，核查情况应当及时通知本院负责捕诉的部门。负责捕诉的部门认为确有刑讯逼供等非法取证情形的，应当要求公安机关依法排除非法证据，不得作为提请批准逮捕、移送起诉的依据。

（2）证据收集合法性说明。人民检察院认为可能存在以刑讯逼供等非法方法收集证据情形的，可以书面要求监察机关或者公安机关对证据收集的合法性作出说明。说明应当加盖单位公章，并由调查人员或者侦查人员签名。

（3）调取讯问录音录像。人民检察院在审查逮捕、审查起诉和审判阶段，可以调取公安机关讯问犯罪嫌疑人的录音、录像，对证据收集的合法性以及犯罪嫌疑人、被告人供述的真实性进行审查。公安机关未提供，人民检察院经审查认为不能排除有刑讯逼供等非法取证行为的，相关供述不得作为批准逮捕、提起公诉的依据。人民检察院直接受理侦查的案件，负责侦查的部门移送审查逮捕、移送起诉时，应当将讯问录音、录像连同案卷材料一并移送审查。

4. 对侦查中非法取证活动的处理结果

依据《人民检察院刑事诉讼规则》第 66 条、第 70 条、第 73 条等的规定，人民检察院经审查认定存在非法取证行为的，处理结果包括对证据的处理、对案件的处理、对非法取证人员的处理等方面。

（1）对证据的处理要区分言词证据和实物证据。对于非法言词证据，应当依法排除，不得作为移送审查逮捕、批准或者决定逮捕、移送起诉以及提起公诉的依据。收集物证、书证不符合法定程序，可能严重影响司法公正的，经公安机关补正或者作出合理解释的，可以作为批准或者决定逮捕、提起公诉的依据，否则应予排除。

（2）对案件的处理。一是在批捕阶段，排除证据后，其他证据不能证明犯罪嫌疑人实施犯罪行为的，应当不批准或者决定逮捕。二是在审查起诉中排除非法证据的，可以要求监察机关或者公安机关另行指派调查人员或者侦查人员重新取证。必要时，人民检察院也可以自行调查取证。三是已经移送起诉的，可以依法将案件退回监察机关补充调查或者退回公安机关补充侦查，或者作出不起诉决定。被排除的非法证据应当随案移送，并写明为依法排除的非法证据。

（3）对非法取证人员的处理。对于侦查人员的非法取证行为，尚未构成犯罪的，应当依法向其所在机关提出纠正意见。对于非法取证行为涉嫌犯罪需要追究刑事责任的，应当依法立案侦查。

（六）域外的非法证据排除规则

世界范围内的非法证据排除规则主要包括三个方面：非法口供的排除规则、非法实物证据的排除规则以及毒树之果的排除规则。非法证据排除规则是证据的证据能力或者可采性问题，被排除的非法证据不能向法庭提出。

1. 非法口供排除规则

各国刑事诉讼法和刑事证据法普遍规定，采取刑讯逼供和变相刑讯逼供等非法方法获得的口供必须排除。非法口供的排除要保障的不仅是证据的真实性，更重要的是保障口供的自愿性。

英国《1984 年警察与刑事证据法》第 78 条规定：如果有证据证明供述是或者可能是通过以下方式取得的，那么不得将其作为不利于被告人的证据在法庭上提出：（1）对被告人采取压迫的手段，包括刑讯、非人道或者有损尊严的对待，以及使用暴力或者以暴力相威胁而无论是否构成刑讯；（2）在当时情况下可能导致被告人的供述不可靠的任何语言或者行为。

美国宪法第五修正案规定了不自证其罪特权，受米兰达规则的保障，如果被告人处于人身不自由状态下，警方讯问必须告知其有权获得律师帮助，如其表明要有律师，那么讯问时必须有律师在场，否则要对供述予以排除。

德国对讯问方法有如下规定：（1）不允许用虐待、疲劳战术、伤害身体、服用药物、折磨、欺诈或者催眠等方法侵犯被追诉人自由意志；只允许在刑事诉讼法允许的范围内实施强制。禁止以刑事诉讼法不准许的措施相威胁，禁止以法律没有规定的利益相允诺。（2）禁止使用损害被追诉人记忆力、理解力的措施。采用这些非法手段获得的口供一律不允许使用，无论被追诉人是否承诺或同意。

日本《宪法》第 38 条第 2 款规定：“以强迫、拷问或威胁所取得的口供，或经过不正当的长期拘留或者拘禁后的口供，均不得作为证据。”日本《刑事诉讼法》第 319 条对此予以重申：“出于强制、拷问或者胁迫的供述，在经过不适当的长期拘留或者拘禁后的供述，以及其他可以怀疑为并非出于自由意志的供述，都不得作为证据。”

2. 非法实物证据的排除规则

各国对非法实物证据是否排除有较大的差别。

美国是排除非法实物证据的国家。美国的非法证据排除不是基于证据的种类或者理论上的证据分类，也不是简单定义并排除“非法证据”，而是基于美国宪法修正案所规定的刑事诉讼中的宪法权利，对于警方侵犯被追诉人宪法权利的证据予以排除，不区分言词证据还是实物证据。常常被引用的被追诉人宪法权利有：（1）宪法第四修正案所规定的搜查和扣押，要求警方搜查和扣押必须取得法院的令状，在刑事诉讼中禁止使用通过非法搜查和非法扣押所取得的证据；（2）宪法第五修正案所规定的反对自证其罪特权；（3）宪法第六修正案关于被告人获得律师帮助的权利；（4）第五和第十四修正案规定的法律正当程序等。

英国对实物证据采取了利益衡量原则。依据《1984 年警察与刑事证据法》第 78 条的规定，对非法证据的排除主要针对以下警方违法行为：（1）故意不遵守有关保障被告人及时获得律师帮助的规则；（2）违反有关对警方讯问过程录音的规则；（3）违反有关未成年人案件中合适成年人在场规则；（4）警察在侦查过程中不适当地使用了诱惑侦查手段等。

大陆法系国家对实物证据的排除的法律规定较少，采取了由法官自由裁量的做法，在违法的严重程度与排除证据造成的损害程度之间权衡利弊。例如，德国判例规定窃听的录音和非法取得的日记不得作为定罪根据。

3. 毒树之果的排除规则

毒树之果，是指以非法证据为手段取得的其他证据予以排除的规则。例如，警方通过刑讯逼供取得了口供，口供内容有藏尸地点、犯罪工具或赃款赃物的下落，据此发现的实物证据是否排除，就是典型的毒树之果问题。

美国是排除毒树之果的国家，但有一些例外：（1）独立来源的例外，即控方要证明其通过与非法行为没有联系的活动以合法方式取得证据。（2）必然发现的例外，即控方要证明非法取得的证据最终或者必然会以合法手段取得。这经常适用于尸体或者武器的场合。（3）微弱联系的例外，即控方要证明违宪行为与证据之间的联系极其微弱，对证据的污染已消除。

五、最佳证据规则

（一）概念

最佳证据规则，是指以文字、符号、图形等方式记载的内容来证明案情时，应使用原件，**原件**才是最佳证据。如果提供副本、抄本、复制本等非原始材料，则必须提供充足理由加以说明，否则，该证据不具有可采性。

（二）我国的相关法律规定

我国没有在法律法规中明确规定“最佳证据规则”这个术语，但有类似的规则，被称为“原始证据优先”。2019 年《人民检察院刑事诉讼规则》第 209 条规定了在侦查取证中原始证据优先的原则，要求调取物证应当调取原物，调取书证、视听资料应当调取原件。2021 年刑事审判解释第 83 条、第 84 条也规定，据以定案的物证应当是原物、书证应当是原件。2010 年最高人民法院《关于办理死刑案件审查判断证据若干问题的规定》第 8 条再次强调审判阶段的原始证据优先。物证、书证在具备法定理由，如物证不便搬运、不易保存、应返还、需保密等，书证原件的取得确有困难时，才可依法制作复制品、复制件、照片、录像等作为证据。具体的取证要求和审查判断要点，详见“证据的理论分类”中“原始证据和传来证据”部分，在此不予赘述。

（三）域外的最佳证据规则

最佳证据规则是英国普通法上最早的证据规则，适用于书证。英美法系广泛认可最佳证据规则。传统上，通过书写的材料，使用文字和数字记载数据和意思，最佳证据规则就是为了确认数据和意思所影响的法律关系，最初适用于文件。如今现代技术扩展了储存数据的方法，但能够用来表达信息的仍是文字和数字，所以最佳证据规则扩大适用在计算机、摄录和其他现代科技上。

《美国联邦证据规则》第 1002 条规定："为了证明文件、音像或者照片的内容，要求提供该文件、音像或者照片的原件，除非本法或者其他联邦法律另有规定。"可见，最佳证据规则从适用于文件扩展到了包括音像和照片。按照美国法的理解，大多数情况下什么是原件较为清楚，少数情况下需要进一步说明。例如，合同一式两份，都是原件；照片，不只底片是原件，底片洗出的照片也是原件。

最佳证据规则有些例外，以下列举一些例外规定：

（1）根据相关联邦法律规定，有些复制件依法被视为原件。例如，财政部部长授权制作的纳税申报单的影像复制件、国家档案馆里的影像复制件也被视为原件。

（2）关于准确复制件的可采性，《美国联邦证据规则》第 1003 条规定，"复制件与原件具有同样的可采性，除非对原件的真实性提出质疑，或者采纳复制件由于某种原因会导致不公平"。如果只是为了准确地确定原件中的内容和文字，那么只要复制方法能确保准确、真实，复制件就和原件一样。第 1001 条规定，"复制件是使用机械、照相、化学、电子或者其他等效方法或者技术准确复制原件"。准确的复制方法消除了错误的可能性。

（3）关于不需要原件的情形。当有法定的充分理由不能提供原件时，二手材料也有可采性。《美国联邦证据规则》第 1004 条规定了四种情形：一是非因持有者恶意，所有原件已丢失或者损毁；二是无法通过任何司法程序取得原件；三是原件本来在要提供原件的一方控制下，当时通过诉状或者其他方式通知到他，原件将作为审判或听证的证据材料，但审判或听证时其未予提供原件；四是文件、音像或照片与待证事实没有密切联系。第三种情形的意思是，原件持有人明知原件要作为证据而不向法庭提供，那么法庭上出现的就只能是复制件，其如果对复制件有异议，完全有机会提供原件来反驳复制件。这也说明了最佳证据规则的初衷和一直以来的功能就是为了保护原件持有人的权利而禁止使用复制件，原件持有人只要当庭出示原件就足以驳倒不真实、不准确的复制件。

（4）官方记录复制件能够证明记录的内容。官方记录的复制件可以证明该记录的内容，法律授权的公职机构记录或归档的文件，其复制件可以证明该文件的内容，条件是：该记录或文件具有可采性；复制件经依法证实是正确的或者经与原件核对无异。如果通过合理的努力无法获得这样的复制件，那么可以使用其他证据来证明记录或文件的内容。

六、补强证据规则

（一）概念

广义的补强证据规则是指主要证据不能单独证明案件事实，需要其他证据补强证明力才能证明案件事实。凡是能够证明案件事实，但不能单独证明案件事实，需要其他证据补强证明力的是主要证据。凡是可用来证明主要证据可信度和可靠性，增强或者保证主要证据证明力的证据是补强证据。简而言之，对证实案情有重要意义的证据，称为“主要证据”，而用以印证该证据真实性的其他证据，称为“补强证据”。补强证据，就是指用以补充和增强主要证据证明力的证据。在运用某些证明力显然薄弱的证据认定案情时，必须有其他证据补强其证明力，才能被法庭采信为定案根据。在现代自由心证原则之下，证据的证明力一般交由事实审理者根据逻辑、经验、良知自由判断，但补强证据规则是一项限定证据的证明力的规则。

狭义的补强证据规则是指口供补强规则，要求对口供予以补强，即口供不具有完全的证明力，不能单独作为认定被告人有罪的证据，必须有其他证据以佐证的方式补充其证明力，才能作出有罪的认定。

口供补强规则具有重要的意义：（1）补强证据规则有助于确保口供的真实性，防止易变的口供误导法官对事实的认定。（2）补强证据规则有助于扭转偏重口供的倾向，削弱刑讯逼供的动机。古今中外的刑事司法实践都表明，口供乃证据之王。实践中口供不是可有可无的，口供对定罪有重要的价值。但是世界主要国家包括我国都规定仅有口供不能定罪，没有口供也可以定罪，这样就有助于扭转偏重口供的观念。（3）补强证据规则有助于保障犯罪嫌疑人、被告人权利，避免对无辜者定罪。

（二）适用条件

补强证据规则的适用必须满足以下条件：（1）主要证据**具有证据能力**。（2）主要证据有自身难以弥补的弱点。（3）主要证据的弱点足以严重影响证据的证明力。（4）主要证据的证明力必须得到其他证据的补充和加强才能认定案件事实。（5）补强证据具有证据能力。（6）补强证据本身必须具有**担保、增强真实性**的能力。设立补强证据的重要目的就在于确保特定证据的**真实性**，从而降低错误风险，如果补强证据没有证明价值，就不可能支持主要证据的证明力。（7）补强证据必须**具有独立的来源**。补强证据与补强对象之间不能重叠，而必须独立于补强对象，具有独立的来源，否则就无法担保补强对象的真实性。

（三）我国法律对补强证据规则的规定

依据我国《刑事诉讼法》第 55 条的规定，只有被告人供述，没有其他证据的，不能认定被告人有罪和处以刑罚；没有被告人陈述，证据确实、充分的，可以认定被告人有罪和处以刑罚。这一规定，强调了不能把被告人的供述作为定罪和处罚的唯一证据，口供必须得到其他证据的补强才具有认定有罪的证明力。2021 年刑事审判解释第 141 条规定：“根据被告人的供述、指认提取到了隐蔽性很强的物证、书证，且被告人的供述与其他证明犯罪事实发生的证据相互印证，并排除串供、逼供、诱供等可能性的，可以认定被告人有罪。”这是对**口供**的补强证据规则。实践中审查口供必须十分慎重。依据 2021 年刑事审判解释第 96 条的规定：“审查被告人供述和辩解，应当结合控辩双方提供的所有证据以及被告人的全部供述和辩解进行。被告人庭审中翻供，但不能合理说明翻供原因或者其辩解与全案证据矛盾，而其庭前供述与其他证据相互印证的，可以采信其庭前供述。被告人庭前供述和辩解存在反复，但庭审中供认，且与其他证据相互印证的，可以采信其庭审供述；被告人庭前供述和辩解存在反复，庭审中不供认，且无其他证据与庭前供述印证的，不得采信其庭前供述。”

此外，2021 年刑事审判解释第 143 条规定：“下列证据应当慎重使用，有其他证据印证的，可以采信：（一）生理上、精神上有缺陷，对案件事实的认知和表达存在一定困难，但尚未丧失正确认知、表达能力的被害人、证人和被告人所作的陈述、证言和供述；（二）与被告人有亲属关系或者其他密切关系的证人所作的有利于被告人的证言，或者与被告人有利害冲突的证人所作的不利于被告人的证言。”这是对特殊情况下被害人陈述、证人证言、被告人供述的补强证据规则。

七、传闻证据规则

（一）概念

传闻证据规则，也称传闻证据排除规则，是英美法系最重要的排除规则之一。即法律排除传闻证据作为认定犯罪事实的根据的规则。根据这一规则，如无法定理由，任何亲身感知案情的人在法庭以外的陈述，以及其他人在法庭上的陈述，都不得作为认定被告人有罪的证据。换言之，只有亲自感知案件事实的人在开庭审理的时候出庭作证，所作的陈述才能作为证据，其他的陈述都应排除。

所谓传闻证据，主要包括三种形式：（1）**书面**传闻证据，即亲身感受了案件事实的证人在庭审期日之外所作的书面证人证言，及警察、检察官所作的询问笔录；（2）**言词**传闻证据，即证人并非就自己亲身感知的事实作证，而是向法庭转述他从别人那里听到的情况；（3）非语言行为，即以动作来表达传闻证据。

（二）我国法律没有确立传闻证据规则

1. 只有必要证人才出庭

我国《刑事诉讼法》第 61 条规定：“证人证言必须在法庭上经过公诉人、被害人和被告人、辩护人双方质证并且查实以后，才能作为定案的根据。法庭查明证人有意作伪证或者隐匿罪证的时候，应当依法处理。”根据这一规定，所有证人证言必须经受质证，否则其证言不能作为定案的根据。但是接受质证是否意味着证人必须出庭呢?

《刑事诉讼法》第 192 条第 1 款规定：“公诉人、当事人或者辩护人、诉讼代理人对证人证言有异议，且该证人证言对案件定罪量刑有重大影响，人民法院认为证人有必要出庭作证的，证人应当出庭作证。”可见，只有法庭认为有必要出庭的证人才能获得出庭通知，才能出庭作证。

2. 宣读询问笔录作为不出庭证人证言的质证方式

那么，不出庭的证人，对其证人证言怎么质证呢?《刑事诉讼法》第 195 条规定：“公诉人、辩护人应当向法庭出示物证，让当事人辨认，对未到庭的证人的证言笔录、鉴定人的鉴定意见、勘验笔录和其他作为证据的文书，应当当庭宣读。审判人员应当听取公诉人、当事人和辩护人、诉讼代理人的意见。”可见：（1）对不到庭证人的质证，是通过让公诉人宣读询问笔录、当事人和辩护人发表意见来质证的。当事人和辩护人没有机会在法庭上向证人提问题。（2）这表明立法允许部分证人不出庭作证，但对不出庭作证的情形又未作出明确和严格的限制。2021 年刑事审判解释第 253 条第 1 款规定，证人具有下列四种情形之一，无法出庭作证的，人民法院可以准许其不出庭：一是在庭审期间身患严重疾病或者行动极为不便的；二是居所远离开庭地点且交通极为不便的；三是身处国外短期无法回国的；四是有其他客观原因，确实无法出庭的。第 2 款规定，因以上情形无法出庭作证的证人，可以通过视频等方式作证。（3）由于法律开了可以不出庭作证的口子，实践中绝大部分证人都不出庭作证，也不通过视频连线等方式在法庭上接受质证。由此可见，我国立法并未真正确立传闻证据排除规则。

（三）英美法系的传闻证据排除规则和大陆法系的直接言词原则

1. 英美法系的传闻证据排除规则

英国最早确立了传闻证据排除规则，要求亲自感知案件情况的人应当亲自出庭作证，否则证言均是传闻，应予以排除。目的是防止传闻这种不可靠的材料误导陪审团。传闻证据一般不具有可采性，不得向法庭提出传闻，已经在法庭上提出的，不得作为陪审团评议的依据。

需要注意的是，我国刑事证据法上“证人”的范围小于英美法系国家。英美法系国家所谓的证人，实际上是指人证，案发后第一时间出警到达现场的警察、勘验现场的侦查技术人员、做鉴定的法医等专家、被害人、自愿作证的被告人等，都是证人，都必须出庭作证。警察往往是第一个出庭的证人。我国刑事诉讼中的侦查人员包括搜查扣押人员、勘验检查人员、讯问询问人员等，原则上都是不出庭作证的，除非法庭启动非法证据排除程序。

英美法系国家排除传闻的理由是：

（1）传闻证据不是感知案情的本人亲自在法庭上的陈述，转述会不准确或者被伪造。传闻不是一手证据，而是二手材料，出于故意歪曲会失实，出于无意的偏差失误更难以分辨，对发现案件真相极为不利。

（2）对被告人来说，传闻证据中感知案情的本人并没有出庭，没有经受交叉询问，如果采纳作为证据，就降低了控方证明责任，侵犯了被告人的质证权利，违反了正当程序的要求，违背无罪推定。

（3）对法官或陪审团来说，传闻不是感知案情的本人在法官或者陪审团面前的陈述，法官或陪审员既不能直接听取证人的证言，也无法通过控辩双方的交叉询问来判断陈述的真伪，这使法官或陪审员无法获得可采证据，依据无罪推定的原则只能判无罪。

英美法系的传闻证据规则有许多例外，例如临终陈述、不利于己的证词等，都可以作为证据使用。

2. 大陆法系的直接言词原则

大陆法系国家不采用传闻证据规则，而是实行直接言词原则，包括直接原则和言词原则等基本要求。直接原则又称直接审理原则、在场原则，要求参加审判的法官必须亲自参加证据的法庭调查、亲自听取法庭辩论。言词原则又称口头原则，要求当事人等诉讼各方在法庭上用口头的形式开展质证、辩论。根据直接言词原则的要求，只有在法庭上调查过的证据才能作为裁判基础；记载审判前侦查、起诉活动的讯问、勘验、扣押、搜查的书面材料以及实物证据，都需要在法庭上进行调查。例如，《德国刑事诉讼法》第250条规定，“对事实的证明如果是建立在个人的认识之上的，在法庭审理中应当对其进行询问。询问不允许以宣读以前的询问笔录或者书面证言代替”。

八、意见证据规则

（一）概念

意见证据规则，又称意见证据排除规则，是指证人只能陈述自己**亲身感受**和**经历的事实**，而不得陈述基于事实的意见、推理或评论。值得注意的是，与证人不同，鉴定人接受指派或聘请，运用专门知识和科学技术就案件中的专门问题进行分析判断后所作出的意见是可以作为证据的。

（二）我国法律规定的意见证据规则

我国《刑事诉讼法》并没有明文规定意见证据规则，但在司法解释中有所体现。2021年刑事审判解释第88条第2款规定：“证人的猜测性、评论性、推断性的证言，不得作为证据使用，但根据一般生活经验判断符合事实的除外。”在我国刑事诉讼法上，证人和鉴定人属于不同的法定证据种类，适用不同的审查判断规则，对鉴定意见的审查和认定不受意见证据规则的规制。

（三）域外的意见证据规则

意见证据规则是英美证据法上的重要规则。证人只能就耳闻目睹的事实作证，而不能提出意见、推理或结论，否则就不具有可采性。同样需要指出的是，英美法系的证人与我国法律规定的证人含义完全不同，包括证人、被告人、被害人、鉴定人、专家辅助人、执行拘留逮捕的侦查人员、搜查扣押勘验等取证的侦查人员、制作各种讯问询问辨认等笔录的侦查人员，以及见证人等，所有在案件审理过程中出庭提供口头证言、接受交叉询问的人都是证人。

意见证据之所以被排除，理由是：（1）意见证据不具有证明价值；（2）意见证据侵犯了陪审团的裁判权；（3）意见证据难以追究伪证责任，也难以交叉询问。

意见证据的例外有：（1）专家证人就案件专门性问题提供的专家意见具有可采性，但专家证人就非专门性问题提供的个人意见不具有可采性。（2）普通证人的意见如果合理地建立在自己感知的事实之上，那么也有可能具有可采性。例如，证人被被告人超车，可以判断被告人的车速。

九、特权规则

（一）概念

刑事证据法上的特权规则是指了解案件事实的人在特定情形下因特殊身份有权免除作证义务，又称证人豁免权、特免权、拒证特权规则等。

（二）我国法上的特权规则

我国《刑事诉讼法》第62条第1款规定："凡是知道案件情况的人，都有作证的义务。"除此以外，在《刑事诉讼法》上并无例外规定。可见，我国知道案件情况的人普遍有作证义务、必须作证，我国《刑事诉讼法》不认可特权规则。

1. 配偶、父母、子女不强制出庭作证与特权规则

《刑事诉讼法》第193条第1款规定了强制证人出庭作证："经人民法院通知，证人没有正当理由不出庭作证的，人民法院可以强制其到庭，但是被告人的配偶、父母、子女除外。"这条规定并不意味着我国完全认可配偶、父母、子女关系的免证特权。理由是：

（1）第193条仅规定不强制其出庭作证，并不免除其他方式的作证义务。我国证人作证方式多样，除了出庭以言词陈述方式作证，还有询问笔录、录音录像、视听资料等多种形式的作证方式，在法庭上经公诉人宣读、播放，控辩双方发表意见，查证属实后法庭即可作为定案根据使用。

（2）第193条仅规定审判阶段不强制证人出庭。我国证人作证不仅发生在法庭上，也可以发生在法庭之外和审判前的诉讼各个阶段，侦查机关在侦查阶段、检察机关在审查起诉阶段、人民法院在庭外均有权询问证人，制作书面化的证人证言。

（3）第193条仅规定不强制证人出庭，证人如果自愿出庭，法律并不禁止。

（4）第193条并不禁止人民法院通知配偶、父母、子女出庭作证，只是禁止人民法院强制其到庭。

（5）《刑事诉讼法》没有明确的规定，排除被告人的配偶、父母、子女在不被强制出庭作证情况下所作的、关于被告人有罪的证人证言。

因此，第193条规定的是：当被告人的配偶、父母、子女收到人民法院出庭作证的通知后，有权不出庭，即其无正当理由不出庭时，不需要承担法律后果，不被处以拘留、罚款，不受处罚。这并不是完整的配偶、父母、子女拒证特权。

2. 辩护律师保密权与特权规则

2018年《刑事诉讼法》第48条规定了辩护律师的保密权及其权利："辩护律师对在执业活动中知悉的委托人的有关情况和信息，有权予以保密。但是，辩护律师在执业活动中知悉委托人或者其他人，准备或者正在实施危害国家安全、公共安全

以及严重危害他人人身安全的犯罪的，应当及时告知司法机关。”依据 2017 年《律师法》第 38 条的规定，律师应当保守在执业活动中知悉的国家秘密、商业秘密，不得泄露当事人的隐私。律师对在执业活动中知悉的委托人和其他人不愿泄露的有关情况和信息，应当予以保密。

这两条规定并不能说明我国完全确立了辩护律师和委托人之间的免证特权。理由在于：(1)《刑事诉讼法》第 48 条规定的是律师有保密的权利，这意味着如果律师放弃权利，就可以作证。(2)《刑事诉讼法》所规定的辩护律师保密权是基于辩护律师对委托人的保密义务，如果辩护律师放弃保密权，就违背了其对被告人的保密义务，但《刑事诉讼法》对被告人没有规定救济措施，也没有关于律师弃权后提供有罪证据应被排除的规定，仅在《律师法》第 48 条规定了对律师的处罚措施，律师泄露个人隐私的，由设区的市级或者直辖市的区人民政府司法行政部门给予警告，可以处一万元以下的罚款；有违法所得的，没收违法所得；情节严重的，给予停止执业三个月以上六个月以下的处罚。可见，《刑事诉讼法》的相关规定有待完善。

3. 不得强迫任何人证实自己有罪与反对自我归罪特权

详见前部分“反对自我归罪特权规则”中的内容。

（三）域外法上的特权规则

域外刑事证人特权规则主要处理了三个方面与刑事证明、犯罪追诉之间的关系：第一，个人与刑事证明、犯罪追诉之间的关系，体现为不自证其罪特权；第二，家庭与刑事证明、犯罪追诉之间的关系；第三，职业与刑事证明、犯罪追诉之间的关系。

1. 基于亲属关系的特权

在美国法上，配偶关系产生的刑事证据法上的特权有两项：配偶拒证特权、配偶交流秘密特权。

美国法认为，配偶拒证特权是由于考虑到家庭伦理，在刑事案件中作为控方证人指控配偶，可能会破坏所有的婚姻关系。当一个人接受刑事审判，生命或者自由处于危险之中时，法律禁止将其配偶置于指控对方的境地。这样的刑事政策可以促进家庭的和平安宁，不仅仅涉及配偶子女的利益，而且有利于社会公众。因此美国法上很早就确立了配偶之间没有资格作证指控对方的刑事证据规则，即配偶拒证特权。这项权利是被告人的权利，只要被告人及时反对，配偶就不得作证。这项规则有例外。例如，当配偶一方对另一方犯罪时，被害人取得作证资格。

配偶交流秘密特权鼓励配偶之间共享秘密，目的是促进信任，保护婚姻关系。配偶关系存续期间，基于亲密和信任，相互之间倾诉的秘密受特权保护，即配偶在第三方不在场的场合所交流的内容不得作为证据。这项特权要求配偶对双方在私密状态下进行的具有交流意义的言语和行为保密。这项特权属于配偶双方。

这两项权利的归属是不同的，配偶拒证特权是被告人的权利；配偶交流秘密特权属于双方，任意一方反对都导致另一方丧失作证资格。

2. 基于职业关系的特权

了解案情的人由于职务或者业务上的保密义务而有权免除作证义务。这是为了保护特定职业之间的信赖关系而产生的证据排除规则，这些职业的基础是信任，如信任被破坏，相关职业和制度就不可能存在。

（1）律师和委托人之间交流秘密特权。

在美国法上，律师和委托人之间的交流秘密特权作为一项权利，属于委托人。委托人咨询律师法律事项的咨询信息，律师有义务保密，不得作证，法庭也不得要求律师作证。当一个人就法律事项咨询律师的时候，其与律师之间的谈话就受到交流秘密特权的保护。换言之，特权规则的生效不受是否签署委托合同、是否缴纳费用、是否启动诉讼的影响。

这一特权规则的目的在于鼓励当事人与律师充分、坦诚地沟通，当事人只有在确信律师不会告密的时候，才愿意告诉律师自己的秘密，当事人说得越准确，就越能够获得准确的咨询建议和法律服务。免除当事人的顾虑，保护当事人对律师的信赖关系，有助于促进律师制度对社会公众的利益。

律师和委托人之间交流秘密特权也有一些例外。例如，交流内容是策划犯罪的，等等。

（2）医患之间的特权。

从确立时间来说，普通医生和患者之间的特权早于心理医生和患者之间的特权。美国有超过四分之三的州确认普通医患特权，更多的州确认心理医患特权。这项特权有助于患者向医生毫无保留地陈述病情，以便医生做出正确的诊断和医治。

（3）神职人员交流特权。

美国几乎所有的州都承认神职人员和信徒之间的特权，有的州还规定这项特权属于神职人员和信徒双方。

（4）记者特权。

在美国，新闻记者对于消息来源、线人身份有权保密。记者特权规则的目的是：第一，鼓励人们向新闻媒体提供消息，扩大新闻来源；第二，它是美国宪法第一修正案关于表达自由的组成部分。

总之，基于职业或职务关系的特权规则是为了保护这些特定行业的职业道德，为了使向特定职业人士寻求帮助的人能够获得专业化的服务，使这些职业人士获得信赖、尊重，使这些对于社会政策和人民福利至关重要的行业、职业存在和发展下去，并使社会公众受益。有些国家基于职业关系的特权范围更广泛，如日本的医师、牙医、助产士、护士、律师、代办人、公证人等，德国还包括法定代理人、专利代理人、宣誓的会计员和审计员、税务师、税务代理人、药剂师等，对于其基于职业或者职务上的身份所知的他人秘密，有权拒绝提供证言。

3. 反对自我归罪特权

详见前部分“反对自我归罪特权规则”中的内容。

十、品格证据规则

品格证据规则也称品格证据排除规则。《美国联邦证据规则》第 404 条（a）规定，关于个人品格或者性格特征的证据，不得证明其在特定场合下实施了与之相符的行为。第 404 条（b）规定，其他犯罪、过错或行为的证据用来证明品格，以证明其行为与之相符时，不具有可采性。但这些证据如用来证明动机、机会、意图、预备、计划、明知、身份，或者不存在错误、不属于意外等，则具有可采性。

排除品格证据的关联性，不允许品格证据作为证据，这是为了避免误导陪审团，以保护被告人在案件中的权利。（1）品格证据规则禁止控方提出被告人品德败坏、过去的行为等证据，保护被告人不因自己的道德品质和前科等而被定罪。被告人的品格证据不允许在法庭上提出，以免陪审团形成被告人是坏人的印象。（2）如果允许在法庭上提出品格证据，陪审团会误认为品格证据的证明力很大。人的天性会让陪审团认为，如果一个人是坏人，那么做坏事的可能性是很大的。（3）如果允许在法庭上提出品格证据，可能会削弱无罪推定对被告人的保护。因为陪审团可能因为被告人是个坏人而判其有罪，罔顾案件中的有罪证据能否排除合理怀疑。

品格证据排除规则有许多例外，例如：（1）品格证据规则仅适用于定罪，不适用于量刑。在量刑阶段可以提出被告人的道德品质或者前科等过去的行为，作为量刑证据。（2）品格证据规则仅适用于被告人，不适用于证人。质证时可以提出证人的道德品质证据来质疑证言的可信度。但在性侵案件中，被害人过去的性历史不可采，这一排除规则也有例外。这是 1970 年以来性别平权运动的结果。（3）开门规则。被告人可以打开品格证据可采性的大门。如果被告人主动提供自己品格良好的证据或者被害人品格不好的证据，控方即可被允许提供被告人的品格证据。（4）类似事实具有可采性。类似事实是指具有惊人的相似性，用常识来判断不可能重复发生，因此不属于意外。例如，新郎被指控谋杀新娘，证据是被告人的新娘和两个前妻均非正常死亡，均死于浴缸，新郎均告诉医生说妻子有癫痫，被告人为每个妻子投保巨额保险，每份保险的受益人均为被告人。如此惊人的巧合，在人类社会不可能存在，这些事实显然与谋杀案具有关联性。

哪些证据材料可以作为品格证据？依据《美国联邦证据规则》第 405 条，主要有三种：（1）关于人的名声，可以使用证人证言；（2）关于对一个人的品格的意见，可以使用证人证言；（3）能够反映品格的事例。

练一练[①]

1.（多项选择题）证据规则约束的对象是（　　）。

A. 取证的行为　　B. 排除证据的行为

① 参考答案：1. ABCD；2. ABCD；3. C；4. ABC。

C. 举证和质证的行为　　D. 认证的行为

2.（多项选择题）谁必须遵守证据规则？（　　）

A. 司法机关　B. 证人　C. 鉴定人　D. 当事人

3.（不定项选择题）下列哪一证据规则属于调整证据证明力的规则？（　　）

A. 传闻证据规则　B. 非法证据排除规则

C. 关联性规则　D. 意见证据规则

4.（多项选择题）关于非法证据的排除，下列哪些说法是正确的？（　　）

A. 非法证据排除的程序，可以根据当事人等申请启动，也可以由法庭依职权启动

B. 申请排除以非法方法收集的证据的，应当提供相关线索或材料

C. 检察院应当对证据收集的合法性加以证明

D. 只有确认存在《刑事诉讼法》第 56 条规定的以非法方法收集证据情形时，才可以对有关证据予以排除

小结

本部分内容主要讲了各种证据规则。请思考以下几个问题：

1. 怎样认识我国不强制配偶、父母、子女出庭作证？

2. 怎样认识我国辩护律师对被告人的保密权？

3. 请说出关联性规则、反对自我归罪特权规则、非法证据排除规则、最佳证据规则、补强证据规则、传闻证据规则、意见证据规则、特权规则和品格证据规则的主要内容。

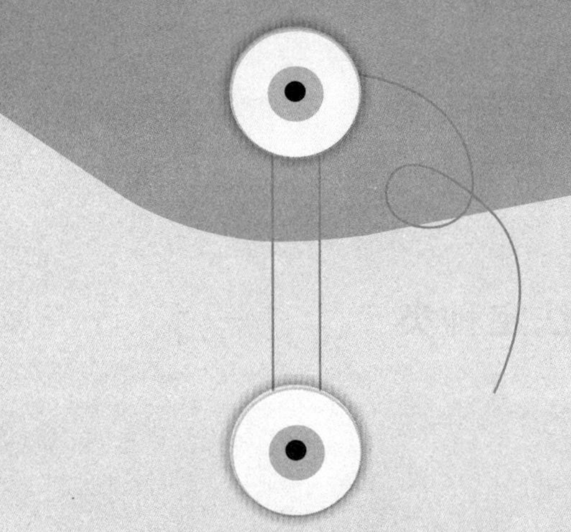

第三章
民事诉讼证据与证明

我国民事证据法也没有独立的证据法典，其主要法律渊源除宪法外，主要有：1991 年 4 月 9 日第七届全国人民代表大会第四次会议通过的《中华人民共和国民事诉讼法》（以下简称《民事诉讼法》），经过了 2007 年、2012 年、2017 年三次修正；最高人民法院 2001 年公布、2019 年修订的《关于民事诉讼证据的若干规定》（以下简称《民事证据规定》）；最高人民法院 2015 年公布的《关于适用〈中华人民共和国民事诉讼法〉的解释》（以下简称《民诉解释》）等。

学习民事证据法，不仅要了解我国民事诉讼法律法规中关于民事证据的法律条文，还要掌握民事证据的主要理论，包括民事证据的种类、民事证据的分类，以及民事证据的证明对象、证明责任、证明标准以及证明过程。在学习过程中，注意比较民事证据法与刑事证据法的不同。

第一节　民事证据的法定种类

导 语

同学们好！在民事诉讼中，只有符合法律规定的形式的证据，才能在法庭上作为证据。民事诉讼包括八种法定的证据种类：当事人的陈述、书证、物证、视听资料、电子数据、证人证言、鉴定意见、勘验笔录。掌握民事证据种类是学习民事证据理论分类和民事诉讼证明程序等内容的基础。

《民事诉讼法》第 63 条规定，民事诉讼中法定证据有八类：（1）当事人的陈述；（2）书证；（3）物证；（4）视听资料；（5）电子数据；（6）证人证言；（7）鉴定意见；（8）勘验笔录。

一、当事人的陈述

当事人的陈述，是指原告、被告、第三人等当事人就案件事实向人民法院所作的陈述。

除了当事人本人可以向人民法院提出当事人的陈述，还有一种情况被视为当事人的陈述，即有专门知识的人代表当事人在法庭上就专业问题提出的意见，视为当事人的陈述。依据《民诉解释》第 122 条第 2 款的规定，具有专门知识的人在法庭上就专业问题提出的意见，视为当事人的陈述。

当事人的陈述包括当事人的承认。所谓当事人的承认，是指一方当事人对另一方当事人所陈述的不利于己的事实表示认可。依据《民事证据规定》第 3 条至第 5 条的规定，承认有几种方式：（1）明确承认，指当事人在诉讼过程中，或者在证据交换、询问、调查过程中，或者在起诉状、答辩状、代理词等书面材料中，对于己不利的事实明确表示承认；（2）默示承认，一方当事人对于另一方当事人主张的于己不利的事实既不承认也不否认，经审判人员说明并询问后，其仍然不明确表示肯定或者否定的，视为对该事实的承认；（3）代理人承认：符合法定条件的代理人的承认视为当事人的承认。

当事人与案件有直接利害关系，决定了其陈述具有两面性：一方面当事人是争议案件事实的亲历者，其对案件事实知情，如果客观陈述案件事实，对案件事实认定能够起到决定性的作用；另一方面当事人与案件处理结果有直接利害关系，这决定了其在诉讼中往往会趋利避害，回避对自己不利的事实，夸大甚至虚构对自己有利的事实。

对当事人的陈述应予以慎重对待：(1) 当事人的利己陈述不能孤证定案。当事人对自己的主张，只有本人陈述而不能提出其他相关证据的，对其主张不予支持，但对方当事人认可的除外。(2) 当事人不利于己的陈述，可免除对方当事人的证明责任，除非属于人民法院职权调查的事实或者与人民法院查明的事实不符。除了《民事证据规定》第3条、第4条的规定以外，《民诉解释》第92条也规定："一方当事人在法庭审理中，或者在起诉状、答辩状、代理词等书面材料中，对于己不利的事实明确表示承认的，另一方当事人无需举证证明。对于涉及身份关系、国家利益、社会公共利益等应当由人民法院依职权调查的事实，不适用前款自认的规定。自认的事实与查明的事实不符的，人民法院不予确认。"

二、书证与物证

(一) 书证

书证，是指以文字、符号、图案等记载的内容或表达的思想来证明案件待证事实的证据。判断某一证据是否为书证，不能以其外在的表现形式作为唯一的标准，更重要的是要看这些形式所记载的内容、表达的思想是否与案件事实有关。

书证的范围非常广泛，书证以其表达的意思和记载的内容来证明案件事实，是记载着文字、图像、符号、数字、印章或者其他意思表达方式的各种实物材料。书证的表现形式丰富多样，可以是纸张印刷品，例如，个人身份证件、企业营业执照、账册、合同、票据、日记、信件等；也可以是书写、涂画、刺绣或雕刻的载体，例如，木、石、金属、墙面、衣物布料、刀叉、枪等。书证的证明力较强，有的书证可以直接证明案件有关事实。例如，合同纠纷中的合同，能直接证明民事法律关系产生、变更、消灭的事实。

(二) 物证

物证是以外部特征、存在状态、物理属性等来证明案件待证事实的物品或痕迹。物证的特点是以其客观存在的形态来证明案件的待证事实，其本身不具有任何的思想内容。物证客观性较强，证明力较大，一旦查证属实，可据以判断其他证据的真实性。

书证与物证的区别是看其是以记载的内容或思想来证明案件事实，还是以物理特征、存在位置、外在形式来证明案件事实。

三、视听资料与电子数据

(一) 视听资料

视听资料，是指以声音、图像及其他视听信息来证明案件待证事实的录音资料和影像资料。视听资料的特点是信息量大、动态形象或声音逼真，反映一定的法律行为或法律事件，往往有较强的连续性和直观性，因而在通常情况下具有较强的真实性和准确性。但也有容易被剪辑、篡改等弱点。

未经他人同意私录视听资料的，原则上可以采纳，但《民诉解释》第 106 条规定："对以严重侵害他人合法权益、违反法律禁止性规定或者严重违背公序良俗的方法形成或者获取的证据，不得作为认定案件事实的根据。"

（二）电子数据

电子数据是指通过电子邮件、电子数据交换、网上聊天记录、博客、微博客、手机短信、电子签名、域名等形成或者存储在电子介质中的信息。

视听资料与电子数据有交叉，区分二者主要看存储方式，凡存储在电子介质中的就视为电子数据。《民诉解释》第 116 条第 3 款规定："存储在电子介质中的录音资料和影像资料，适用电子数据的规定。"

《民事证据规定》第 14 条规定，电子数据包括下列信息、电子文件：（1）网页、博客、微博客等网络平台发布的信息；（2）手机短信、电子邮件、即时通信、通讯群组等网络应用服务的通信信息；（3）用户注册信息、身份认证信息、电子交易记录、通信记录、登录日志等信息；（4）文档、图片、音频、视频、数字证书、计算机程序等电子文件；（5）其他以数字化形式存储、处理、传输的能够证明案件事实的信息。

四、证人证言

证人证言，是指证人就其了解的案件事实向人民法院所作的陈述或证词。

证人是指当事人以外了解案件情况并向人民法院提供证词的人。证人包括两类：（1）自然人证人；（2）单位证人。需要注意的是，单位作为证人要出庭作证时，应当由单位的法定代表人、负责人或经其授权的人代表单位作证。相关规定见表 3－1。

表 3－1　证人相关规定

作证义务	凡是知道案件情况的单位和个人，都有义务出庭作证。
证人资格	（1）待证事实与其年龄、智力状况或者精神健康状况相适应的无民事行为能力人和限制民事行为能力人，可以作为证人。 （2）不能正确表达意思的人，不能作证人。 （3）证人优先：律师作证人时，不能再作为诉讼代理人。
费用负担	（1）当事人申请证人作证的，人民法院通知由该当事人预缴。 （2）人民法院通知证人作证的，由人民法院先行垫付。先行垫付后，最终由败诉方当事人负担。
费用组成	（1）必要费用：交通、住宿、就餐等，按照机关事业单位工作人员差旅费用和补贴标准计算。 （2）误工损失：按照国家上年度职工日平均工资标准计算。

续表

<table>
<tr><td rowspan="2">证人可不出庭</td><td>情形</td><td>（1）因健康原因不能出庭的；
（2）因路途遥远，交通不便不能出庭的；
（3）因自然灾害等不可抗力不能出庭的；
（4）有其他正当理由不能出庭的。
＊双方当事人同意证人以其他方式作证并经人民法院准许的。</td></tr>
<tr><td>替代方式</td><td>书面证言、视听传输技术或者视听资料等方式作证。
＊无正当理由未出庭的证人以书面等方式提供的证言，不得作为认定案件事实的根据。</td></tr>
</table>

五、鉴定意见

鉴定意见，是指鉴定人运用专业知识和科学技术对案件中的有关专门性问题进行鉴别、分析所作出的判断和意见。

鉴定人适用回避的规定。鉴定人在鉴定机构执业，实行鉴定人负责制。鉴定人在诉讼中依法享有诉讼权利，承担诉讼义务。相关规定见表 3-2。

表 3-2　鉴定相关规定

<table>
<tr><td rowspan="4">鉴定的启动</td><td rowspan="3">当事人向人民法院申请鉴定</td><td>人民法院释明：人民法院在审理案件过程中认为待证事实需要通过鉴定意见证明的，应当向当事人释明，并指定提出鉴定申请的期间。
（1）当事人申请鉴定，应当在人民法院指定期间内提出，并预交鉴定费用。逾期不提出申请或者不预交鉴定费用的，视为放弃申请。
（2）对需要鉴定的待证事实负有举证责任的当事人，在人民法院指定期间内无正当理由不提出鉴定申请或者不预交鉴定费用，或者拒不提供相关材料，致使待证事实无法查明的，应当承担举证不能的法律后果。</td></tr>
<tr><td>对于一方当事人就专门性问题自行委托有关机构或者人员出具的意见，另一方当事人有证据或者理由足以反驳并申请鉴定的，人民法院应予准许。</td></tr>
<tr><td>鉴定人产生的两种方式：
（1）双方当事人协商确定具备资格的鉴定人；
（2）协商不成的，由人民法院指定。</td></tr>
<tr><td>人民法院依职权认为需要鉴定</td><td>依职权委托具备资格的鉴定人：在询问当事人的意见后，指定具备相应资格的鉴定人。</td></tr>
<tr><td>鉴定的委托</td><td colspan="2">人民法院出具委托书，委托书中应载明鉴定事项、鉴定范围、鉴定目的和鉴定期限。</td></tr>
<tr><td>鉴定人的权利</td><td colspan="2">（1）了解进行鉴定所需要的案件材料；
（2）调取证据、勘验物证和现场；
（3）必要时可以询问当事人、证人；
（4）收取鉴定费用、出庭费用（出庭费用可包含在鉴定费用内，也可分开收取）。</td></tr>
</table>

续表

鉴定人的义务	(1) 鉴定人签署承诺书。承诺书中应当载明鉴定人保证客观、公正、诚实地进行鉴定，保证出庭作证，如作虚假鉴定应当承担法律责任等内容。 (2) 在人民法院确定的期限内完成鉴定。鉴定人提出书面鉴定意见，签名盖章并附鉴定人的相应资格证明；委托机构鉴定的，鉴定书应当由鉴定机构盖章，并由从事鉴定的人员签名。 (3) 经人民法院通知必须履行出庭义务。 (4) 鉴定人无正当理由未按期提交鉴定书的，当事人可以申请人民法院另行委托鉴定人进行鉴定。人民法院准许的，原鉴定人已经收取的鉴定费用应当退还。 (5) 鉴定人故意作虚假鉴定的，人民法院应责令其退还鉴定费用，并根据情节，依照民事诉讼法妨害司法的规定进行处罚。
重新鉴定	当事人申请重新鉴定，人民法院应准许的情形有： (1) 鉴定人不具备相应资格的； (2) 鉴定程序严重违法的； (3) 鉴定意见明显依据不足的； (4) 鉴定意见不能作为证据使用的其他情形。 * 存在前三项情形的，鉴定人已经收取的鉴定费用应退还。 * 重新鉴定的，原鉴定意见不得作为认定案件事实的根据。 * 对鉴定意见的瑕疵，可以通过补正、补充鉴定或者补充质证、重新质证等方法解决的，人民法院不予准许重新鉴定的申请。
鉴定人必须出庭的规定	鉴定人必须出庭的两种情形： (1) 人民法院认为鉴定人**有必要**出庭的。 (2) 当事人对鉴定意见**有异议**。 1) 书面异议：人民法院收到鉴定书后，应当及时将副本送交当事人。**当事人**应在人民法院指定期间内以书面方式提出异议。 2) 解释、说明、补充：对于当事人的异议，人民法院应当要求鉴定人作出解释、说明或者补充。人民法院认为有必要的，可以要求鉴定人对当事人未提出异议的内容进行解释、说明或者补充。 3) 通知出庭与出庭费：①当事人在收到鉴定人的书面答复后仍有异议的，人民法院应通知有异议的当事人预交鉴定人出庭费用，并通知鉴定人出庭。②有异议的当事人不预交鉴定人出庭费用的，视为放弃异议。③双方当事人对鉴定意见均有异议的，分摊预交鉴定人出庭费用。④鉴定人出庭费用按照证人出庭作证费用的标准计算。⑤鉴定人出庭费由败诉的当事人负担。⑥因鉴定意见不明确或者有瑕疵需要鉴定人出庭的，出庭费用由其自行负担。⑦人民法院委托鉴定时已经确定鉴定人出庭费用包含在鉴定费用中的，不再通知当事人预交。
鉴定人拒不出庭的后果	(1) 鉴定意见不得作为认定案件事实的根据； (2) 人民法院应建议有关主管部门或者组织对鉴定人予以处罚； (3) 当事人要求退还鉴定费用的，人民法院应在三日内作出裁定，责令鉴定人退还，拒不退还的，由人民法院依法执行。

续表

撤销鉴定意见	无正当理由撤销	（1）鉴定意见已被采信； （2）鉴定人无正当理由撤销鉴定意见； （3）人民法院责令退还鉴定费用； （4）人民法院视情节依据妨害司法的规定处罚鉴定人； （5）当事人主张由鉴定人负担因此增加的合理费用的，人民法院应予支持。
	经人民法院准许撤销	（1）鉴定意见已被采信； （2）人民法院准许鉴定人撤销鉴定意见； （3）人民法院责令退还鉴定费用。
通知有专门知识的人出庭（又称专家辅助人）	（1）人民法院通知：依当事人申请，载明有专门知识的人的基本情况和申请的目的； （2）有专门知识的人对鉴定意见质证或者就专业问题发表意见； （3）有专门知识的人可向鉴定人发问，相互之间可对质； （4）当事人、人民法院可对有专门知识的人询问； （5）有关费用由提出申请的当事人负担。	

六、勘验笔录

勘验笔录，是指勘验人对现场、物证、电子数据进行勘察、检验所做的记录。人民法院认为有必要的，可以根据当事人的申请或者依职权对物证或者现场进行勘验。当事人可以就勘验事项向人民法院进行解释和说明，可以请求人民法院注意勘验中的重要事项。有关单位和个人根据人民法院的通知，有义务保护现场，协助勘验工作。勘验人必须出示人民法院的证件，符合法定勘验程序的要求，并应当将勘验结果制作笔录，由勘验人、当事人和被邀请参加人签名或盖章。

人民法院可以要求鉴定人参与勘验。必要时，可以要求鉴定人在勘验中进行鉴定。相关规定见表 3 - 3。

表 3 - 3　勘验相关规定

勘验的启动	人民法院认为有必要的： （1）当事人向人民法院申请； （2）人民法院依职权启动。
勘验的内容	（1）物证； （2）现场； （3）电子数据。
勘验的程序	（1）勘验人必须出示人民法院的证件； （2）邀请当地基层组织或者当事人所在单位派人参加； （3）在勘验前将勘验的时间和地点通知当事人； （4）制作勘验笔录，在勘验笔录上签名或者盖章； （5）勘验时应当保护他人的隐私和尊严； （6）人民法院可以要求鉴定人参与勘验。

续表

勘验的参加人	(1) 见证人：当地基层组织或者当事人所在单位派人； (2) 当事人及其成年家属，其拒不到场的，不影响勘验的进行。
勘验笔录	(1) 记录勘验的时间、地点、勘验人、在场人、勘验的经过、结果； (2) 对于绘制的现场图应当注明绘制的时间、方位，测绘人姓名、身份等内容； (3) 由勘验人、在场人签名或者盖章。
勘验人出庭作证	当事人经法庭许可，可以向勘验人发问。

练一练[①]

1.（不定项选择题）以下证据材料属于物证的是（　　）。

A. 甲和乙工厂签订了口罩买卖合同

B. 乙工厂向甲按期发货，甲收到了口罩

C. 甲怀疑口罩不符合卫生标准，找鉴定机构做了鉴定意见

D. 甲将乙诉至人民法院，人民法院派了勘验人来对口罩拍照、录像，制作笔录

2.（不定项选择题）以下证据材料属于电子数据的是（　　）。

A. 甲和淘宝卖家乙在旺旺上讨价还价的聊天记录

B. 甲向乙付款的支付宝在线付款记录

C. 乙发的货有瑕疵，甲用宝丽来相机（拍照后即刻打印相片的一次成像相机）拍了照片

D. 甲给乙打电话说明货不对版需要退货的录音并存在电脑里

3. 周某与某书店因十几本工具书损毁发生纠纷，书店向人民法院起诉，并向人民法院提交了被损毁图书以证明其遭受的损失。关于本案被损毁图书，属于书证还是物证？

小 结

本部分主要讲了民事证据的种类，包括：当事人的陈述、书证与物证、证人证言、视听资料与电子数据、鉴定意见、勘验笔录。同学们可通过具体实例来掌握相关概念。本部分各种法定证据种类的概念和区分是重点。请思考以下几个问题：

1. 当事人的陈述包括哪些内容？证明力怎样？

---

① 参考答案：1. B；2. ABD；3. 物证。

2. 书证和物证有什么区别?
3. 证人不出庭作证的情形有哪些?
4. 视听资料和电子数据有什么区别?
5. 鉴定人和有专门知识的人有什么区别?

第二节 民事证据的理论分类

导 语

同学们好!在理论上,按照不同的标准可以对民事证据进行分类。本证与反证、直接证据与间接证据、原始证据与传来证据是民事证据在理论上的重要分类。本节我们来学习民事诉讼中证据的理论分类,这一部分内容偏于理论,只有在区别的基础上才能展开运用。

一、本证与反证

根据证据与当事人的主张之间的关系,可以从理论上将证据分为本证和反证。本证,是指能够证明当事人主张的事实为真的证据。反证,是指反驳对方主张的事实,证明对方的主张不属实的证据。

本证与反证之间的关键区别是,提出的证据是支持己方主张的事实,还是反驳对方主张的事实。提出的证据如果是用来支持己方事实主张的,是本证;提出的证据如果是用来反驳对方事实主张的,是反证。

例如,债权人起诉债务人要求债务人返还借款,债权人主张双方之间存在借贷关系。债权人提出了能够证明该借贷关系成立的证据即借据,该借据就是本证。如果被告提出证明该借贷关系不能成立的证据,如证人张三的证言,那么该证人证言就是反证。如果被告主张已经返还了借款,被告为了证明自己所主张的事实,向人民法院提交了债权人签字盖章的收据,此时债务人所提出的还款凭证就是本证。

二、直接证据与间接证据

直接证据,是指能够单独地、直接地证明待证事实的证据。间接证据,是指单个证据无法直接证明待证事实,必须通过与其他证据联合在一起,使用推理的方法才能证明待证事实的证据。根据 2001 年的《民事证据规定》,直接证据的证明力一般大于间接证据,2019 年修正后的《民事证据规定》删掉了这一说法。这是由于,直接证据多为人的陈述或者录制陈述的视听资料、电子数据,间接证据多为物证,物证的客观性较强，人的陈述的主观性较强，视听资料、电子数据则易被编辑。因此，法律不宜规定直接证据和间接证据的证明力大小，证据证明力的大小需要运用逻辑、经验、科技等具体情况具体分析。

区分直接证据与间接证据的方法是：（1）证据与案件事实的证明关系是直接的还是间接的，是否需要推理；（2）单个证据是否能够完整证明案件主要事实。

例如，在一起交通肇事损害赔偿案件中，原告诉称被告为交通肇事侵权方，其向人民法院提出的证据有：（1）目击证人的证言：肇事车为黄色面包车，车号为京 Q5＊＊98，中间数字未看清；（2）被告单位证明，发生事故时，被告驾驶黄色面包车（车号为京 Q53698）外出办事。在该案中，原告提供的单个证据不能直接证明被告为侵权方，但上述几个证据联系在一起，可以证明被告为侵权方。人民法院应原告的申请，向公安交通管理部门调取了事发时的现场交通摄像头资料，现场录像清楚还原了原被告双方发生交通事故的全过程。该录像资料能够单独、直接地证明案件事实，是直接证据。再如，原告提出购销合同来证明他与被告之间的购销关系，该合同就属直接证据，因为它单独地、直接地证明了原告与被告之间存在的购销关系。

三、原始证据与传来证据

原始证据，是指直接来源于案件事实的证据，即所谓的第一手资料。如合同原件、发票原件、遗书原件等。传来证据，是指从原始证据中派生出来的证据。如合同复印件、文件手抄本等。2001 年《民事证据规定》曾规定原始证据的证明力一般大于传来证据，2019 年修正后的《民事证据规定》删除了这一规则。这也是由于对证明力大小和有无的判断应具体情况具体分析，法律不宜笼统规定，证明力的判断依据应是逻辑、经验和科技。

区分原始证据和传来证据的关键看是否直接源于案件事实，直接来源于案件事实的是原始证据，而经过了转述、转录、复制的材料是传来证据。

练一练[①]

原告诉请被告返还借款 5 万元，为证明这一事实，原告向人民法院提交了被告书写的借据；被告则主张借款已经清偿，并向人民法院出示了原告交给他的收据。请回答以下问题：

1. 借据是本证还是反证？
2. 借据是直接证据还是间接证据？
3. 收据是本证还是反证？
4. 收据是直接证据还是间接证据？

---

① 参考答案：1. 本证。因为原告主张借贷关系存在，借据是原告支持自己事实主张的证据。2. 直接证据。因为借据能单独、直接地证明被告向原告借款 5 万元。3. 本证。因为被告主张已经清偿，收据是被告提供的支持己方事实主张的证据。4. 直接证据。

小 结

本节主要讲授了本证与反证、直接证据与间接证据、原始证据与传来证据的概念、分类标准。本部分内容偏于理论，较难区分，大家可以通过具体实例来理解相关概念，其中分类标准是重点。请思考以下几个问题：

1. 原告提供的证据都是本证，被告提供的证据都是反证，这么说对吗？
2. 直接证据的证明力都大于间接证据吗？请举例说明。
3. 原始证据的证明力都大于传来证据吗？请举例说明。

第三节 民事诉讼证明对象

导 语

同学们好！我们都知道在民事诉讼过程中需要运用证据支持自己主张的事实，那么有哪些事实需要证据证明，哪些事实是免证的呢？本节我们一起学习民事诉讼中的证明对象，掌握哪些事实是需要运用证据加以证明的，以及哪些事实是不需要提供证据的。

一、证明对象概述

（一）证明对象的概念

证明对象，是指需要当事人提供证据予以证明的案件事实，又称待证事实。明确待证事实是证明活动的起点，当事人向人民法院提供证据材料，人民法院对证据材料查证属实后，方可作为认定案件事实的根据。若待证事实无法得以证明，人民法院也无法查明该事实时，则当事人的相关主张便得不到人民法院的支持。

（二）证明对象的特征

1. 证明对象与当事人的主张相联系

在诉讼过程中，当事人依其**诉讼地位**提出自己的诉讼请求或者抗辩请求，也就是权利主张。为了使这些请求得以实现，当事人就必须主张足以支持请求的事实。

2. 证明对象与证明责任相联系

证明对象在被证明之前处于真假不明状态，为化解此状态，就要落实证明真伪的责任，由特定的当事人承担，就产生了证明责任。所以，证明责任始终是与证明对象联系在一起的。

3. 证明对象是指需要证据证明的事实

证明对象需要用证据进行证明，证明对象和证据之间存在着目的和手段的关系。

4. 证明对象是法律规定的要件事实

诉讼证明对象必须根据法律规定的要件事实设定。法律包括实体法和程序法等。

二、证明对象的范围

民事诉讼证明对象主要有实体法事实、程序法事实、证据事实、外国法和地方性法规、经验法则等。

（一）实体法事实

法律要件事实，比如结婚登记、合同签订、收养关系解除等。法律要件事实属于主要事实。

（二）程序法事实

诉讼程序承载着当事人的权利，例如回避、审判组织的组成等。

（三）证据事实

证明证据材料本身是否客观、真实、合法等，用以证明证据能力或者证明力的事实，是辅助事实。

（四）外国法和地方性法规

人民法院应当知道我国法律和国家层面的制定法。但是对于外国法律法规和我国各地方颁布的地方性法规，不属于人民法院应知晓的范围，当事人应提供证据予以证明。

（五）经验法则

人们从生活经验中归纳获得的，关于事物因果关系或属性状态的法则或知识。经验法则有两种：（1）有些经验法则是在日常生活领域中获得的，属于众所周知的事实。（2）有些经验法则是属于专门知识领域或者具有地方性的知识，不为众人所知，则应予证明。

三、免证事实

（一）免证事实及其范围

《民诉解释》第 93 条规定了七种事实，当事人无须举证证明：（1）自然规律以及定理、定律；（2）众所周知的事实；（3）根据法律规定推定的事实；（4）根据已知的事实和日常生活经验法则推定出的另一事实；（5）已为人民法院发生法律效力的裁判所确认的事实；（6）已为仲裁机构生效裁决所确认的事实；（7）已为有效公证文书所证明的事实。其中第（2）项至第（4）项规定的事实，当事人有相反证据足以反驳的除外；第（5）项至第（7）项规定的事实，当事人有相反证据足以推翻的除外（见表 3－4）。

表 3-4 无须举证证明的事实

无须证明的事实	能否反驳或推翻
(1) 自然规律以及定律、定理	不能反驳或推翻
(2) 众所周知的事实	可以反驳
(3) 根据法律规定推定的事实	
(4) 根据已知的事实和日常生活经验法则推定出的另一事实	
(5) 已为人民法院发生法律效力的生效裁判所确认的事实	可以推翻
(6) 已为仲裁机构的生效裁决所确认的事实	
(7) 已为有效公证文书所证明的事实	

以根据法律规定推定的事实为例，2009 年《侵权责任法》第 58 条规定了推定医疗机构有过错的情形，免除患者在这些情形下对医疗机构过错的证明责任。也可见《民法典》第 1222 条的规定，患者在诊疗活动中受到损害，有下列情形之一的，推定医疗机构有过错：(1) 违反法律、行政法规、规章以及其他有关诊疗规范的规定；(2) 隐匿或者拒绝提供与纠纷有关的病历资料；(3) 遗失、伪造、篡改或者违法销毁病历资料。

(二) 自认制度

自认，是指一方当事人对另一方当事人主张的事实予以承认。当事人承认的事实就是自认。自认制度，是指一方当事人对对方当事人主张的不利于己的事实予以承认后，免去对方当事人对所主张事实的证明责任，免除人民法院对自认事实的调查核实，人民法院可将自认事实作为裁判根据的制度。

自认的法律效力在于，承认不利己事实的当事人要受到自己行为的约束，人民法院也要受到承认行为的约束。在当事人已经承认的案件中，人民法院裁判时应将承认的事实作为裁判的根据。人民法院在第一审程序中以当事人自认作为判决根据后，自认的当事人在第二审程序中，如果没有正当理由不得以证据推翻自认，第二审人民法院仍应以一审程序中的自认为依据做出判决。只有在法定条件下，自认才丧失约束力。

自认制度不适用于身份关系，如收养关系、婚姻关系等，这些关系须具备法定要件事实，不得因当事人自认而免除对方的证明责任。自认也不适用于污染环境、破坏生态环境和资源保护、食品药品安全领域侵害众多消费者合法权益等损害社会公共利益的公益诉讼等案件。自认制度相关规定见表 3-5。

表 3-5 自认制度相关规定

方式	(1) 明确承认：当事人在诉讼过程中，或者在证据交换、询问、调查过程中，或者在起诉状、答辩状、代理词等书面材料中，对于己不利的事实明确表示承认。 (2) 默示承认：对一方当事人陈述的事实，另一方当事人既未表示承认也未否认，经审判人员充分说明并询问后，其仍不明确表示肯定或否定的，视为承认。 (3) 代理人承认：当事人委托代理人参加诉讼的，除授权委托书明确排除的事项外，代理人的承认视为当事人的承认。 * 当事人在场对诉讼代理人的自认明确否认的，不视为自认。

续表

不能自认的	(1) 自认的事实与已经查明的事实不符的，人民法院不予确认； (2) 涉及可能损害国家利益、社会公共利益的； (3) 涉及身份关系的； (4) 涉及《民事诉讼法》第 55 条规定的公益诉讼的； (5) 当事人有恶意串通损害他人合法权益可能的； (6) 涉及依职权追加当事人、中止诉讼、终结诉讼、回避等程序性事项的； (7) 在诉讼中，当事人为达成调解协议或和解的目的作出妥协而认可的事实，不得在其后的诉讼中作为对其不利的证据，但法律另有规定或当事人均同意的除外。
效力	(1) 对方当事人免予举证； (2) 普通共同诉讼中一人或者数人作出的自认，对作出自认的当事人发生效力； (3) 必要共同诉讼中一人或者数人作出自认而其他共同诉讼人予以否认的，不发生自认的效力，其他共同诉讼人既不承认也不否认，经审判人员说明并询问后仍然不明确表示意见的，视为全体共同诉讼人的自认； (4) 一方当事人对于另一方当事人主张的于己不利的事实有所限制或者附加条件予以承认的，由人民法院综合案件情况决定是否构成自认。
撤回	(1) 时间：当事人在法庭辩论终结前撤回； (2) 撤回经对方当事人同意或自认是在受胁迫或者重大误解情况下作出的； (3) 人民法院作出口头或书面裁定准许撤回。

练一练①

1. 有人认为，被告只要在法庭辩论终结前声明撤回承认，其在庭审过程中的承认即无效，你认为对吗？

2. 有人认为，当事人一般授权的委托代理人一律不得进行自认，你认为对吗？

小结

本部分内容主要讲了证明对象的概念、范围，免证事实。其中，免证事实和自认是重点。请思考以下几个问题：

1. 证明对象的特征和范围如何？

2. 免证事实有哪些？

3. 自认的种类和自认的效力如何？自认的事实可以撤销吗？

---

① 参考答案：1. 不对。撤回自认的条件是：时间必须是法庭辩论终结前；经对方同意或者自认是在受胁迫或重大误解情况下作出的；人民法院准许并作出口头或者书面裁定。2. 不对。除非授权委托书明确排除的事项外，诉讼代理人的自认视为当事人的自认。

第四节 民事诉讼证明责任

导 语

同学们好！证明对象确定了以后，应该由谁来提供证据证明呢？如果诉讼进行到最后，依靠案件中的证据不能证明案件事实，案件怎么处理呢？本节我们一起学习民事诉讼中的证明责任，分析谁需要承担哪些责任，这一部分内容在实践中至关重要。

一、证明责任的概念

证明责任，又称举证责任，民事诉讼法律法规中常使用举证责任、举证证明责任，是指当事人对自己提出的事实主张，有提出证据并加以证明的责任，如果当事人未能尽到上述责任，则有可能承担对其不利的法律后果。证明责任被分为两个部分的内容：提供证据是行为意义上的证明责任，不利法律后果的承担是结果意义上的证明责任，在作出判决前，当事人未能提供证据或者证据不足以证明其事实主张的，由负有举证证明责任的当事人承担不利的后果。

理解证明责任应注意以下方面：

（1）案件事实真伪不明是承担结果意义上的证明责任的前提，如果作为裁判基础的事实是确定、清楚的，就不会发生承担证明责任的后果。

（2）人民法院不是证明责任承担的主体，承担证明责任的主体是当事人。

（3）证明责任只能由一方当事人承担，不能由双方都来负担，也不存在原告与被告之间相互转移证明责任的问题。

二、证明责任的分配

证明责任的分配有助于当事人准确了解自己在案件事实认定和提供证据证明中的权利义务，也有助于人民法院在事实真伪不明的状态下履行审判职责作出正确的裁判。

（一）证明责任分配的一般原则

证明责任分配的一般原则是“谁主张、谁举证”。依据《民诉解释》第 91 条的规定，人民法院应当依照下列原则确定举证证明责任的承担，但法律另有规定的除外：（1）主张法律关系存在的当事人，应当对产生该法律关系的基本事实承担举证证明责任；（2）主张法律关系变更、消灭或者权利受到妨害的当事人，应当对该法律关系变更、消灭或者权利受到妨害的基本事实承担举证证明责任。

《民事证据规定》第 1 条、第 2 条、第 50 条也规定：(1) 原告向人民法院起诉或者被告提出反诉，应当提供符合起诉条件的相应的证据。(2) 人民法院应当向当事人说明举证的要求及法律后果，促使当事人在合理期限内积极、全面、正确、诚实地完成举证。(3) 人民法院应当在审理前的准备阶段向当事人送达举证通知书。举证通知书应当载明举证责任的分配原则和要求、可以向人民法院申请调查收集证据的情形、人民法院根据案件情况指定的举证期限以及逾期提供证据的法律后果等内容。

(二) 侵权案件证明责任的分配

1. 一般侵权案件适用证明责任分配的一般规定

主张侵权损害赔偿请求权的受害人，对产生侵权损害赔偿法律关系的基本事实承担证明责任，提供证据证明侵权责任的各构成要件事实；加害方证明免责事由。

2. 特殊侵权案件证明责任分配的旧规则

值得注意的是，2019 年修正的《民事证据规定》删除了 2001 年第 4 条的规定，原第 4 条规定了特殊侵权案件的证明责任分配：(1) 法条规定的事实由加害方证明；(2) 其余由受害方证明；(3) 无过错责任案件，对于加害方的过错，双方均不需要举证。

侵权案件证明责任的分配见表 3-6。

表 3-6　侵权案件证明责任的分配

<table>
<tr><th colspan="2">案件类型</th><th>受害方证明责任</th><th>加害方证明责任</th></tr>
<tr><td>一般侵权案件</td><td>一般分配原则，即“谁主张、谁举证”</td><td>侵权行为；损害结果；侵权行为和损害结果之间的因果关系；加害方主观过错</td><td>免责事由</td></tr>
<tr><td rowspan="8">特殊侵权案件</td><td>专利纠纷</td><td rowspan="8">其余事实由受害方证明</td><td>产品制造方法不同于专利方法</td></tr>
<tr><td>高度危险作业</td><td>受害人有故意</td></tr>
<tr><td>环境污染</td><td>有免责事由；无因果关系</td></tr>
<tr><td>搁置物、悬挂物</td><td>所有人或管理人无过错</td></tr>
<tr><td>动物致害</td><td>受害人有过错</td></tr>
<tr><td>产品责任</td><td>有免责事由</td></tr>
<tr><td>共同危险</td><td>无因果关系</td></tr>
<tr><td>医疗事故</td><td>无因果关系</td></tr>
</table>

无过错责任案件，对于加害方的过错，双方均不需要举证。无过错案件有：**高度危险作业；环境污染；动物致害；产品责任**。

3.《民法典》规定的证明责任

《民法典》对于一些类型的侵权纠纷，就其中的部分侵权行为构成要件如因果关系规定了法律推定，或者直接规定行为人对自己行为无过错的举证责任等，免除原告在这些构成要件事实上的证明责任（见表 3-7）。根据法律规定，如果推定行为人有过错或者推定行为与损害结果之间有因果关系的，行为人如果不能证明自己没有过错或者没有因果关系的，应当承担侵权责任。

表 3-7 《侵权责任法》相关规定

案件类型		受害方证明责任	加害方证明责任
医疗损害责任		其余要件事实由受害方证明	1. 医疗过错推定的三种情形： (1) 违反法律、行政法规、规章以及其他有关诊疗规范的规定； (2) 隐匿或者拒绝提供与纠纷有关的病历资料； (3) 伪造、篡改或者销毁病历资料。 2. 三项免责事由： (1) 患者或者其近亲属不配合医疗机构进行符合诊疗规范的诊疗； (2) 医务人员在抢救生命垂危的患者等紧急情况下已经尽到合理诊疗义务； (3) 限于当时的医疗水平难以诊疗。
环境污染和生态破坏责任			(1) 推定因果关系：行为人对行为与损害之间不存在因果关系承担举证责任； (2) 法定免责事由。
高度危险责任	民用核事故责任		免责事由：能够证明损害是因战争、武装冲突、暴乱等情形或者受害人故意造成的。
	民用航空器致害责任		免责事由：能够证明损害是因受害人故意造成的。
	占用或使用易燃、易爆、剧毒、高放射性、强腐蚀性、高致病性等**高度危险物**致害责任		免责事由：能够证明损害是因受害人故意或者不可抗力造成的。
	从事高空、高压、地下挖掘活动或者使用高速轨道运输工具致害责任		免责事由：能够证明损害是因受害人故意或者不可抗力造成的。
	高度危险场所损害责任		免责事由：管理人已经采取足够安全措施并尽到充分警示义务的。
饲养动物损害责任	饲养的动物致害责任		免责事由：饲养人或管理人能够证明损害是因被侵权人故意或者重大过失造成的。
	动物园的动物致害责任		免责事由：能够证明尽到管理职责的。

续表

案件类型		受害方证明责任	加害方证明责任
建筑物和物件损害责任	建筑物、构筑物或者其他设施及其搁置物、悬挂物发生脱落、坠落致害责任	其余要件事实由受害方证明	所有人、管理人或者使用人不能证明自己没有过错的，应当承担侵权责任。
	不明抛掷、坠落物品致害责任		难以确定具体侵权人的，由可能加害的建筑物使用人给予补偿。 免责事由：能够证明自己不是侵权人。
	堆放物倒塌、滚落或者滑落致害责任		堆放人不能证明自己没有过错的，应当承担侵权责任。
	林木折断、倾倒或者果实坠落等致害责任		林木的所有人或者管理人不能证明自己没有过错的，应当承担侵权责任。
	窨井等地下设施造成他人损害		管理人不能证明尽到管理职责的，应当承担侵权责任。
	在公共道路上堆放、倾倒、遗撒妨碍通行的物品致害责任		公共道路管理人不能证明已经尽到清理、防护、警示等义务的，应当承担相应的责任。
	公共场所或者道路上施工致害责任		施工人不能证明已经设置明显标志和采取安全措施的，应当承担侵权责任。
共同危险行为致害			不能确定具体侵权人的，行为人承担连带责任。

练一练[①]

甲养的宠物狗将乙咬伤，乙起诉甲请求损害赔偿。诉讼过程中，甲认为乙被咬伤是因为乙踢狗造成的。对于乙是否踢过狗的事实，应当由谁负证明责任？

小 结

本节内容主要介绍了证明责任的概念以及分配规则，包括一般侵权案件的分配规则、特殊侵权案件的分配规则等，同学们要会鉴别。请思考以下几个问题：

1. 民事证明责任分配的一般原则是什么？
2. 哪些侵权责任纠纷是通过法律推定因果关系的？

① 参考答案：应由甲负举证责任。

第五节 民事诉讼证明标准

导语

同学们好！我们都知道承担证明责任的当事人需要提供证据证明自己的主张，那么提供多少证据才可以呢？这些证据相结合要达到什么标准才可以使人民法院支持自己主张的事实呢？本节我们学习民事诉讼的证明标准，以及证明过程中需要注意的程序性问题，来解答这些问题。

一、民事诉讼证明标准的概念

证明标准，是指当事人提供证据证明案件事实的程度，也是人民法院在诉讼中运用证据认定案件事实所要达到的程度，是人民法院判断待证事实的基准。

二、高度盖然性及其适用

一般而言，民事诉讼的证明标准是高度盖然性，也称高度可能性。高度盖然性是指证明虽然没有达到使法官确信所主张的事实必然如此，但能够使法官认为案件事实有较大可能性就是如此。这与刑事诉讼的有罪判决的证明标准有所不同，刑事诉讼的定罪证明标准一般要求证明有罪达到证据确实充分、排除合理怀疑，这是一种使法官确信的状态，或称排除合理怀疑。刑事诉讼的定罪证明标准要高于民事诉讼，这是由两种诉讼的不同任务和性质决定的。

《民事证据规定》第 85 条规定："人民法院应当以证据能够证明的案件事实为根据依法作出裁判。审判人员应当依照法定程序，全面、客观地审核证据，依据法律的规定，遵循法官职业道德，运用逻辑推理和日常生活经验，对证据有无证明力和证明力大小独立进行判断，并公开判断的理由和结果。"

据此，对于证据是否能够达到高度盖然性的证明要求，由法官运用逻辑推理和日常生活经验，对证据证明力的有无和大小独立进行判断，以证据为根据来判断案件事实是否具有高度可能性，并得出结论，公开判断的理由和结果。

（一）适用于一般待证事实的证明

《民诉解释》第 108 条规定："对负有举证证明责任的当事人提供的证据，人民法院经审查并结合相关事实，确信待证事实的存在具有高度可能性的，应当认定该事实存在。对一方当事人为反驳负有举证证明责任的当事人所主张事实而提供的证据，人民法院经审查并结合相关事实，认为待证事实真伪不明的，应当认定该事实不存在。法律对于待证事实所应达到的证明标准另有规定的，从其规定。”

（二）适用于程序事项的证明

《民事证据规定》第 86 条第 2 款规定：“与诉讼保全、回避等程序事项有关的事实，人民法院结合当事人的说明及相关证据，认为有关事实存在的可能性较大的，可以认定该事实存在。”

高度盖然性的证明标准适用于对程序事项的证明时，人民法院除了依据相关证据，还可以结合当事人的说明。当事人的说明可能是当事人对相关程序性事实的陈述，也可能是其他内容。例如，当事人依据《民诉解释》第 44 条的规定申请审判人员回避的，就需要向人民法院提出审判人员有下列情形，并尽可能提供相关证据或者证据线索，以获得人民法院的支持：（1）接受本案当事人及其受托人宴请，或者参加由其支付费用的活动的；（2）索取、接受本案当事人及其受托人财物或者其他利益的；（3）违反规定会见本案当事人、诉讼代理人的；（4）为本案当事人推荐、介绍诉讼代理人，或者为律师、其他人员介绍代理本案的；（5）向本案当事人及其受托人借用款物的；（6）有其他不正当行为，可能影响公正审理的。

三、排除合理怀疑及其适用

依据《民诉解释》第 109 条和《民事证据规定》第 86 条第 1 款的规定，当事人对欺诈、胁迫、恶意串通事实的证明，以及对口头遗嘱或者赠与事实的证明，人民法院确信该待证事实存在的可能性能够排除合理怀疑的，应当认定该事实存在。

这是一种较高的证明要求，所适用的证明事项对当事人权益有较大影响，对诉讼结局有直接的影响。对排除合理怀疑的具体要求，可以参考刑事诉讼证明部分的定罪证明标准。

练一练[①]

（不定项选择题）以下可以适用高度盖然性证明标准的案件是（　　）。

A. 原告因审判长是被告的继兄，申请审判长回避

B. 原告因被告家庭暴力，诉请离婚

C. 原告因受骗与本无能力履行的被告签署买卖合同，诉请解除合同

D. 原告因爷爷生前说过房子给自己，爷爷去世后房子被哥哥强占了，诉至人民法院

① 参考答案：AB。

小结

本节主要介绍了民事诉讼证明标准，需要掌握高度盖然性和排除合理怀疑两个证明标准。请思考以下几个问题：

1. 高度盖然性的证明标准内容是什么？适用于哪些案件？

2. 排除合理怀疑的证明标准适用于哪些案件事实的证明？

第六节　民事诉讼证明程序

导语

同学们好！民事诉讼证明程序非常重要，包括举证期限、证据交换、法院调查收集证据、证据保全、质证、认证等内容。民事诉讼奉行处分原则和辩论原则，当事人双方之间的纠纷发生在平等主体之间，决定了民事证明程序有别于刑事、行政两种证明程序的特殊之处。

一、当事人提供证据与举证期限

（一）当事人提供证据

依据《民事证据规定》第 11 条至第 13 条、第 15 条、第 19 条等规定，关于当事人提供证据的要求主要有如下内容：

（1）当事人向人民法院提供证据，应当提供原件或者原物。如需自己保存证据原件、原物或者提供原件、原物确有困难的，可以提供经人民法院核对无异的复制件或者复制品。

（2）以动产作为证据的，应当将原物提交人民法院。原物不宜搬移或者不宜保存的，当事人可以提供复制品、影像资料或者其他替代品。人民法院在收到当事人提交的动产或者替代品后，应当及时通知双方当事人到人民法院或者保存现场查验。

（3）当事人以不动产作为证据的，应当向人民法院提供该不动产的影像资料。人民法院认为有必要的，应当通知双方当事人到场进行查验。

（4）当事人提交书证原件确有困难的情形包括下列五种：1）书证原件遗失、灭失或者毁损的；2）原件在对方当事人控制之下，经合法通知提交而拒不提交的；3）原件在他人控制之下，而其有权不提交的；4）原件因篇幅或者体积过大而不便提交的；5）承担举证证明责任的当事人通过申请人民法院调查收集或者其他方式无法获得书证原件的。

(5) 当事人以视听资料作为证据的，应当提供存储该视听资料的原始载体。当事人以电子数据作为证据的，应当提供原件。电子数据的制作者制作的与原件一致的副本，或者直接来源于电子数据的打印件或其他可以显示、识别的输出介质，视为电子数据的原件。

(6) 当事人应当对其提交的证据材料逐一分类编号，对证据材料的来源、证明对象和内容作简要说明，签名盖章，注明提交日期，并依照对方当事人人数提出副本。

(7) 人民法院收到当事人提交的证据材料，应当出具收据，注明证据的名称、份数和页数以及收到的时间，由经办人员签名或者盖章。

(二) 举证期限

举证期限，是指在民事诉讼中，当事人协商并经人民法院认可、人民法院指定或法律规定的当事人能够有效提供证据的期限。《民事诉讼法》第65条规定，当事人对自己提出的主张应当及时提供证据。举证期限就是对"及时"的要求，强调当事人向人民法院提供证据的期限，一方面规制行为意义上的证明责任，要求当事人按期提供证据；另一方面暗含了结果意义上的证明责任，逾期举证可能产生证据失权的后果，即证据不被人民法院采纳的不利后果，如果该证据是关键证据，可能导致当事人败诉。

举证期限的意义很重要：(1) 能够促使当事人积极举证，提高诉讼效率。(2) 能够防止在证据上对对方当事人的突然袭击，有助于维护当事人诉讼权利。(3) 有助于人民法院对诉讼争议事实和争点问题进行整理和分析。

《民事证据规定》第50条规定："人民法院应当在审理前的准备阶段向当事人送达举证通知书。举证通知书应当载明举证责任的分配原则和要求、可以向人民法院申请调查收集证据的情形、人民法院根据案件情况指定的举证期限以及逾期提供证据的法律后果等内容。"

举证期限的相关规定见表3-8。

表3-8 举证期限相关规定

举证期限的确定	(1) 可以由当事人协商一致，并经人民法院认可。 (2) 由人民法院指定举证期限的： 1) 第一审普通程序审理的案件不得少于十五日； 2) 当事人提供新的证据的第二审案件不得少于十日； 3) 适用简易程序审理的案件不得超过十五日； 4) 小额诉讼案件的举证期限一般不得超过七日； 5) 发回重审的案件，第一审人民法院可以结合案件具体情况和发回重审的原因，酌情确定举证期限。 * 公告送达的，举证期限自公告期届满之次日起计算。 * 人民法院通过组织证据交换进行审理前准备的，证据交换之日举证期限届满。

续表

酌情再次确定举证期限	人民法院可以酌情再次确定举证期限： (1) 举证期限届满后； (2) 当事人提供反驳证据或者对已经提供的证据的来源、形式等方面的瑕疵进行补正的； (3) 该期限不受前述规定的十五日、十日等期间限制。
举证期限的延长	(1) 申请：当事人应当在举证期限届满前提出书面申请。 (2) 理由：当事人在举证期限内提供证据存在客观障碍或其他确有困难情形。 (3) 人民法院对申请理由的综合判断因素： 1) 当事人的举证能力； 2) 不能在举证期限内提供证据的原因等； 3) 必要时听取对方当事人的意见。 (4) 经人民法院准许：适当延长。 (5) 再次申请延长：当事人在延长的举证期限内提交证据仍有困难的，可以再次申请延长，是否准许由人民法院决定。 (6) 当事人申请延长举证期限的，延长的举证期限适用于其他当事人。
举证期限的重新确定	(1) 诉讼请求因以下原因变更： 1) 诉讼过程中，当事人主张的法律关系性质或者民事行为效力与人民法院根据案件事实作出的认定不一致的，二者应作为焦点问题进行审理； 2) 当事人根据法庭审理情况变更诉讼请求的，人民法院应当准许； 3) 人民法院可以根据案件的具体情况重新指定举证期限。 *法律关系性质对裁判理由及结果没有影响，或者有关问题已经当事人充分辩论的除外。 (2) 当事人变更： 1) 追加当事人、有独立请求权的第三人参加诉讼或者无独立请求权的第三人经人民法院通知参加诉讼； 2) 人民法院应当为了新参加诉讼的当事人重新确定举证期限； 3) 该举证期限适用于其他当事人。 (3) 当事人增加、变更诉讼请求或者提出反诉的，人民法院应当根据案件具体情况重新确定举证期限。
举证期限的中止与恢复	当事人依照《民事诉讼法》第127条规定提出管辖权异议的，举证期限中止自驳回管辖权异议的裁定生效之日起恢复计算。
逾期提供证据的后果	(1) 人民法院应当责令其说明理由，必要时可以要求其提供相应的证据。 (2) 当事人因客观原因逾期提供证据，或者对方当事人对逾期提供证据未提出异议的，视为未逾期。 (3) 当事人因故意或者重大过失逾期提供的证据，人民法院不予采纳；但该证据与案件基本事实有关的，人民法院应当采纳，并予以训诫、罚款。 (4) 当事人非因故意或者重大过失逾期提供的证据，人民法院应当采纳，并对当事人予以训诫。 (5) 当事人一方要求另一方赔偿因逾期提供证据致使其增加的交通、住宿、就餐、误工、证人出庭作证等必要费用的，人民法院可予支持。 *处以罚款的，可以结合当事人逾期提供证据的主观过错程度、导致诉讼迟延的情况、诉讼标的金额等因素，确定罚款数额。

二、证据交换

证据交换，是指于民事诉讼答辩期届满之后，开庭审理以前，在审判人员的主持下，当事人之间相互展示、交换其持有证据的行为或过程，人民法院通过组织证据交换进行审理前的准备。《民事诉讼法》第133条第4项规定，人民法院对于需要开庭审理的案件，通过要求当事人交换证据等方式，明确争议焦点。《民诉解释》第224条规定，人民法院可以在答辩期届满后，通过组织证据交换、召集庭前会议等方式，做好审理前的准备。《民诉解释》第225条第4项规定，根据案件具体情况，庭前会议中可以组织交换证据。

证据交换有重要的意义：(1) 有助于明确诉讼争点，确定争议事实。(2) 有助于进行证据整理，使人民法院和双方了解案件的全盘证据，便于人民法院进行庭审前的准备工作，顺利进行质证和认证。(3) 有助于促使当事人在详尽分析证据后选择通过和解或调解解决纠纷，节约诉讼成本。

证据交换的相关规定见表3-9。

表3-9 证据交换相关规定

证据交换的适用	人民法院对于需要开庭审理的案件，通过要求当事人交换证据等方式，明确争议焦点。
确定时间的两种方式	(1) 可以由当事人协商一致并经人民法院认可； (2) 可以由人民法院指定。 * 当事人申请延期举证经人民法院准许的，证据交换日相应顺延。
证据交换过程	(1) 审判人员主持； (2) 可在庭前会议交换证据； (3) 审判人员对当事人无异议的事实、证据应当记录在卷； (4) 对有异议的证据，按照需要证明的事实分类记录在卷，并记载异议的理由； (5) 通过证据交换，确定双方当事人争议的主要问题。
再次组织证据交换	当事人收到对方的证据后有反驳证据需要提交的，人民法院应当再次组织证据交换。

三、人民法院调查收集证据

(一) 人民法院调查收集证据的情形

《民事诉讼法》第64条第2款规定："当事人及其诉讼代理人因客观原因不能自行收集的证据，或者人民法院认为审理案件需要的证据，人民法院应当调查收集。"

可见民事诉讼中人民法院调查收集证据有两种情形：(1) 人民法院根据需要依职权主动调查收集证据；(2) 人民法院根据当事人的申请调查收集证据。

处分原则、辩论原则是民事诉讼的基本理论和基本原则，作为裁判依据的证据原则上应当是由当事人向人民法院提出的。在当事人收集证据确有困难的时候，可以向人民法院提出申请，由人民法院代为收集。在一般情况下，人民法院不宜主动收集证据，依职权主动调查收集证据的活动将违背处分原则和辩论原则。因此，对于《民事诉讼法》所规定的“人民法院认为审理案件需要的证据”，应予以明确具体规定、严格限制。

1. 人民法院主动调查收集证据

人民法院主动调查收集证据的情况有五种。《民诉解释》第 96 条规定，《民事诉讼法》第 64 条第 2 款规定的人民法院认为审理案件需要的证据包括：(1) 涉及可能损害国家利益、社会公共利益的；(2) 涉及身份关系的；(3) 涉及《民事诉讼法》第 55 条规定的公益诉讼的；(4) 当事人有恶意串通损害他人合法权益可能的；(5) 涉及依职权追加当事人、中止诉讼、终结诉讼、回避等程序性事项的。除了以上列举的五种情况外，人民法院不得主动调查收集证据。其他情况下人民法院如要调查收集证据，应当依照当事人的申请进行。

2. 人民法院应当事人申请调查收集证据

依据《民诉解释》第 94 条，《民事诉讼法》第 64 条第 2 款规定的当事人及其诉讼代理人因客观原因不能自行收集的证据包括：(1) 证据由国家有关部门保存，当事人及其诉讼代理人无权查阅调取的；(2) 涉及国家秘密、商业秘密或者个人隐私的；(3) 当事人及其诉讼代理人因客观原因不能自行收集的其他证据。

《民事证据规定》第 20 条规定：“当事人及其诉讼代理人申请人民法院调查收集证据，应当在举证期限届满前提交书面申请。申请书应当载明被调查人的姓名或者单位名称、住所地等基本情况、所要调查收集的证据名称或者内容、需要由人民法院调查收集证据的原因及其要证明的事实以及明确的线索。”

当事人申请调查收集的证据，与待证事实无关联、对证明待证事实无意义或者其他无调查收集必要的，人民法院不予准许。

（二）人民法院调查收集证据的程序

1. 调查人员与调查材料

人民法院调查收集证据，应当由两人以上共同进行。

2. 调查材料的签名盖章

调查材料要由调查人、被调查人、记录人签名、捺印或者盖章。

3. 调取书证

人民法院调查收集的书证，可以是原件，也可以是经核对无误的副本或者复制件。调取副本或者复制件的，应当在调查笔录中说明来源和取证情况。

4. 调取物证

人民法院调查收集的物证应当是原物。被调查人提供原物确有困难的，可以提供复制品或者影像资料。提供复制品或者影像资料的，应当在调查笔录中说明取证情况。

5. 调取视听资料、电子数据

人民法院调查收集视听资料、电子数据，应当要求被调查人提供原始载体。提供原始载体确有困难的，可以提供复制件。提供复制件的，人民法院应当在调查笔录中说明其来源和制作经过。人民法院对视听资料、电子数据采取证据保全措施的，适用调查收集视听资料、电子数据的规定。

6. 调取可能需要鉴定的证据

人民法院调查收集可能需要鉴定的证据，应当遵守相关技术规范，确保证据不被污染。

四、证据保全

（一）证据保全的概念

证据保全有诉讼证据保全和诉前证据保全两种类型。《民事诉讼法》第 81 条第 1 款规定了诉讼证据保全："在证据可能灭失或者以后难以取得的情况下，当事人可以在诉讼过程中向人民法院申请保全证据，人民法院也可以主动采取保全措施。"第 81 条第 2 款规定了诉前证据保全："因情况紧急，在证据可能灭失或者以后难以取得的情况下，利害关系人可以在提起诉讼或者申请仲裁前向证据所在地、被申请人住所地或者对案件有管辖权的人民法院申请保全证据。"

诉讼证据保全和诉前证据保全的区别有：

(1) 发生时间不同，诉讼证据保全发生在案件审理过程中，诉前证据保全发生在起诉前或申请仲裁前。

(2) 申请保全的主体身份不同。诉讼证据保全申请人是当事人，诉前证据保全申请人是利害关系人。

(3) 管辖人民法院不同。诉讼证据保全管辖人民法院是审理本案的人民法院，诉前证据保全的管辖人民法院是证据所在地、被申请人住所地或者对案件有管辖权的人民法院。

(4) 人民法院可以主动采取诉讼证据保全措施，但不能主动进行诉前证据保全。

证据保全是一种特殊的调查取证和固定证据的程序，其意义在于，通过采取措施保护易毁损、灭失的证据，有利于在后续的诉讼中维护当事人合法权益，也有利于人民法院查明案件，有利于纠纷解决。

（二）证据保全的措施与程序

1. 证据保全申请书

当事人或者利害关系人根据《民事诉讼法》第 81 条的规定申请证据保全的，申请书应当载明需要保全的证据的基本情况、申请保全的理由以及采取何种保全措施等内容。

2. 诉讼证据保全的申请时间

当事人申请诉讼证据保全的，应当在举证期限届满前向人民法院提出。

3. 保全措施会限制权利或可能造成损失的，应当提供担保

当事人或者利害关系人申请采取查封、扣押等限制保全标的物使用、流通等保全措施，或者保全可能对证据持有人造成损失的，人民法院应当责令申请人提供相应的担保。担保方式或者数额由人民法院根据保全措施对证据持有人的影响、保全标的物的价值、当事人或者利害关系人争议的诉讼标的金额等因素综合确定。

4. 要求当事人到场

人民法院进行证据保全，可以要求当事人或者诉讼代理人到场。

5. 保全措施和制作笔录

根据当事人的申请和具体情况，人民法院可以采取查封、扣押、录音、录像、复制、鉴定、勘验等方法进行证据保全，并制作笔录。

6. 利益影响最小原则

这是指在符合证据保全目的的情况下，人民法院应当选择对证据持有人利益影响最小的保全措施。

7. 损害赔偿责任

申请证据保全错误造成财产损失，当事人请求申请人承担赔偿责任的，人民法院应予支持。

8. 诉前保全证据的移交

人民法院采取诉前证据保全措施后，当事人向其他有管辖权的人民法院提起诉讼的，采取保全措施的人民法院应当根据当事人的申请，将保全的证据及时移交受理案件的人民法院。

五、质证

（一）质证的概念和意义

质证是民事诉讼法庭审理的重要环节，也是当事人的诉讼权利，是指在法庭审理中，**当事人**、**诉讼代理人**及**第三人**在审判人员的主持下，对当事人及第三人提出的证据，采取询问、出示、辨认、质疑、辩论、对质等方式，就证据真实性、合法性、关联性以及证明力的有无、大小予以说明和辩驳的诉讼活动。

质证的重要意义在于：

（1）质证是当事人重要的诉讼权利。民事诉讼双方当事人都有权利提供对自己有利的证据，反驳对方的主张。通过质证程序说明己方证据的证明力，批驳质疑对方的证据，有利于影响法官作出对己有利的事实认定。

（2）质证是法庭审判的核心内容，如果没有有效的质证，那么法庭审判就是空洞的，会损害司法的公正与权威。

（3）质证有利于法官深刻分辨案件证据的关联性、合法性、真实性，据以形成心证，形成对案件事实的认识。

（二）质证的程序

在质证程序中，人民法院应当组织当事人围绕证据的真实性、合法性以及与待证事实的关联性进行质证，并针对证据有无证明力和证明力大小进行说明和辩论。

1. 质证的总体要求与内容

证据应当在法庭上出示，由当事人互相质证。未经当事人质证的证据，不得作为认定案件事实的根据。质证由法庭主持和组织，核心内容就是证据的真实性、合法性、关联性，证据有无证明力和证明力的大小。

2. 视为质证过的证据

当事人在审理前的准备阶段或者人民法院调查、询问过程中发表过质证意见的证据，经审判人员在庭审中说明后，视为质证过的证据。这有利于诉讼经济，提高效率。

3. 质证的口头与书面形式

原则上质证是在法庭上以口头的方式进行。当事人要求以书面方式发表质证意见，人民法院在听取对方当事人意见后认为有必要的，可以准许。人民法院应当及时将书面质证意见送交对方当事人。

4. 质证的顺序

质证一般按原告、被告、第三人的顺序进行出示、质证：（1）原告出示证据，被告、第三人与原告进行质证；（2）被告出示证据，原告、第三人与被告进行质证；（3）第三人出示证据，原告、被告与第三人进行质证。

人民法院根据当事人申请调查收集的证据，审判人员对调查收集证据的情况进行说明后，由提出申请的当事人与对方当事人、第三人进行质证。

人民法院依职权调查收集的证据，由审判人员对调查收集证据的情况进行说明后，听取当事人的意见。

5. 对书证与物证、视听资料与电子数据的出示与质证

关于书证的规定适用于视听资料、电子数据。对书证、物证、视听资料进行质证时，当事人应当出示证据的原件或者原物，但有下列情形之一的除外：（1）出示原件或者原物确有困难，并经人民法院准许出示复制件或者复制品的；（2）原件或者原物已不存在，但有证据证明复制件、复制品与原件或者原物一致的。

当事人在法庭上对电子数据的质证要点应紧扣人民法院审查判断电子数据的要点，对此，《民事证据规定》第93条规定了七项内容，例如电子数据的生成、存储、传输所依赖的计算机系统的硬件、软件环境是否完整、可靠，是否处于正常运行状态等，具体可参见本书“认证”部分对电子数据的认定，在此不赘述。

6. 对证人证言的质证

（1）人民法院应当要求证人出庭作证，接受审判人员和当事人的询问。

（2）证人在审理前的准备阶段或者人民法院调查、询问等双方当事人在场时陈述证言的，视为出庭作证。

（3）双方当事人同意证人以其他方式作证并经人民法院准许的，证人可以不出庭作证。

（4）对于涉及可能损害国家利益、社会公共利益的，人民法院应当依职权通知证人出庭作证。

（5）当事人申请证人出庭作证的，应当在举证期限届满前向人民法院提交申请书。申请书应当载明证人的姓名、职业、住所、联系方式，作证的主要内容，作证内容与待证事实的关联性，以及证人出庭作证的必要性。当事人申请证人出庭作证的事项与待证事实无关，或者没有通知证人出庭作证必要的，人民法院不予准许当事人的申请。

（6）人民法院准许证人出庭作证申请的，应当向证人送达通知书并告知双方当事人。通知书中应当载明证人作证的时间、地点，作证的事项、要求以及作伪证的法律后果等内容。

（7）人民法院应当要求证人在作证之前签署保证书，并在法庭上宣读保证书的内容。但无民事行为能力人和限制民事行为能力人作为证人的除外。证人确有正当理由不能宣读保证书的，由书记员代为宣读并进行说明。证人拒绝签署或者宣读保证书的，不得作证，并自行承担相关费用。证人经人民法院准许，以书面证言方式作证的，应当签署保证书；以视听传输技术或者视听资料方式作证的，应当签署保证书并宣读保证书的内容。

（8）证人应当客观陈述其亲身感知的事实，作证时不得使用猜测、推断或者评论性语言。

（9）证人作证前不得旁听法庭审理，作证时不得以宣读事先准备的书面材料的方式陈述证言。

（10）证人言辞表达有障碍的，可以通过其他表达方式作证。

（11）证人应当就其作证的事项进行连续陈述。

（12）当事人及其法定代理人、诉讼代理人或者旁听人员干扰证人陈述的，人民法院应当及时制止，必要时可以依照违反法庭规则的规定进行处罚。

（13）审判人员可以对证人进行询问。当事人及其诉讼代理人经审判人员许可后可以询问证人。

（14）询问证人时其他证人不得在场。

（15）人民法院认为有必要的，可以要求证人之间进行对质。

（16）证人出庭作证后，可以向人民法院申请支付证人出庭作证费用。证人有困难需要预先支取出庭作证费用的，人民法院可以根据证人的申请在出庭作证前支付。

（17）证人确有困难不能出庭作证，申请以书面证言、视听传输技术或者视听资料等方式作证的，应当向人民法院提交申请书。申请书中应当载明不能出庭的具体原因。

（18）当事人及其诉讼代理人对证人的询问与待证事实无关，或者存在威胁、侮辱证人或不适当引导等情形的，审判人员应当及时制止。必要时可以作为妨害司法行为或者违反法庭规则行为予以处罚。

（19）证人故意作虚假陈述，诉讼参与人或者其他人以暴力、威胁、贿买等方法妨碍证人作证，或者在证人作证后以侮辱、诽谤、诬陷、恐吓、殴打等方式对证人打击报复的，人民法院应当根据情节，依照民事诉讼法妨碍司法行为的规定，对行为人进行处罚。

7. 对当事人的陈述的质证

当事人作证及签署保证书、接受质证的具体要求有：

（1）人民法院认为有必要的，可以要求当事人本人到场，就案件的有关事实接受询问。人民法院要求当事人到场接受询问的，应当通知当事人询问的时间、地点、拒不到场的后果等内容。

（2）签署保证书属必经程序。人民法院应当在询问前责令当事人签署保证书并宣读保证书的内容。

（3）保证书内容。保证书应当载明保证据实陈述，绝无隐瞒、歪曲、增减，如有虚假陈述应当接受处罚等内容。

（4）签名、捺印、宣读。当事人应当在保证书上签名、捺印。当事人有正当理由不能宣读保证书的，由书记员宣读并进行说明。

（5）对当事人的询问参照关于询问证人的要求。

8. 对鉴定意见、勘验笔录的质证

对鉴定意见、勘验笔录的质证主要体现为对鉴定人、勘验人的质证。

（1）通知鉴定人出庭。鉴定人依照《民事诉讼法》第 78 条的规定出庭作证的，人民法院应当在开庭审理三日前将出庭的时间、地点及要求通知鉴定人。委托机构鉴定的，应当由从事鉴定的人员代表机构出庭。

（2）鉴定人应当就鉴定事项如实答复当事人的异议和审判人员的询问。当庭答复确有困难的，经人民法院准许，可以在庭审结束后书面答复。人民法院应当及时将书面答复送交当事人，并听取当事人的意见。必要时，可以再次组织质证。

（3）经法庭许可，当事人可以询问鉴定人、勘验人。

（4）询问鉴定人、勘验人不得使用威胁、侮辱等不适当的言语和方式。对鉴定人的询问参照关于询问证人的要求。

9. 有专门知识的人出庭对鉴定意见质证和对专业问题发表意见

（1）当事人可以申请人民法院通知有专门知识的人出庭，就鉴定人作出的鉴定意见或者专业问题提出意见。申请书中应当载明有专门知识的人的基本情况和申请的目的。人民法院准许当事人申请的，应当通知双方当事人。

（2）审判人员可以对有专门知识的人进行询问。

（3）经法庭准许，当事人可以对有专门知识的人进行询问，当事人各自申请的有专门知识的人可以就案件中的有关问题进行对质。

（4）具有专门知识的人在法庭上就专业问题提出的意见，视为当事人的陈述。

（5）有专门知识的人不得参与对鉴定意见质证或者就专业问题发表意见之外的法庭审理活动。

（6）对有专门知识的人的询问参照关于询问证人的要求。

10. 不公开质证的证据

涉及国家秘密、商业秘密、个人隐私或者法律规定应当保密的证据，不得公开质证。

六、认证

（一）认证的概念

认证，是指法庭组织双方当事人质证、辩论后，对在庭审中出示、质证的证据材料的客观性、关联性、合法性进行分析判断，确认其能否作为认定案件事实的根据，并对全案证据进行综合性分析判断，对案件事实作出认定的诉讼活动。

（二）认证规则

1. 审查判断的标准与内容

人民法院应当以证据能够证明的案件事实为根据依法作出裁判。凡是能够反映案件真实情况、与待证事实相关联、来源和形式符合法律规定的证据，应当作为认定案件事实的根据。审判人员应对证据有无证明力和证明力大小进行判断，并公开判断的理由和结果。

2. 综合审查全案与审核单一证据的方法

人民法院应当按照法定程序，全面、客观地审核证据，依照法律规定，运用逻辑推理和日常生活经验法则进行判断。审判人员对案件的全部证据，应当从各证据与案件事实的关联程度、各证据之间的联系等方面进行综合审查判断。

审判人员对单一证据可以从下列方面进行审核认定：

（1）证据是否为原件、原物，复制件、复制品与原件、原物是否相符。

（2）证据与本案事实是否相关。

（3）证据的形式、来源是否符合法律规定。

（4）证据的内容是否真实。

（5）证人或者提供证据的人与当事人有无利害关系。

其中包含了最佳证据规则，要求书证应提供原件，物证应提供原物。

3. 非法证据排除

对以严重侵害他人合法权益、违反法律禁止性规定或者严重违背公序良俗的方法形成或者获取的证据，不得作为认定案件事实的根据。

4. 补强证据规则

下列证据不能单独作为认定案件事实的根据：

（1）当事人的陈述。

（2）无民事行为能力人或者限制民事行为能力人所作的与其年龄、智力状况或者精神健康状况不相当的证言。

（3）与一方当事人或者其代理人有利害关系的证人陈述的证言。

（4）存有疑点的视听资料、电子数据。

（5）无法与原件、原物核对的复制件、复制品。

以上这些证据不得独立证明案件事实，必须有其他证据补足、加强其证明力，才能证明案件事实。《民事证据规定》第 90 条对此有相关规定。

6. 证明妨碍规则及书证提出命令

当一方当事人持有证据拒不提供，或者妨碍对方使用证据的，对方主张该证据的内容不利于该方当事人的，推定对方主张为真，这就是证明妨碍规则，又称举证妨碍规则。2019 年《民事证据规定》第 95 条等对证明妨碍规则有所规定："一方当事人控制证据无正当理由拒不提交，对待证事实负有举证责任的当事人主张该证据的内容不利于控制人的，人民法院可以认定该主张成立。"该规定取代了 2001 年《民事证据规定》第 75 条对妨碍举证的推定规则：有证据证明一方当事人持有证据无正当理由拒不提供，如果对方当事人主张该证据的内容不利于证据持有人，可以推定该主张成立。

（1）书证提出命令。

我国《民诉解释》第 112 条及 2019 年《民事证据规定》第 45 条至第 48 条规定了书证提出命令，主要有以下内容：

1）关于申请条件。书证在对方当事人控制之下的，承担举证证明责任的当事人可以在举证期限届满前书面申请人民法院责令对方当事人提交。申请书应当载明所申请提交的书证名称或者内容、需要以该书证证明的事实及事实的重要性、对方当事人控制该书证的根据以及应当提交该书证的理由。

2）关于审查与裁定、通知程序。第一，人民法院对当事人提交书证的申请进行审查时，应当听取对方当事人的意见，必要时可以要求双方当事人提供证据、进行辩论。第二，当事人申请提交的书证不明确、书证对于待证事实的证明无必要、待证事实对于裁判结果无实质性影响、书证未在对方当事人控制之下或者不符合应提交书证的五种情形的，人民法院不予准许。第三，对方当事人否认控制书证的，人民法院应当根据法律规定、习惯等因素，结合案件的事实、证据，对于书证是否在对方当事人控制之下的事实作出综合判断。第四，当事人申请理由成立的，人民法院应当作出裁定，责令对方当事人提交书证；理由不成立的，通知申请人。

3）关于书证提出义务范围。下列五种情形，控制书证的当事人应当提交书证：第一，控制书证的当事人在诉讼中曾经引用过的书证；第二，为对方当事人的利益制作的书证；第三，对方当事人依照法律规定有权查阅、获取的书证；第四，账簿、记账原始凭证；第五，人民法院认为应当提交书证的其他情形。以上所列书证，涉及国家秘密、商业秘密、当事人或第三人的隐私，或者存在法律规定应当保密的情形的，提交后不得公开质证。人民法院责令对方当事人提交书证的，因提交书证所产生的费用，由申请人负担。

4）关于不遵守“书证提出命令”的后果。人民法院责令对方当事人提交书证，对方当事人无正当理由拒不提交的，人民法院可以认定申请人所主张的书证内容为真实。

（2）妨碍对方使用书证。

依据《民诉解释》第113条及《民事证据规定》第48条的规定，持有书证的当事人以妨碍对方当事人使用为目的，毁灭有关书证或者实施其他致使书证不能使用行为的，人民法院可以认定对方当事人主张以该书证证明的事实为真实，依照《民事诉讼法》妨害民事诉讼的规定，对其处以罚款、拘留。

7. 对证人证言的认定

人民法院认定证人证言，可以通过对证人的智力状况、品德、知识、经验、法律意识和专业技能等的综合分析作出判断。

（1）不能正确表达意思的人，不能作为证人。

（2）待证事实与其年龄、智力状况或者精神健康状况不适应的无民事行为能力人和限制民事行为能力人，不可以作为证人。

（3）无正当理由未出庭的证人以书面等方式提供的证言，不得作为认定案件事实的根据。

（4）证人应当客观陈述其亲身感知的事实，作证时不得使用猜测、推断或者评论性语言，否则不得作为认定案件事实的根据。

（5）证人作证前不得旁听法庭审理，证人作证必须个别进行，否则不得作为认定案件事实的根据，除非对质。

（6）单位及制作证明材料的人员拒绝人民法院调查核实，或者制作证明材料的人员无正当理由拒绝出庭作证的，该证明材料不得作为认定案件事实的根据。

8. 对当事人的陈述的认定

人民法院对当事人的陈述，应当结合本案的其他证据，审查确定能否作为认定事实的根据。当事人拒绝陈述的，不影响人民法院根据证据认定案件事实。

（1）当事人在诉讼过程中认可的证据，人民法院应当予以确认。当事人对认可的证据反悔的，人民法院应当责令其说明理由。必要时，可以责令其提供相应证据。人民法院应当结合当事人的诉讼能力、证据和案件的具体情况进行审查。理由成立的，可以列入争议焦点进行审理。

（2）当事人无正当理由拒不到场、拒不签署或宣读保证书或者拒不接受询问的，人民法院应当综合案件情况，判断待证事实的真伪。待证事实无其他证据证明的，人民法院应当作出不利于该当事人的认定。

（3）当事人应当就案件事实作真实、完整的陈述。当事人的陈述与此前陈述不一致的，人民法院应当责令其说明理由，并结合当事人的诉讼能力、证据和案件具体情况进行审查认定。

9. 对鉴定意见的认定

关于对鉴定意见从哪些方面审查判断，《民事证据规定》第 36 条指出，人民法院对鉴定人出具的鉴定书，应当审查是否具有下列内容：（1）委托人民法院的名称；（2）委托鉴定的内容、要求；（3）鉴定材料；（4）鉴定所依据的原理、方法；（5）对鉴定过程的说明；（6）鉴定意见；（7）承诺书。人民法院应当组织当事人对鉴定材料进行质证，未经质证的材料，不得作为鉴定的根据。

对鉴定意见的认证规范主要有以下方面：

（1）经人民法院通知，鉴定人拒不出庭作证的，鉴定意见不得作为认定事实的根据。

（2）对鉴定意见的审查判断还要参照司法解释及司法部公布的关于司法鉴定的部委规章的具体要求等。

10. 对书证的认定

除了最佳证据规则、证明妨碍规则可用于审查判断书证，《民事证据规定》第 44 条、第 91 条、第 92 条的以下规定也同样重要：

（1）公文书证的制作者根据文书原件制作的载有部分或者全部内容的副本，与正本具有相同的证明力。

（2）在国家机关存档的文件，其复制件、副本、节录本经档案部门或者制作原本的机关证明其内容与原本一致的，该复制件、副本、节录本具有与原本相同的证明力。

（3）私文书证的真实性，由主张以私文书证证明案件事实的当事人承担举证责任。

（4）私文书证由制作者或者其代理人签名、盖章或捺印的，推定为真实。

（5）私文书证上有删除、涂改、增添或者其他形式瑕疵的，人民法院应当综合案件的具体情况判断其证明力。

（6）摘录有关单位制作的与案件事实相关的文件、材料，应当注明出处，并加盖制作单位或者保管单位的印章，摘录人和其他调查人员应当在摘录件上签名或者盖章。摘录文件、材料应当保持内容相应的完整性。

11. 对电子数据的认定

根据《民事证据规定》第 93 条的规定，人民法院对于电子数据的真实性，应当结合下列因素综合判断：（1）电子数据的生成、存储、传输所依赖的计算机系统的硬件、软件环境是否完整、可靠；（2）电子数据的生成、存储、传输所依赖的计算机系统的硬件、软件环境是否处于正常运行状态，或者不处于正常运行状态时对电子数据的生成、存储、传输是否有影响；(3) 电子数据的生成、存储、传输所依赖的计算机系统的硬件、软件环境是否具备有效的防止出错的监测、核查手段；(4) 电子数据是否被完整地保存、传输、提取，保存、传输、提取的方法是否可靠；(5) 电子数据是否在正常的往来活动中形成和存储；(6) 保存、传输、提取电子数据的主体是否适当； (7) 影响电子数据完整性和可靠性的其他因素；(8) 人民法院认为有必要的，可以通过鉴定或者勘验等方法，审查判断电子数据的真实性。

根据《民事证据规定》第 94 条的规定，电子数据存在下列情形的，人民法院可以确认其真实性，但有足以反驳的相反证据的除外：(1) 由当事人提交或者保管的于己不利的电子数据；(2) 由记录和保存电子数据的中立第三方平台提供或者确认的；(3) 在正常业务活动中形成的；(4) 以档案管理方式保管的；(5) 以当事人约定的方式保存、传输、提取的；(6) 电子数据的内容经公证机关公证的，人民法院应当确认其真实性，但有相反证据足以推翻的除外。

练一练①

(不定项选择题)以下应当排除，不得作为定案根据的是 (　　)。

A. 原告未经被告同意对电话录音

B. 作出鉴定意见的鉴定人经人民法院通知未出庭

C. 证人出庭后不签署保证书但提交了书面证言

D. 原告没有找到合同原件，提交了原被告双方表示认可合同内容的电子邮件及作为该邮件附件的合同

小 结

本节主要介绍了民事诉讼证明程序，包括举证期限、证据交换、人民法院调查收集证据、证据保全、质证和认证。请思考以下几个问题：

1. 超过举证期限提供的证据人民法院都不应该采纳吗？
2. 在哪些情形下人民法院可以主动调查收集证据？
3. 诉讼证据保全和诉前证据保全有什么区别？
4. 对证人证言进行质证的要求有哪些？
5. 书证提出命令有哪些内容？
6. 主要的认证规则有哪些？

---

① 参考答案：BC。

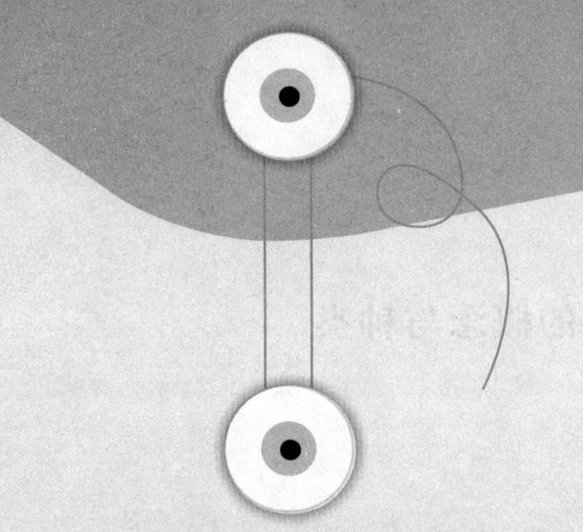

第四章

行政诉讼证据与证明

我国没有独立的证据法，而是在三大诉讼法中规定证据专章，在最高司法机关、国务院各部委根据司法、执法工作的实际需要制定的司法解释、行政法规、部门规章中也有关于行政诉讼证据的规定。具体而言，行政诉讼证据法的法律渊源有：第一，宪法、行政诉讼法等法律。《行政诉讼法》于 1989 年 4 月 4 日由第七届全国人民代表大会第二次会议通过，经过 2014 年、2017 年两次修正。第二，司法解释、行政法规、部门规章等。包括 2000 年最高人民法院《关于执行〈中华人民共和国行政诉讼法〉若干问题的解释》（以下简称 2000 年《行诉解释》）、2002 年最高人民法院《关于行政诉讼证据若干问题的规定》（以下简称《行诉证据规定》）、2015 年最高人民法院《关于适用〈中华人民共和国行政诉讼法〉若干问题的解释》（以下简称 2015 年《行诉解释》）、2018 最高人民法院《关于适用〈中华人民共和国行政诉讼法〉的解释》（以下简称 2018 年《行诉解释》）等。

行政诉讼证据和证明与刑事诉讼、民事诉讼的相关内容有共同之处，对于相同的内容，本部分不再赘述。如关于证据的法定种类、理论分类等，仅详述有区别的部分。同时，行政诉讼在举证责任、证明标准、证明程序等方面有其特殊之处，需要详细了解和准确把握。

第一节 行政诉讼证据的概念与种类

导 语

同学们好！行政诉讼证据与证明是行政诉讼的核心问题之一。它既是当事人进行行政诉讼，维护自己合法权益的有力武器，也是人民法院查明案件事实、辨别争议事实真伪、作出公正裁判的基础和根据。首先需要了解的是，什么是行政诉讼证据，尤其需要分辨它与民事诉讼证据、刑事诉讼证据的联系和区别，掌握现场笔录和勘验笔录的区别。

一、行政诉讼证据的概念与特征

（一）行政诉讼证据的概念

行政诉讼证据，是指在行政诉讼过程中，可以用来证明案件事实情况的材料。它既包括当事人向受诉人民法院提交的证据，也包括人民法院在必要情况下调查收集的证据。不管证据来源如何，任何证据都必须经查证属实才能作为认定案件事实的根据。

与民事诉讼证据、刑事诉讼证据一样，行政诉讼证据的概念采用了“材料说”，包括了一般意义上的诉讼证据，即材料意义上的证据、证据材料，是与案件事实有联系从而能够证明案件事实的各种材料。在对证据下定义时，在“材料说”的基础上，还使用了“根据说”，是指能够作为认定案件事实的根据，即定案根据。《行政诉讼法》第 33 条第 2 款规定：“以上证据经法庭审查属实，才能作为认定案件事实的根据。”《行诉证据规定》第 57 条规定“下列证据材料不能作为定案依据”，此处的“证据材料”和“定案依据”分别指的就是一般意义上、材料意义上的诉讼证据和定案根据。行政诉讼的定案根据必须同时具备关联性、合法性和真实性。

（二）行政诉讼证据的特征

行政诉讼证据虽与民事诉讼证据、刑事诉讼证据有许多相同之处，但也有明显的特征。

1. 行政诉讼证据来源具有特定性

行政诉讼的证据主要由行政诉讼被告提交给人民法院。因为行政机关在行政程序中必须遵循“先取证、后决定”规则，待充分、全面掌握了证据，才能作出行政行为。

2. 行政诉讼举证责任分配具有特殊性

“谁主张、谁举证”是民事诉讼分配举证责任的基本规则，而在行政诉讼中，实行举证责任倒置，被告对行政行为合法性承担举证责任是基本原则，原告只在特定情况下对特定事项承担举证责任。

3. 行政诉讼证明对象具有特殊性

民事诉讼证据所要证明的是双方当事人在民事法律关系中的某种事实和行为，刑事诉讼证据所要证明的是被告是否实施了某种犯罪或犯罪事实的情况，而行政诉讼证据则主要证明行政行为是否合法。

二、行政诉讼证据的法定种类与理论分类

在立法上，行政诉讼证据分为：(1) 书证；(2) 物证；(3) 视听资料；(4) 电子数据；(5) 证人证言；(6) 当事人的陈述；(7) 鉴定意见；(8) 勘验笔录、现场笔录。

在理论上，行政诉讼证据可以分为：原始证据与传来证据，直接证据和间接证据，主要证据与补强证据，本证与反证，言词证据与实物证据。

在民事、刑事及行政诉讼中，只有行政诉讼法对现场笔录的证据形式作了独立规定。行政诉讼区分了勘验笔录和现场笔录，是由于行政行为的复杂性。行政诉讼的勘验笔录和现场笔录主要有以下区别：

(1) 制作主体不同。现场笔录是行政机关制作的，而勘验笔录既可以由人民法院制作，又可以由行政机关制作。例如，《中华人民共和国道路交通安全法》第 72 条规定，交通警察应当对交通事故现场进行勘验、检查，收集证据。1993 年《公安部交通管理局关于道路交通事故现场勘查工作有关问题的通知》第 2 条规定，勘查交通事故现场时，勘查人员对能够反映事故原因，决定事故性质的关键性痕迹和抛撒物的形状、位置、大小等，须采取多种方法进行固定和提取（照相、录像），完整地反映其全貌并对事故现场客观环境进行如实记录；勘查结束后应及时核对勘查记录（现场图、现场勘查笔录）的文字表述和数据是否一致，防止出现差错。公安部还发布了《道路交通事故痕迹物证勘验》《道路交通事故现场勘验照相》《道路交通事故现场图绘制》等技术标准。

(2) 记载内容和事实不同。这是勘验笔录和现场笔录的主要区别。勘验笔录对场所和物品进行勘察、检验、测量，记录相关情况和结果，是对客观情况的记录。勘验笔录的记录对象具有静态特点，记录内容通常是如实记载通过技术手段获得的数据或状态。现场笔录是对行政活动过程的记录，包括行政活动中相对人和执法对象的状况及行政活动本身的情况，记录的对象具有动态特点，记录的内容通常不是使用技术手段获得的，而是当场发生的、事后难以复制的客观活动。勘验笔录是空间意义上的现场，因此，行政机关和人民法院都可以勘验；现场笔录是案件争议事实发生之时的现场，是时间意义上的现场，行政机关不仅有取证义务，而且有取证条件，但人民法院没有制作现场笔录的条件。如果行政机关在行政活动中没有制作现场笔录，诉讼中就

无法再重新制作。例如，2017 年《中华人民共和国道路交通安全法实施条例》第 89 条第 1 款规定："公安机关交通管理部门或者交通警察接到交通事故报警，应当及时赶赴现场，对未造成人身伤亡，事实清楚，并且机动车可以移动的，应当在记录事故情况后责令当事人撤离现场，恢复交通。对拒不撤离现场的，予以强制撤离。"可见，行政活动的现场笔录在制作时间上具有特定性，不可能等到行政诉讼时由人民法院制作。

练一练①

（不定项选择题）以下属于现场笔录的是（　　）。

A. 某超市发生火灾后，消防和公安部门联合对其消防设施及火灾现场的拍照、录像，制作笔录

B. 某超市认为火灾不是自己的过错，行政机关的处罚不合法，遂诉至人民法院。人民法院应超市的申请再次到火灾现场，制作笔录

C. 某药店被举报销售假药，药监部门对其在售药物进行检查，拍照、录像，制作笔录

D. 甲、乙驾车在高速发生碰撞后，交警对碰撞现场拍照、录像，制作笔录

小 结

本节需要重点掌握的内容是勘验笔录和现场笔录，这是行政诉讼证据与民事、刑事诉讼证据的最大区别。请思考以下问题：

现场笔录和勘验笔录的区别是什么？

第二节　行政诉讼证明责任

导 语

同学们好！本节主要讲解行政诉讼证明责任的概念和分配。证明责任是行政诉讼证据制度的核心问题，奉行证明责任倒置，由被告行政机关承担证明行政行为合法性的证明责任，原告仅在法律明确规定的情况下承担证明责任。这有别于民事诉讼和刑事诉讼的证明责任，是关系公正与效率价值目标实现的一项重要证据制度，需要重点掌握。

① 参考答案：ACD。

一、证明责任的概念

证明责任，又称举证责任，行政诉讼法律法规中大多使用举证责任，是指特定的当事人根据法律规定提供证据对待证事实加以证明的责任。行政诉讼中，不仅被告承担行政行为合法性的证明责任，原告等当事人也依法承担有关证明责任。证明责任包括提供证据的行为责任和证明不能的结果责任。前者是指向人民法院提供与待证事实有关联的证据，是行为意义上的证明责任；后者是指提不出证据，或者提出的证据不具有可采性，或者提出的证据与对方当事人提出的证据相比不具有优势，不足以证明己方主张的事实时，承担不利后果包括败诉的责任。

在行政诉讼中，证明责任的分配有多重意义。首先，承担证明责任的一方当事人如果不能提供足够的证据达到证明的要求，法官就不会认可其主张的事实，将处于败诉境地；而不承担证明责任的一方没有提供证据的义务，即使不举证也未必会败诉。其次，当待证事实处于争议状态、真伪不明时，证明责任方与不承担证明责任方若均提出一定证据，证明责任方只有在证据占优时才能胜诉，而不承担证明责任方的证据与对方证据势均力敌时即可胜诉。不承担证明责任方也应积极提供于己有利的证据，加大对方证明的难度，防止证明责任方轻而易举地完成其证明责任。不承担证明责任方提供证据的价值就在于阻止证明责任方轻易完成证明责任。最后，由于案件事实发生在过去，如果自始至终待证事实都真伪不明时，人民法院仍需履行职责作出裁判，这时依法判决由承担证明责任的当事人败诉。

二、证明责任的分配

证明责任分配，是指对于有争议且需要运用证据加以证明的事实，应当由谁承担证明责任。在同一案件事实的认定中，只能由一方当事人承担证明责任。证明责任分配，须有利于纠纷解决、真相发现、诉讼经济，并有利于保障相对人合法权益。

（一）被告对行政行为合法性的证明责任

1. 被告对作出的行政行为合法性负有证明责任

《行政诉讼法》第 34 条第 1 款规定了被告证明责任：“被告对作出的行政行为负有举证责任，应当提供作出该行政行为的证据和所依据的规范性文件。”

（1）行政行为合法性的证明责任归于被告的原因。行政行为必须符合法定程序。行政法上的法定程序最基本的规则是“先取证、后决定”。因此，当作出决定前，行政机关应当有充分的事实材料证明其行政决定的合法性。当行政机关被诉至人民法院时，只需要将此前收集的证据材料提供给人民法院即可。这是被告承担证明责任的基础。

（2）责任主体的法定性。被告对作出的行政行为负有证明责任，是法律的明确规定，人民法院没有裁量权。

（3）责任主体的排他性。在行政诉讼中，对被诉行政行为的合法性负有证明责任的是被告。行政诉讼原告、第三人对此不承担证明责任。原告或者第三人提供有关行政行为合法或者违法的证据，属于他们的权利。他们提供的证据是否成立，不影响被告对被诉行政行为合法性承担证明责任。

（4）举证内容。被告对被诉行政行为合法性负有证明责任，需要证明其合法性。对于适当性问题，属于被告自由裁量权范围。只有在特殊情形下，被告才有义务证明其适当性，即原告主张其超越裁量权限、滥用裁量权限，或者明显不当等情形下，被告才负证明责任。但是，这种适当性问题实际上已转化为合法性问题，仍然没有脱离被告对其行政行为合法性举证的一般规则。

（5）举证范围。被告要证明行政行为合法，必须提供作出行政行为的全部证据，包括主要证据，也包括次要证据。而且，这些证据是“据以作出”被诉行政行为的证据，即进入行政案卷的证据。基于案卷排他性规则，没有进入行政案卷的证据，无论是否与被诉行政行为合法性相关，被告均不能向人民法院提供，人民法院也不得作为认定被诉行政行为合法性的依据。

规范性文件，不属于证据范畴。但是，被告为证明其作出的行政行为合法，也必须在提供证据的同时提供被诉行政行为所依据的规范性文件。

若被诉行政行为是不作为的，被告也应当对其不作为的合法性承担证明责任。不作为包括拒绝履行的积极不作为和逾期不予答复的消极不作为。

若被诉行政行为是拒绝履行的，被告应当对拒绝的理由进行举证和说明。例如，2011 年最高人民法院《关于审理政府信息公开行政案件若干问题的规定》第 5 条要求，被告拒绝向原告提供政府信息的，应当对拒绝的根据以及履行法定告知和说明理由义务的情况举证。被告拒绝更正与原告相关的政府信息记录的，应当对拒绝的理由进行举证和说明。

若被诉行政行为是逾期不予答复的，被告也必须对其合法性承担证明责任，但证明责任的具体内容根据原告的诉讼请求和被告的抗辩理由来具体确定。例如，若被告辩称已经答复的，应当提供证明已经答复的证据材料；若被告辩称答复期限尚未届满的，应当提供证明原告申请的时间、行政机关受理的时间以及规范性文件规定的答复期限等材料。

2. 被告对原告的起诉超过法定期限承担证明责任

原告的起诉是否超过起诉期限，要看其是否知道被诉行政行为内容及诉权、起诉期限。原告是否知晓取决于被告是否履行告知义务，因为根据程序正当原则，行政机关作出对相对人可能产生不利影响的行政决定的，应当告知相对人决定内容、诉权和起诉期限。例如，2012 年《治安管理处罚法》第 96 条、第 97 条规定，公安机关作出治安管理处罚决定的，应当制作处罚决定书并送达被处罚人。决定书应当载明违法事实、证据、处罚种类和依据，以及对处罚决定不服，申请行政复议、提起行政诉讼的途径和期限等内容。公安机关应当向被处罚人宣告治安管理处罚决定书，并当场交付被处罚人；无法当场向被处罚人宣告的，应当在二日内送达被处罚人。因此，如果被告主张原告知晓行政决定的内容、诉权和起诉期限且原告超过起诉期限，被告应当提供证据予以证明。例如，向人民法院提供治安管理处罚决定书来证明自己履行告知义务的情况。

3. 行政赔偿案件中被告对自己主张的证明责任

在行政赔偿诉讼中，被告应当对自己的主张承担证明责任；而且，若受害人在羁押期间死亡或丧失行为能力的，被告的行为与该死亡结果是否有因果关系，也由被告承担证明责任。例如，在刑事赔偿案件中，2012 年《国家赔偿法》第 26 条规定："人民法院赔偿委员会处理赔偿请求，赔偿请求人和赔偿义务机关对自己提出的主张，应当提供证据。被羁押人在羁押期间死亡或者丧失行为能力的，赔偿义务机关的行为与被羁押人的死亡或者丧失行为能力是否存在因果关系，赔偿义务机关应当提供证据。"

另外，本应由原告承担证明责任的事项，因被告的原因妨碍原告举证的，由被告承担证明责任。《行政诉讼法》第 38 条第 2 款规定："在行政赔偿、补偿的案件中，原告应当对行政行为造成的损害提供证据。因被告的原因导致原告无法举证的，由被告承担举证责任。"这一规定属于证明妨碍规则，谁妨碍证明，就由谁承担证明责任或者推定对方的主张成立，符合公平原则。

（二）原告的证明责任

在行政诉讼中，被告对行政行为承担证明责任，但并不排除在某些情况下，原告对有关事项承担证明责任。但原告负有证明责任的事项仅限于法律、法规和司法解释的特别规定。例如，《行政诉讼法》第 38 条第 1 款规定："在起诉被告不履行法定职责的案件中，原告应当提供其向被告提出申请的证据。但有下列情形之一的除外：（一）被告应当依职权主动履行法定职责的；（二）原告因正当理由不能提供证据的。"结合有关法律规定，下列事项由原告承担证明责任。

1. 在起诉被告不作为案件中证明其在行政程序中曾经提出申请

根据行政机关是否以相对人的申请作为作出行政行为的条件，可以将行政行为划分为依职权和应申请行政行为。前者指行政机关不需要相对人申请，直接依职权作出行政决定；后者则需要经过相对人的申请，行政机关才能作出行政决定。

对应申请行政决定，原告认为被告不作为的，应当提供证据证明自己在行政程序中曾经提出过申请，否则其要求被告履行法定职责即无基础。但是，在行政实践中，某些行政机关受理申请的登记制度不完备，致使申请人确实已提出申请，却无法证明曾提出申请。在此情况下，原告只要能够作出合理说明的，即可免除此项提供证据责任。这实际上是以要求原告承担释明义务替代其本应承担的证明责任。

2. 在行政赔偿、补偿诉讼中证明因受被诉行政行为侵害而造成损失

在行政赔偿案件中，赔偿请求人要求赔偿义务机关依法承担行政赔偿责任，其应对其主张予以证明。具体而言，赔偿请求人应当提供证据证明以下事项：（1）证明受到人身或者财产损害。（2）受到的损害是由赔偿义务机关作出的行政行为造成的，即证明因果关系的证明责任。但是，被关押人在被关押期间死亡或丧失行为能力

的，相关因果关系的证明责任，《国家赔偿法》第 26 条第 2 款予以倒置，由赔偿义务机关承担。之所以如此规定，是因为赔偿请求人在客观上不具备此种举证能力，相关证据也不可能由赔偿请求人收集。至于赔偿义务机关在关押期间作出的行政行为是否合法，不应由赔偿请求人承担证明责任。(3) 在行政赔偿、补偿案件中，因被告的原因导致原告无法就损害情况举证的，应当由被告就该损害情况承担举证责任。

2018 年《行诉解释》第 47 条第 2 款、第 3 款规定："对于各方主张损失的价值无法认定的，应当由负有举证责任的一方当事人申请鉴定，但法律、法规、规章规定行政机关在作出行政行为时依法应当评估或者鉴定的除外；负有举证责任的当事人拒绝申请鉴定的，由其承担不利的法律后果。当事人的损失因客观原因无法鉴定的，人民法院应当结合当事人的主张和在案证据，遵循法官职业道德，运用逻辑推理和生活经验、生活常识等，酌情确定赔偿数额。"

3. 其他应当由原告承担证明责任的事项

其他应当由原告承担证明责任的事项，必须根据案件具体情况由法律、法规具体规定，或者由法庭予以确定。一般地，原告对其主张的事实有责任提供证据。比如，根据 2019 年《政府信息公开条例》第 41 条的规定，自然人、法人或者非法人组织有证据证明行政机关提供的与其自身相关的政府信息记录不准确的，可以要求行政机关更正；该行政机关无权更正的，应当转送有权更正的行政机关处理并告知申请人。该款中的"有证据证明"表明，相对人要求行政机关更正政府信息的，有责任提供证据证明相关政府信息与其自身相关，且记录不准确。据此，2011 年最高人民法院《关于审理政府信息公开行政案件若干问题的规定》第 5 条第 7 款规定："原告起诉被告拒绝更正政府信息记录的，应当提供其向被告提出过更正申请以及政府信息与其自身相关且记录不准确的事实根据。"

需要特别注意的是，若原告依法对有关事项负有释明义务的，该义务不属于证明责任范畴，但若不能作出合理说明，也可能导致败诉的后果。

4. 免除原告在起诉时证明起诉符合法定条件的证明责任

2000 年《行诉解释》第 27 条规定，"原告对下列事项承担举证责任：(一) 证明起诉符合法定条件，但被告认为原告起诉超过起诉期限的除外"，也即要求原告对其起诉符合法定条件承担证明责任。2002 年《行诉证据规定》第 4 条第 1 款规定："公民、法人或者其他组织向人民法院起诉时，应当提供其符合起诉条件的相应的证据材料。"可见，依据以上规定，人民法院在决定是否立案时，对当事人的起诉进行实质性审查，实行立案审查制。

但是，2014 年和 2017 年修正后的《行政诉讼法》第 51 条第 1 款将立案审查制改为立案登记制，对原告的起诉实行形式审查，规定："人民法院在接到起诉状时对符合本法规定的起诉条件的，应当登记立案。"根据 2015 年《行诉解释》第 1 条的规定，人民法院对符合起诉条件的案件应当立案，依法保障当事人行使诉讼权利。对当事人依法提起的诉讼，人民法院应当根据《行政诉讼法》第 51 条的规定，一律接收起诉状。2017 年《行政诉讼法》第 49 条规定的起诉条件为："提起诉讼应当符合下列条件：（一）原告是符合本法第二十五条规定的公民、法人或者其他组织；（二）有明确的被告；（三）有具体的诉讼请求和事实根据；（四）属于人民法院受案范围和受诉人民法院管辖。"据此，人民法院审查立案不再审查起诉人是否已经提供了其符合起诉条件的相应的证据材料，免除了这项原告的证明责任。

5. 原告的举证权利不是证明责任

依据 2017 年《行政诉讼法》第 32 条和第 37 条的规定，当事人及诉讼代理人有权利收集证据，也有权利提供证据，但是在原告不承担证明责任的案件中，原告提供的被告违法的证据即使不成立，也不免除被告的证明责任。第 32 条规定："代理诉讼的律师，有权按照规定查阅、复制本案有关材料，有权向有关组织和公民调查，收集与本案有关的证据。对涉及国家秘密、商业秘密和个人隐私的材料，应当依照法律规定保密。当事人和其他诉讼代理人有权按照规定查阅、复制本案庭审材料，但涉及国家秘密、商业秘密和个人隐私的内容除外。"第 37 条规定："原告可以提供证明行政行为违法的证据。原告提供的证据不成立的，不免除被告的举证责任。"

关于原告行使举证权利的期限即举证期限，2018 年《行诉解释》第 35 条、第 36 条主要有如下规定：（1）原告或者第三人应当在开庭审理前或者人民法院指定的交换证据清单之日提供证据。（2）因正当事由申请延期提供证据的，经人民法院准许，可以在法庭调查中提供。（3）逾期提供证据的，人民法院应当责令其说明理由；拒不说明理由或者理由不成立的，视为放弃举证权利。（4）当事人申请延长举证期限，应当在举证期限届满前向人民法院提出书面申请。申请理由成立的，人民法院应当准许，适当延长举证期限，并通知其他当事人。申请理由不成立的，人民法院不予准许，并通知申请人。（5）原告或者第三人在第一审程序中无正当事由未提供而在第二审程序中提供的证据，人民法院不予接纳。

此外，2018 年《行诉解释》第 45 条规定："被告有证据证明其在行政程序中依照法定程序要求原告或者第三人提供证据，原告或者第三人依法应当提供而没有提供，在诉讼程序中提供的证据，人民法院一般不予采纳。"

练一练①

（不定项选择题）关于行政诉讼的证明责任，下列哪些选项是正确的？（　　）

A. 原告需举证证明自己没有交通违法行为，不应被吊销驾驶执照

B. 原告需举证证明其子在服刑期间因监狱管理不力被同监室犯人殴打致死，监狱才承担赔偿责任

C. 原告起诉时，应当提供证明起诉符合法定条件的证据材料

D. 被告对作出的行政行为合法性负有证明责任，法律另有规定的除外

① 参考答案：D。

小结

本节主要介绍的是行政诉讼证明责任的概念和分配。证明责任的分配是本部分的重点。请思考以下几个问题：

1. 被告承担证明责任的情形有哪些？
2. 原告承担证明责任的情形有哪些？

第三节　行政诉讼证明标准

导语

同学们好！行政诉讼的证明标准是承担举证责任的当事人提供证据证明案件事实要达到的证明程度。一般而言，行政诉讼的证明标准为优势证据，高于民事诉讼的高度盖然性，低于刑事诉讼的排除合理怀疑。和民事、刑事诉讼一样，行政诉讼的证明标准也是多元化的。

一、证明标准概述

证明标准是承担证明责任的当事人提供证据证明案件事实，所需要达到的证明要求。为了保障当事人权利、履行审判职责，法律规定案件中诉讼证明所需要达到的相应程度。它既是当事人提供证据所要达到的标准，也是法官据以认定案件事实并作出裁判的依据。

我国民事诉讼中采用高度盖然性证明标准，根据证据能否证明案件事实有高度可能性来认定案件事实；特殊情况下采用排除合理怀疑的证明标准。刑事诉讼中对于定罪采用的是严格的证明标准，要求达到证据确实充分、排除合理怀疑；对于立案、侦查终结、逮捕、起诉分别适用多元化的证明标准。我国行政诉讼证明标准以优势证明为主，以排除合理怀疑的严格证明标准为辅。

二、行政诉讼证明标准的设定

《行政诉讼法》第 69 条、第 70 条涉及行政诉讼证明标准，据此，当被告对行政行为合法性提供证据进行证明达到“证据确凿”的程度时，被告完成了证明责任，人民法院判决被告胜诉，驳回原告诉讼请求；当被告证明行政行为合法性的“主要证据不足”时，人民法院判决行政机关败诉，人民法院判决撤销或者部分撤销，并可以判决被告重新作出行政行为。可见，优势证明的法定表述是“证据确凿”，高于民事诉讼的高度盖然性证明标准，低于刑事诉讼的排除合理怀疑证明标准。

但是，行政案件的特殊性和多样性决定了行政诉讼不能单一的适用某种证明标准，应根据实际情况有针对性地分别适用多种证明标准。以优势证明标准为原则，以更宽松的高度盖然性和更严格的排除合理怀疑证明标准等为补充。因为：（1）行政行为调整的范围非常广泛，涉及的权益性质、利益大小也呈现出很大的差异性，这些权益既有授益性的，也有损益性的，既包括公民私权，也包括各种公共利益，针对性质不同、影响权益不同的不同行政行为，当然不能适用同样的证明标准。（2）行政行为是具有公权力性质的行为，具有很强的强制性、侵犯性等特点，为了规范公权力，保护公民权利，对公权力色彩较浓、当事人的自治程度较弱的行政行为，应当适用较高的证明标准；相应地，对公权力色彩较淡、当事人的自治程度较强的行政行为，就应当适用较低的证明标准。（3）在行政诉讼中，双方当事人的地位不平等，各自承担证明责任的事实也不同，作为被告的行政主体恒定享有公权力，在举证方面的能力远远高于原告，因此原被告双方的证明标准应当不同，被告的证明标准应当高于原告。

所以，对行政诉讼的证明标准应做以下理解：（1）对于一般行政诉讼案件，行政机关对其行政行为合法性的证明标准，应当适用优势证明标准，高于民事证明标准的高度盖然性证明标准。（2）对于一些涉及行政相对人的人身权、财产权等严重影响重要权益的案件则应适用更严格的证明标准，要求行政机关证明行政行为合法性到证据确实充分、排除合理怀疑的程度。（3）对于授益性行政行为，原告需要提供证据证明的事实和一些程序性事实，可采用民事诉讼证明标准，即高度盖然性证明标准。

练一练

1. 为什么行政诉讼不能单一地适用某种证明标准？
2. 对行政诉讼证明标准应当怎么理解？

小　结

本部分主要介绍了行政诉讼的证明标准。请思考以下问题：

行政诉讼的证明标准是什么？

第四节　行政诉讼证明程序

导　语

同学们好！行政诉讼的证明程序包括对证据的收集、质证和认证。被告人收集证据的权利受到严格限制，人民法院调取证据权也受到限制。质证是指在法官的主持下，当事人就有关证据进行辨认和对质，围绕证据的真实性、关联性和合法性及证据的证明力有无和证明力大小进行辩论的活动，是对证据进行审查的重要环节。认证是审查判断证据证明力和证据能力，并据以认定案件事实的活动。

一、被告在诉讼中收集和提供证据的限制

（一）被告及其诉讼代理人不得自行向原告、第三人和证人收集证据

《行政诉讼法》第 35 条规定了对行政机关收集证据的限制："在诉讼过程中，被告及其诉讼代理人不得自行向原告、第三人和证人收集证据。"

这是行政诉讼证明过程和民事诉讼、刑事诉讼的重大区别。因为依据行政法及依法行政的基本原则，行政机关在作出行政决定时，尤其是作出不利于相对人的行政决定时，应当有充分的证据，严格遵循"先取证、后决定"的要求。只有在收集到足够的证据后，行政机关才能作出行政决定。因此，行政机关向人民法院提交的证据应当是诉讼之前在行政程序中收集到的证据。如果允许行政机关在诉讼过程中再去收集证据，就违反了行政法的基本原则和程序要求。

（二）被告可以补充证据的两种情形

《行政诉讼法》第 36 条规定了被告补充证据的两种情形："被告在作出行政行为时已经收集了证据，但因不可抗力等正当事由不能提供的，经人民法院准许，可以延期提供。原告或者第三人提出了其在行政处理程序中没有提出的理由或者证据的，经人民法院准许，被告可以补充证据。"

虽然原则上禁止被告在诉讼过程中收集证据证明其行政行为合法性，但是由于行政管理行为在实践中非常复杂，可能既有在行政案卷管理上存在的客观原因，也有相对人在行政程序中不配合行政机关调查取证的原因。实践中存在很多比较突出的、很难归责于行政机关的现象。例如，原告在行政程序中没有及时行使权利、没有提出申辩理由或者证据，但在诉讼中提出了本应在行政程序中提出的申辩理由和证据材料。因此，法律规定了延期提供和补充提供两种情形，允许行政机关在这两种法定情形下，经人民法院准许后，向人民法院补充提供证据。

（三）关于被告的举证期限

2017 年《行政诉讼法》将被告的举证期限改为十五日，第 67 条规定，被告应当在收到起诉状副本之日起十五日内向人民法院提交作出行政行为的证据和所依据的规范性文件，并提出答辩状。结合上述规定，2002 年《行诉证据规定》第 1 条、2018 年《行诉解释》第 34 条对有关规定的补充应做如下理解：（1）被告违反举证期限的，发生证据失权后果。被告在举证期限内不提供或者无正当理由逾期提供证据的，视为被诉具体行政行为没有相应的证据。（2）在补充证据的正当事由方面，

在不可抗力之外，还有被告“客观上不能控制的其他正当事由”。(3) 被告申请延期提供证据的，应当在收到起诉状副本之日起十五日内以书面方式向人民法院提出。(4) 明确了被告延期提供证据的具体要求和逾期提供的证据失权后果。人民法院准许延期提供的，被告应当在正当事由消除后十五日内提供证据。逾期提供的，视为被诉行政行为没有相应的证据。

二、人民法院调查收集证据

人民法院是争议的裁判者，保持中立、客观的法律地位对案件公正裁决十分重要。而且，人民法院的责任主要是认证。举证是当事人的责任，人民法院过多涉足调查取证，将会使证明责任制度失去意义。因此，人民法院调查收集证据的权限应受到严格限制，限定于特殊情形。

（一）人民法院责令当事人提供或补充证据

《行政诉讼法》第 39 条规定了人民法院要求当事人提供或者补充证据：“人民法院有权要求当事人提供或者补充证据。”《行诉证据规定》第 9 条第 2 款明确了人民法院责令当事人提供或者补充证据的情形：“对当事人无争议，但涉及国家利益、公共利益或者他人合法权益的事实，人民法院可以责令当事人提供或者补充有关证据。”

人民法院责令当事人提供或者补充有关证据，必须具备以下两个条件：(1) 当事人对待证事实无争议。当事人对待证事实有争议，应由证明责任方负责提供证据，若其举证不力，则由其承担不利后果。(2) 该待证事实涉及国家利益、公共利益或者他人合法权益。人民法院为维护国家利益、公共利益或者案件当事人以外的他人合法权益的，可责令当事人提供或者补充有关证据，这是因为人民法院对维护此类利益负有不可推卸的职责。若待证事实与此类利益无涉，而是直接涉及案件当事人利益，则仍应由当事人承担证明责任。

（二）人民法院依职权调取证据

《行政诉讼法》第 40 条规定了人民法院调取证据：“人民法院有权向有关行政机关以及其他组织、公民调取证据。但是，不得为证明行政行为的合法性调取被告作出行政行为时未收集的证据。”《行诉证据规定》第 22 条规定：“根据行政诉讼法第三十四条第二款的规定，有下列情形之一的，人民法院有权向有关行政机关以及其他组织、公民调取证据：(一) 涉及国家利益、公共利益或者他人合法权益的事实认定的；(二) 涉及依职权追加当事人、中止诉讼、终结诉讼、回避等程序性事项的。”

可见，人民法院依职权调取证据仅限于以下两种情形：(1) 涉及国家利益、公共利益或者他人合法权益的事实认定的；(2) 涉及依职权追加当事人、中止诉讼、终结诉讼、回避等程序性事项的。简而言之，人民法院依职权调取证据，仅能为了维护国家利益、公共利益或者他人合法权益，或者为了依职权处理有关程序性事项。人民法院不能为了维护案件当事人利益而主动调取证据，尤其不能为了证明行政行为合法或违法而依职权调取证据。

（三）人民法院依申请调取证据

《行政诉讼法》第41条规定了人民法院依申请调取证据："与本案有关的下列证据，原告或者第三人不能自行收集的，可以申请人民法院调取：（一）由国家机关保存而须由人民法院调取的证据；（二）涉及国家秘密、商业秘密和个人隐私的证据；（三）确因客观原因不能自行收集的其他证据。"2000年《行诉解释》第29条规定："有下列情形之一的，人民法院有权调取证据：（一）原告或者第三人及其诉讼代理人提供了证据线索，但无法自行收集而申请人民法院调取的；（二）当事人应当提供而无法提供原件或者原物的。"另外，依据2018年《行诉解释》第39条的规定，当事人申请调查收集证据，但该证据与待证事实无关联、对证明待证事实无意义或者其他无调查收集必要的，人民法院不予准许。

人民法院只能根据原告的申请，在符合法定三种情况时调取证据。人民法院不得根据被告的申请调取证据。之所以如此规定，是因为在行政诉讼中，被告为证明被诉行政行为合法所提供的证据必须是作出行政行为时已经收集的证据。所以，行政诉讼法禁止人民法院为证明被诉行政行为的合法性，调取被告在作出行政行为时未收集的证据，人民法院也不得根据被告申请调取证据。

《行诉证据规定》第23条至第26条详细规定了当事人申请人民法院调查取证的程序：

（1）细化了关于当事人不能自行收集的材料的范围。原告或者第三人不能自行收集，但能够提供确切线索的，可以申请人民法院调取下列证据材料：1）由国家有关部门保存而须由人民法院调取的证据材料；2）涉及国家秘密、商业秘密、个人隐私的证据材料；3）确因客观原因不能自行收集的其他证据材料。

（2）当事人应在举证期限内提交书面申请。当事人申请人民法院调取证据的，应当在举证期限内提交调取证据申请书。调取证据申请书应当写明下列内容：1）证据持有人的姓名或者名称、住址等基本情况；2）拟调取证据的内容；3）申请调取证据的原因及其要证明的案件事实。

（3）人民法院的决定与当事人复议的权利。人民法院对当事人调取证据的申请，经审查符合调取证据条件的，应当及时决定调取；不符合调取证据条件的，应当向当事人或者其诉讼代理人送达通知书，说明不准许调取的理由。当事人及其诉讼代理人可以在收到通知书之日起三日内向受理申请的人民法院书面申请复议一次。人民法院应当在收到复议申请之日起五日内作出答复。人民法院根据当事人申请，经调取未能取得相应证据的，应当告知申请人并说明原因。

（4）人民法院书面委托异地人民法院调取证据。人民法院需要调取的证据在异地的，可以书面委托证据所在地人民法院调取。受托人民法院应当在收到委托书后，按照委托要求及时完成调取证据工作，送交委托人民法院。受托人民法院不能完成委托内容的，应当告知委托的人民法院并说明原因。

（四）证据保全

《行政诉讼法》第 42 条规定了证据保全："在证据可能灭失或者以后难以取得的情况下，诉讼参加人可以向人民法院申请保全证据，人民法院也可以主动采取保全措施。"

《行诉证据规定》第 27 条、第 28 条规定了证据保全程序：（1）当事人向人民法院申请保全证据的，应当在举证期限届满前以书面形式提出，并说明证据的名称和地点、保全的内容和范围、申请保全的理由等事项。（2）当事人申请保全证据的，人民法院可以要求其提供相应的担保。法律、司法解释规定诉前保全证据的，依照其规定办理。（3）人民法院可以根据具体情况，采取查封、扣押、拍照、录音、录像、复制、鉴定、勘验、制作询问笔录等保全措施。（4）人民法院保全证据时，可以要求当事人或者其诉讼代理人到场。

三、质证

《行政诉讼法》第 43 条第 1 款规定了证据的出示和质证："证据应当在法庭上出示，并由当事人互相质证。对涉及国家秘密、商业秘密和个人隐私的证据，不得在公开开庭时出示。"

质证是指在法官的主持下，当事人就有关证据进行辨认和对质，围绕证据的真实性、关联性和合法性及证据的证明力有无和证明力大小进行辩论的活动，是对证据进行审查的重要环节。质证权是当事人在法庭审判中的核心权利，质证是法庭审判的重要组成部分。

（一）质证范围

质证范围，是指当事人对哪些证据材料应当进行质证。行政诉讼以质证为原则，以不质证为例外。

1. 以质证为原则

以质证为原则，是指证据应当在法庭上出示，并经庭审质证；未经庭审质证的证据，不能作为定案的依据。质证是法庭认定证据效力的前提。

有下列情形之一的，仍然需要进行质证：

（1）人民法院依申请调取的证据。该类证据作为申请调取的一方的证据，由该方当事人在庭审中出示，并进行质证。人民法院依职权调取的证据，由法庭出示，并可以就调取该证据的情况进行说明，听取当事人意见。《行诉证据规定》第 38 条规定："当事人申请人民法院调取的证据，由申请调取证据的当事人在庭审中出示，并由当事人质证。人民法院依职权调取的证据，由法庭出示，并可就调取该证据的情况进行说明，听取当事人意见。"

（2）法庭在质证过程中，准许当事人补充的证据，仍需质证。《行诉证据规定》

第 49 条第 2 款、第 3 款规定："法庭在质证过程中，准许当事人补充证据的，对补充的证据仍应进行质证。法庭对经过庭审质证的证据，除确有必要外，一般不再进行质证。"

（3）当事人在第二审程序中依法提供的新的证据，以及在第二审程序中当事人仍有争议的第一审证据必须经质证。《行诉证据规定》第 50 条规定："在第二审程序中，对当事人依法提供的新的证据，法庭应当进行质证；当事人对第一审认定的证据仍有争议的，法庭也应当进行质证。"

（4）当事人在再审程序中依法提供的新的证据，以及因原裁判认定事实的证据不足而提起再审所涉及的主要证据需经质证。《行诉证据规定》第 51 条规定："按照审判监督程序审理的案件，对当事人依法提供的新的证据，法庭应当进行质证；因原判决、裁定认定事实的证据不足而提起再审所涉及的主要证据，法庭也应当进行质证。"

以上两处所指的"新的证据"是指以下三种证据：第一，在一审程序中应当准予延期提供而未获准许的证据；第二，当事人在一审程序中依法申请调取而未获准许或者未取得，人民法院在第二审程序中调取的证据；第三，原告或者第三人提供的在举证期限届满后发现的证据。

2. 以不质证为例外

以不质证为例外，是指在特殊情形下，不需要经过质证。这些特殊情形主要是指两种：

第一种是《行诉证据规定》第 36 条规定的庭前交换中的无争议证据。当事人在庭前证据交换过程中没有争议并记录在卷的证据，经审判人员在庭审中说明后，可以直接作为认定案件事实的依据。庭前交换，是指对于案情比较复杂或者证据数量较多的案件，人民法院可以组织当事人在开庭前向对方出示或者交换证据，并将交换证据清单的情况记录在卷。

第二种是《行诉证据规定》第 37 条规定的涉密证据不公开质证，涉及国家秘密、商业秘密和个人隐私或者法律规定的其他应当保密的证据，不得在开庭时公开质证。涉密证据仍然应当质证，只是"不得在开庭时公开质证"。人民法院应当根据案件具体情形，采取适当的、保证涉密权益不受侵犯的质证方式。例如，在不公开审理的情形下，法庭可以对涉密证据进行质证；或者对于公开开庭审理的案件，当对涉密证据质证时，除当事人及其诉讼代理人外，其他人均退出法庭，然后法庭主持当事人双方对涉密证据进行质证。

（二）质证的方法与规则

质证的核心是考察证据的关联性、合法性、真实性，目的是确定证据有无证明效力及证明效力的大小。质证的基本方法和规则是：

（1）质证由法官主持。

（2）质证采取发问的方式。

（3）发问需经法庭准许。

（4）质证的问题是针对证据的三性。

（5）发问主体是当事人及其代理人。

（6）被问主体是当事人及其代理人、证人、鉴定人、勘验人等。

（7）需注意发问规则：一是问题要有关联性；二是不得采用引诱、威胁、侮辱等语言或方式。《行诉证据规定》第 39 条规定："当事人应当围绕证据的关联性、合法性和真实性，针对证据有无证明效力以及证明效力大小，进行质证。经法庭准许，当事人及其代理人可以就证据问题相互发问，也可以向证人、鉴定人或者勘验人发问。当事人及其代理人相互发问，或者向证人、鉴定人、勘验人发问时，发问的内容应当与案件事实有关联，不得采用引诱、威胁、侮辱等语言或者方式。"

（三）被告到庭参与质证义务

《行诉证据规定》第 36 条规定："经合法传唤，因被告无正当理由拒不到庭而需要依法缺席判决的，被告提供的证据不能作为定案的依据，但当事人在庭前交换证据中没有争议的证据除外。"

在行政诉讼中，人民法院审查被诉行政行为合法性，就必须审查核实被告提交的证明被诉行政行为合法的证据材料。被告不到庭会影响质证过程及其效果。被告出庭相当必要。但鉴于现实中，人民法院对被告行政机关不宜采取强制措施，所以通过排除缺席被告证据效力的手段，督促被告积极出庭。

（四）对书证物证和视听资料电子数据质证

书证物证的质证使用出示和辨认的方法进行质证，视听资料、电子数据采用当庭播放或者显示的方法质证。质证时应注意辨认当庭出示的书证、物证、视听资料、电子数据是否为原件或原物，因为只有符合法定情形时方可出示复制件或者复制品。《行诉证据规定》第 40 条规定："对书证、物证和视听资料进行质证时，当事人应当出示证据的原件或者原物。但有下列情况之一的除外：（一）出示原件或者原物确有困难并经法庭准许可以出示复制件或者复制品；（二）原件或者原物已不存在，可以出示证明复制件、复制品与原件、原物一致的其他证据。视听资料应当当庭播放或者显示，并由当事人进行质证。"

（五）对证人证言质证

1. 证人的出庭作证义务及其免除

证人有义务出庭作证，但在符合法定条件时经法庭准许，可以不出庭作证，提交书面证言即可。《行诉证据规定》第 41 条规定："凡是知道案件事实的人，都有出庭作证的义务。有下列情形之一的，经人民法院准许，当事人可以提交书面证言：（一）当事人在行政程序或者庭前证据交换中对证人证言无异议的；（二）证人因年迈体弱或者行动不便无法出庭的；（三）证人因路途遥远、交通不便无法出庭的；（四）证人因自然灾害等不可抗力或者其他意外事件无法出庭的；（五）证人因其他特殊原因确实无法出庭的。"现实中证人出庭率非常低。

2. 当事人申请证人出庭作证

《行诉证据规定》第 43 条规定了当事人申请出庭作证。(1) 关于申请时间。当事人提出申请的时间点有两个：原则上要求当事人申请证人出庭作证的，应当在举证期限届满前提出；如果当事人在庭审过程中要求出庭作证的，也可以提出申请。(2) 必须经法庭许可。(3) 人民法院对两个不同时间的申请的处理决定不同。当事人在举证期限内提出的，人民法院准许证人出庭作证的，应当在开庭审理前通知证人出庭作证；当事人在庭审过程中要求证人出庭作证的，法庭可以根据审理案件的具体情况，决定是否准许以及是否延期审理。

《行诉证据规定》第 44 条特别规定了要求相关行政执法人员作为证人出庭作证，并列举了五种情形："有下列情形之一，原告或者第三人可以要求相关行政执法人员作为证人出庭作证：(一) 对现场笔录的合法性或者真实性有异议的；(二) 对扣押财产的品种或者数量有异议的；(三) 对检验的物品取样或者保管有异议的；(四) 对行政执法人员的身份的合法性有异议的；(五) 需要出庭作证的其他情形。"依据 2018 年《行诉解释》第 41 条规定，遇有以上情形，原告或者第三人要求相关行政执法人员出庭说明的，人民法院可以准许。

3. 证人质证规则

依据《行诉证据规定》第 42 条、第 45 条、第 46 条，以及 2018 年《行诉解释》第 40 条的规定，证人出庭作证应遵循以下规则：(1) 出示身份证明。证人出庭作证时，应当出示证明其身份的证件。(2) 告知如实作证义务。人民法院在证人出庭作证前应当告知其如实作证的义务以及作伪证的法律后果。(3) 个别进行原则。出庭作证的证人不得旁听案件的审理。法庭询问证人时，其他证人不得在场，但组织证人对质的除外。(4) 意见证据排除规则。证人应当陈述其亲历的具体事实。证人根据其经历所作的判断、推测或者评论，不能作为定案的依据。(5) 不能正确表达意志的人不能作证。(6) 根据当事人申请，人民法院可以就证人能否正确表达意志进行审查或者交由有关部门鉴定。必要时，人民法院也可以依职权交由有关部门鉴定。

4. 证人的权利

依据《行诉证据规定》第 74 条、第 75 条以及 2018 年《行诉解释》第 40 条的规定，证人享有以下权利：(1) 安全保障权。证人及其近亲属的人身和财产安全受法律保护。(2) 身份保密权。人民法院应当对证人、鉴定人的住址和联系方式予以保密。(3) 经济补偿权。证人因出庭作证或者接受询问而支出的合理费用，包括证人因履行出庭作证义务而支出的交通、住宿、就餐等必要费用以及误工损失，由提供证人的一方当事人先行支付，由败诉一方当事人承担。关于证人权利的规定也适用于鉴定人。

（六）对鉴定意见和勘验笔录质证

1. 对错误、争议、缺陷鉴定意见的重新鉴定、补充鉴定或补充质证

《行诉证据规定》第 29 条、第 30 条规定可对有错误或者有异议的鉴定意见重新鉴定。原告或者第三人有证据或者有正当理由表明被告据以认定案件事实的鉴定

结论可能有错误，在举证期限内书面申请重新鉴定的，人民法院应予准许。当事人对人民法院委托的鉴定部门作出的鉴定结论有异议申请重新鉴定，提出证据证明存在下列情形之一的，人民法院应予准许：(1) 鉴定部门或者鉴定人不具有相应的鉴定资格的；(2) 鉴定程序严重违法的；(3) 鉴定结论明显依据不足的；(4) 经过质证不能作为证据使用的其他情形。

对有缺陷的鉴定结论，可以通过补充鉴定、重新质证或者补充质证等方式解决。

2. 对鉴定意见质证要点

《行诉证据规定》第 32 条规定了人民法院审查鉴定意见的重点，这些就是质证的要点："人民法院对委托或者指定的鉴定部门出具的鉴定书，应当审查是否具有下列内容：(一) 鉴定的内容；(二) 鉴定时提交的相关材料；(三) 鉴定的依据和使用的科学技术手段；(四) 鉴定的过程；(五) 明确的鉴定结论；(六) 鉴定部门和鉴定人鉴定资格的说明；(七) 鉴定人及鉴定部门签名盖章。前款内容欠缺或者鉴定结论不明确的，人民法院可以要求鉴定部门予以说明、补充鉴定或者重新鉴定。"当事人也可以申请重新鉴定。

3. 鉴定人出庭接受质证的规则

《行诉证据规定》第 47 条、第 48 条规定了对出庭作证的鉴定人的质证规则。

(1) 当事人要求鉴定人出庭。当事人要求鉴定人出庭接受询问的，鉴定人应当出庭。鉴定人因正当事由不能出庭的，经法庭准许，可以不出庭，由当事人对其书面鉴定结论进行质证。鉴定人不能出庭的正当事由，参照关于证人的规定。

(2) 出庭鉴定人的质证规则。对于出庭接受询问的鉴定人，质证时应遵守如下规范：1) 法庭应当核实其身份、与当事人及案件的关系。2) 法庭告知鉴定人如实说明鉴定情况的法律义务和故意作虚假说明的法律责任。3) 关于专业人员出庭说明专门性问题、对质和专业人员询问鉴定人：一是专业人员的出庭，可由当事人向法庭申请由专业人员出庭进行说明，法庭也可以依职权主动通知专业人员出庭说明；二是专业人员的对质，必要时，法庭可以组织专业人员进行对质；三是当事人询问专业人员的专业性，当事人对出庭的专业人员是否具备相应专业知识、学历、资历等专业资格等有异议的，可以进行询问；四是由法庭决定其是否可以作为专业人员出庭；五是专业人员可以对鉴定人进行询问。

4. 对勘验笔录的质证

依据《行诉证据规定》第 33 条、第 34 条关于人民法院勘验现场的规定，应从勘验程序和勘验笔录的形式要件、内容等方面进行质证。人民法院可以依当事人申请或者依职权勘验现场。勘验现场时，勘验人必须出示人民法院的证件，并邀请当地基层组织或者当事人所在单位派人参加。当事人或其成年亲属应当到场，拒不到场的，不影响勘验的进行，但应当在勘验笔录中说明情况。审判人员应当制作勘验笔录，记载勘验的时间、地点、勘验人、在场人、勘验的经过和结果，由勘验人、当事人、在场人签名。勘验现场时绘制的现场图，应当注明绘制的时间、方位、绘制人姓名和身份等内容。当事人对勘验结论有异议的，可以在举证期限内申请重新勘验，是否准许由人民法院决定。

四、认证

《行诉证据规定》第 53 条规定："人民法院裁判行政案件，应当以证据证明的案件事实为依据。"2018 年《行诉解释》第 42 条规定："能够反映案件真实情况、与待证事实相关联、来源和形式符合法律规定的证据，应当作为认定案件事实的根据。"可见，在行政诉讼中，人民法院认定案件事实应当依据证据，作为定案根据的证据应当具有真实性、关联性、合法性。为此，掌握用于审查判断证据的认证规则至关重要，这是认定案件事实的基础。

（一）认证的尺度与方法

《行诉证据规定》第 54 条规定："法庭应当对经过庭审质证的证据和无需质证的证据进行逐一审查和对全部证据综合审查，遵循法官职业道德，运用逻辑推理和生活经验，进行全面、客观和公正地分析判断，确定证据材料与案件事实之间的证明关系，排除不具有关联性的证据材料，准确认定案件事实。"

1. 认证的尺度

法庭认证要对证据进行逐一审查，确定其证据能力和证明力；还要对全部证据进行综合性审查。法官审查证据所使用的审查判断标准有：一是法官职业道德，二是逻辑和生活经验，三是证据规则。在判断证据时，要运用关联性规则，确定证据材料与案件事实之间是否有联系、对案件事实是否有证明作用，对于没有关联性的证据材料，不得作为认定案件事实的依据。

2. 证据的真实性

《行诉证据规定》第 56 条规定："法庭应当根据案件的具体情况，从以下方面审查证据的真实性：（一）证据形成的原因；（二）发现证据时的客观环境；（三）证据是否为原件、原物，复制件、复制品与原件、原物是否相符；（四）提供证据的人或者证人与当事人是否具有利害关系；（五）影响证据真实性的其他因素。"

关于出于真实性的要求，需要排除哪些证据，依据《行诉证据规定》第 57 条的规定，下列证据材料不能作为定案依据：（1）当事人无正当理由拒不提供原件、原物，又无其他证据印证，且对方当事人不予认可的证据的复制件或者复制品；（2）被当事人或者他人进行技术处理而无法辨明真伪的证据材料；（3）不能正确表达意志的证人提供的证言；（4）不具备合法性和真实性的其他证据材料。

（二）案卷排他性规则

1. 概述

行政案卷是有关行政案件事实的证据、调查或者听证记录等案件材料的总称。

案卷排他性规则，是指行政机关在行政程序之外形成的证据不能作为证明被诉行政行为合法的依据，行政机关提供的证明行政行为合法性的证据必须在卷，只有行政案卷中的证据才有可采性，案卷之外的证据不具有可采性。

实行案卷排他性规则的意义，在于使行政决定建立于按照法定程序形成的客观事实之上，规范行政案件认定程序和认定结果的权威性，排除外界对行政决定的不当影响和干预，便于行政机关接受司法审查和法律监督。

2. 被告案卷中证据才具有可采性

根据案卷排他性规则，人民法院依据被告的案卷记录审查被诉行政行为的合法性。被告未载入行政案卷的证据材料，不能作为认定该行为合法的根据。具体而言，被告所提交的证据除须具备关联性、合法性和真实性外，还应当具备以下条件，才能够作为认定被诉行政行为合法的依据：

（1）在行政程序中收集。

在行政程序中，行政机关可以依法收集而没有收集的证据，在行政程序终结后，特别是在争讼过程中收集的证据，不能作为行政行为合法性的依据。因此，需要注意以下方面：

1）在诉讼过程中，被告及其诉讼代理人不得自行向原告和证人收集证据，如果被告及其诉讼代理人自行收集了证据，则这些证据也不得作为行政行为合法性的依据，因为这些证据并未进入行政案卷。这些证据反而可能对被告不利，因为这些证据可能本应在行政活动过程中收集入卷作为行政决定的依据。

2）作出原行政行为的行政机关在复议程序中未向复议机关提交的证据，因未进入行政复议案件，故也不能作为人民法院认定原行政行为合法的依据。若能作为人民法院认定原行政行为合法的依据，则会导致行政复议程序虚置，这显然不是立法者所期待的。

（2）在行政程序中作为行政行为的事实根据。

被告为证明行政行为合法性所提供的证据，不仅仅是行政行为作出时就已经收集到，还必须在当时就已经作为行政行为的事实根据。因此，行政机关在行政程序中已经收集，但没有作为行政行为事实根据的证据，不能作为行政行为合法性的依据，即使这类证据是原告或第三人在诉讼程序中提供的。

3. 因原告原因未入卷的证据具有可采性

根据案卷排他性规则，被告只能以记载于行政案卷中的证据来证明被诉行政行为的合法性。这就意味着，应当进入案卷，却因被告原因未进入案卷的证据材料，在诉讼中不得作为被诉行政行为合法的依据。为实现诉讼中的“平等武装”，对原告应当适用以下规则：原告可以用行政案卷之外的证据来驳斥被诉行政行为的合法性，但若其提供的证据是“应当进入案卷，却因可归责于原告的原因未进入案卷的证据”，人民法院一般不予采纳。例如，2018 年《行诉解释》第 45 条规定：“被告有证据证明其在行政程序中依照法定程序要求原告或者第三人提供证据，原告或者第三人依法应当提供而没有提供，在诉讼程序中提供的证据，人民法院一般不予采纳。”此处的“一般”二字表明，若遇特殊情形，人民法院仍可予以采纳。若人民法院予以采纳的，将会导致被告处于不利境地。此时，若被告依法申请补充证据以抗辩原告证据的，人民法院应予允许。被告经准许补充的证据，不限于案卷中记载的证据，还可以是补充收集的证据。例如，《行政诉讼法》第 36 条第 2 款规定了被告补充证据的情形：“原告或者第三人提出了其在行政处理程序中没有提出的理由或者证据的，经人民法院准许，被告可以补充证据。”

4. 案卷排他性规则与程序正当原则的关系

案卷排他性规则，不妨碍程序正当原则的适用。根据程序正当原则，行政机关作出对行政管理相对人、利害关系人不利的行政决定之前，应当告知行政管理相对人、利害关系人，并给予其陈述和申辩的机会；对重大事项，行政管理相对人、利害关系人依法要求听证的，行政机关应当组织听证。对于有损程序正当原则的证据，也不能作为证明被诉行政行为合法性的依据。

5. 案卷外证据排除的具体规定

依据 2000 年《行诉解释》第 31 条、《行诉证据规定》第 60 条、第 61 条的规定，下列证据不能作为认定被诉具体行政行为合法的依据：(1) 被告及其诉讼代理人在作出具体行政行为后或者在诉讼程序中自行收集的证据；(2) 原告或者第三人在诉讼程序中提供的、被告在行政程序中未作为具体行政行为依据的证据；(3) 复议机关在复议程序中收集和补充的证据，或者作出原具体行政行为的行政机关在复议程序中未向复议机关提交的证据，不能作为人民法院认定原具体行政行为合法的依据；(4) 被告在二审过程中向法庭提交在一审过程中没有提交的证据，不能作为二审人民法院撤销或者变更一审裁判的根据。

(三) 关联性规则与证明力排序

《行诉证据规定》第 49 条第 1 款规定：“法庭在质证过程中，对与案件没有关联的证据材料，应予排除并说明理由。”这就是行政诉讼证据的关联性规则，要求与案件事实有关联性的材料才能成为证据，没有关联性的材料不得作为证据使用。

当数个相互矛盾的证据对某一特定的待证事实都有证明作用时，只能采纳可能得到的最令人信服和最有证明力的证据予以证明。《行诉证据规定》第 63 条确定了行政诉讼证据的证明力排序：“证明同一事实的数个证据，其证明效力一般可以按照下列情形分别认定：(一) 国家机关以及其他职能部门依职权制作的公文文书优于其他书证；(二) 鉴定结论、现场笔录、勘验笔录、档案材料以及经过公证或者登记的书证优于其他书证、视听资料和证人证言；(三) 原件、原物优于复制件、复制品；(四) 法定鉴定部门的鉴定结论优于其他鉴定部门的鉴定结论；(五) 法庭主持勘验所制作的勘验笔录优于其他部门主持勘验所制作的勘验笔录；(六) 原始证据优于传来证据；(七) 其他证人证言优于与当事人有亲属关系或者其他密切关系的证人提供的对该当事人有利的证言；(八) 出庭作证的证人证言优于未出庭作证的证人证言；（九）数个种类不同、内容一致的证据优于一个孤立的证据。”

这条规定体现了法定证据主义的特征，具有一定的局限性。该规则只是提示了一般规律，要高度注意案件的特殊性。该规则只是一种假设，若有相反证据足以推翻的，则该规则不予适用。适用该规则时，要对全部证据综合审查，不能简单、机械地运用。2001 年《民事证据规定》中也有类似规定，2019 年修正时已被删除。

（四）非法证据排除规则

在行政诉讼中，作为定案根据的证据材料应有合法的来源和形式，人民法院对于不符合法定形式、不符合法定取证要求以及使用非法手段取得的证据材料，依法应予排除，不得作为定案根据。《行政诉讼法》第 43 条第 2 款、第 3 款规定：“人民法院应当按照法定程序，全面、客观地审查核实证据。对未采纳的证据应当在裁判文书中说明理由。以非法手段取得的证据，不得作为认定案件事实的根据。”

关于审查判断非法证据的标准和方法，《行诉证据规定》第 55 条要求法庭应当根据案件的具体情况，从以下方面审查证据的合法性：（1）证据是否符合法定形式；（2）证据的取得是否符合法律、法规、司法解释和规章的要求；（3）是否有影响证据效力的其他违法情形。

关于哪些情形的非法证据需要排除，《行诉证据规定》第 57 条、第 58 条、第 60 条规定下列证据材料不能作为定案依据：（1）严重违反法定程序收集的证据材料；（2）以偷拍、偷录、窃听等手段获取侵害他人合法权益的证据材料；（3）以利诱、欺诈、胁迫、暴力等不正当手段获取的证据材料；（4）当事人无正当事由超出举证期限提供的证据材料；（5）在中华人民共和国领域以外或者在中华人民共和国香港特别行政区、澳门特别行政区和台湾地区形成的未办理法定证明手续的证据材料；（6）不能正确表达意志的证人提供的证言；（7）被告在行政程序中非法剥夺公民、法人或者其他组织依法享有的陈述、申辩或者听证权利所采用的证据；（8）以违反法律禁止性规定或者侵犯他人合法权益的方法取得的证据，不能作为认定案件事实的依据。

2018 年《行诉解释》第 43 条规定，有三种情形属于《行政诉讼法》第 43 条第 3 款规定的“以非法手段取得的证据”：（1）严重违反法定程序收集的证据材料；（2）以违反法律强制性规定的手段获取且侵害他人合法权益的证据材料；（3）以利诱、欺诈、胁迫、暴力等手段获取的证据材料。

（五）自认规则

自认，是指当事人对不利于己事实的承认。自认在诉讼上能够产生免除事实主张者证明责任的效果。

《行诉证据规定》第 65 条规定了行政诉讼中的自认规则：“在庭审中一方当事人或者其代理人在代理权限范围内对另一方当事人陈述的案件事实明确表示认可的，人民法院可以对该事实予以认定。但有相反证据足以推翻的除外。”对此，要注意以下几点：(1) 自认是在庭审过程中的承认，庭审外的不认定为自认。(2) 自认是一方当事人对另一方当事人陈述的案件事实表示认可。(3) 在行政赔偿诉讼中，人民法院主持调解时当事人为达成调解协议而对案件事实的认可，不得在其后的诉讼中作为对其不利的证据。(4) 自认须以明确表示认可的方式进行，默示的不认定为自认。这不同于民事诉讼，民事诉讼中存在默示的自认。(5) 自认需要经过人民法院确认。(6) 若有相反证据足以推翻的，不构成自认。(7) 代理人代为自认的，自认需要在代理权限范围内。

自认是对待证事实的承认，而非对单一证据的认可。一方当事人提供的证据，对方当事人明确表示认可的，只是赋予该单一证据的证明效力而已。《行诉证据规定》第 67 条规定了对证据的认可："在不受外力影响的情况下，一方当事人提供的证据，对方当事人明确表示认可的，可以认定该证据的证明效力；对方当事人予以否认，但不能提供充分的证据进行反驳的，可以综合全案情况审查认定该证据的证明效力。"

（六）免证规则

免证规则是指法庭可以直接认定，无需证据证明的事实。《行诉证据规定》第 68 条规定："下列事实法庭可以直接认定：（一）众所周知的事实；（二）自然规律及定理；（三）按照法律规定推定的事实；（四）已经依法证明的事实；（五）根据日常生活经验法则推定的事实。前款（一）、（三）、（四）、（五）项，当事人有相反证据足以推翻的除外。"第 70 条规定："生效的人民法院裁判文书或者仲裁机构裁决文书确认的事实，可以作为定案依据。但是如果发现裁判文书或者裁决文书认定的事实有重大问题的，应当中止诉讼，通过法定程序予以纠正后恢复诉讼。"

（七）证明妨碍规则

《行诉证据规定》第 69 条规定："原告确有证据证明被告持有的证据对原告有利，被告无正当事由拒不提供的，可以推定原告的主张成立。"该规定体现了证明妨碍规则的要求，谁妨碍举证，证据就对谁不利，推定对方基于该证据的主张成立。这属于法律推定的一种特殊情形。

2018 年《行诉解释》第 46 条对此作出了扩大规定，具体内容如下：

(1) 持有证据的被告无正当理由拒不提交对原告有利的证据的，推定原告主张成立。1) 关于申请。原告或者第三人确有证据证明被告持有的证据对原告或者第三人有利的，可以在开庭审理前书面申请人民法院责令行政机关提交。2) 关于人民法院的决定。申请理由成立的，人民法院应当责令行政机关提交，因提交证据所产生的费用，由申请人预付。3) 关于无正当理由拒不提交的法律后果。行政机关无正当理由拒不提交的，人民法院可以推定原告或者第三人基于该证据主张的事实成立。

(2) 持有证据的当事人以妨碍对方当事人使用为目的，毁灭有关证据或者实施其他致使证据不能使用行为的，人民法院可以推定对方当事人基于该证据主张的事实成立，并可依照《行政诉讼法》第 59 条规定处理，决定采取妨害行政诉讼强制措施。人民法院可以根据情节轻重，予以训诫、责令具结悔过或者处一万元以下的罚款、十五日以下的拘留；构成犯罪的，依法追究刑事责任。

（八）最佳证据规则

最佳证据规则的本意是要求书证必须使用原件。《行诉证据规定》第 40 条、第 64 条作出了相关的规定。

（1）对书证、物证和视听资料进行质证时，当事人应当出示证据的原件或者原物。

（2）有下列情况之一的可使用复制件或者复制品：1）出示原件或者原物确有困难并经法庭准许可以出示复制件或者复制品；2）原件或者原物已不存在，可以出示证明复制件、复制品与原件、原物一致的其他证据。

（3）以有形载体固定或者显示的电子数据交换、电子邮件以及其他数据资料，其制作情况和真实性经对方当事人确认，或者以公证等其他有效方式予以证明的，与原件具有同等的证明效力。

（九）补强证据规则

有些证据虽然有证明力，但其证明力需要其他证据补充和增强，不能单独作为认定案件事实的根据。《行诉证据规定》第 71 条规定："下列证据不能单独作为定案依据：（一）未成年人所作的与其年龄和智力状况不相适应的证言；（二）与一方当事人有亲属关系或者其他密切关系的证人所作的对该当事人有利的证言，或者与一方当事人有不利关系的证人所作的对该当事人不利的证言；（三）应当出庭作证而无正当理由不出庭作证的证人证言；（四）难以识别是否经过修改的视听资料；（五）无法与原件、原物核对的复制件或者复制品；（六）经一方当事人或者他人改动，对方当事人不予认可的证据材料；（七）其他不能单独作为定案依据的证据材料。"

（十）意见证据排除规则

意见证据排除规则要求证人必须陈述亲身感知和经历的事实，不能作出判断、评论、猜测等。证人不得作出意见性陈述，证人的意见性陈述要排除，不得作为证据使用。《行诉证据规定》第 46 条规定："证人应当陈述其亲历的具体事实。证人根据其经历所作的判断、推测或者评论，不能作为定案的依据。"

（十一）对鉴定意见的认证规则

依据《行诉证据规定》第 31 条、第 62 条的规定，对鉴定意见的审查认证有以下方面内容：

（1）对需要鉴定的事项负有证明责任的当事人，在举证期限内无正当理由不提出鉴定申请、不预交鉴定费用或者拒不提供相关材料，致使对案件争议的事实无法通过鉴定结论予以认定的，应当对该事实承担举证不能的法律后果。

（2）对被告在行政程序中采纳的鉴定结论，原告或者第三人提出证据证明有下列情形之一的，人民法院不予采纳：1）鉴定人不具备鉴定资格；2）鉴定程序严重违法；3）鉴定结论错误、不明确或者内容不完整。

（十二）认证时机及说理

依据《行诉证据规定》第 72 条、第 73 条的规定，对于庭审中经过质证的证据，能够当庭认定的，应当当庭认定；不能当庭认定的，应当在合议庭合议时认定。人民法院应当在裁判文书中阐明证据是否采纳的理由。

法庭发现当庭认定的证据有误，可以按照下列方式纠正：（1）庭审结束前发现错误的，应当重新进行认定；（2）庭审结束后宣判前发现错误的，在裁判文书中予以更正并说明理由，也可以再次开庭予以认定；（3）有新的证据材料可能推翻已认定的证据的，应当再次开庭予以认定。

练一练

1. 被告可以补充证据的情况有哪些？
2. 申请人民法院调取的证据，不需要当事人进行质证。这种说法对吗？
3. “先取证，后决定”的行政程序规则，决定了证据认定的哪一规则？①

小 结

行政诉讼的证明程序主要内容有：对被告收集证据的严格限制、对人民法院调查收集证据的限制、质证程序和认证规则。其中，质证和认证规则是证明程序的难点，其内容也较为庞杂和丰富，对此同学们需重点掌握。请思考以下几个问题：

1. 为什么要严格限制被告在行政诉讼中收集证据？
2. 对主要的法定证据种类怎么进行质证？
3. 行政诉讼有哪些认证规则？

① 参考答案：决定了案卷排他性规则。

参考文献

[1] 卞建林，王敏远，何家弘．证明标准三人谈 [J]．证据学论坛，2006，11 (00)：336-359.

[2] 卞建林．我国非法证据排除的若干重要问题 [J]．国家检察官学院学报，2007 (1)：5-8.

[3] 卞建林，谢澍．我国非法证据排除规则的重大发展——以《严格排除非法证据规定》之颁布为视角 [J]．浙江工商大学学报，2017 (5)：15-22.

[4] 卞建林．证据法学 [M]．北京：中国政法大学出版社，2007.

[5] 卞建林，刘玫．证据法学案例教程 [M]．北京：知识产权出版社，2012.

[6] 卞建林，谭世贵．证据法学 [M]．北京：中国政法大学出版社，2019.

[7] 陈光中．刑事证据制度改革若干理论与实践问题之探讨——以两院三部《两个证据规定》之公布为视角 [J]．中国法学，2010 (6)：5-16.

[8] 陈光中．证据法学 [M]．北京：法律出版社，2019.

[9] 陈瑞华．非法证据排除程序的理论展开 [J]．比较法研究，2018 (1)：1-15.

[10] 陈瑞华．非法证据排除规则的中国模式 [J]．中国法学，2010 (6)：33-47.

[11] 陈瑞华．关于证据法基本概念的一些思考 [J]．中国刑事法杂志，2013 (3)：57-68.

[12] 陈瑞华．以限制证据证明力为核心的新法定证据主义 [J]．法学研究，2012，34 (6)：147-163.

[13] 陈瑞华．刑事证据法学 [M]．北京：北京大学出版社，2014.

[14] 陈卫东．两个证据规定的进步与不足 [J]．证据科学，2010，18 (5)：526-529.

[15] 陈卫东．论刑事证据法的基本原则 [J]．中外法学，2004 (4)：411-440.

[16] 陈卫东．人民检察院适用非法证据排除规则若干问题的思考 [J]．国家检察官学院学报，2013，21 (1)：67-73.

[17] 陈卫东．中国刑事证据法的新发展——评两个证据规定 [J]．法学家，2010 (5)：15-29，176.

[18] 陈卫东，程雷，孙皓，等．“两个证据规定”实施情况调研报告——侧重于三项规定的研究 [J]．证据科学，2012，20 (1)：76-87.

[19] 陈卫东，付磊．我国证据能力制度的反思与完善 [J]．证据科学，2008 (1)：3-15.

[20] 陈卫东，谢佑平．证据法学 [M]．上海：复旦大学出版社，2016.

[21] 陈一云. 证据学 [M]. 北京：中国人民大学出版社，1991.

[22] 陈永生. 证据保管链制度研究 [J]. 法学研究，2014，36 (5)：175-191.

[23] 程雷. 非法证据排除规则规范分析 [J]. 政法论坛，2014，32 (6)：182-188.

[24] 樊崇义."两个证据规定"理解与适用中的几个问题 [J]. 证据科学，2010，18 (5)：520-525.

[25] 樊崇义. 客观真实管见——兼论刑事诉讼证明标准 [J]. 中国法学，2000 (1)：114-120.

[26] 樊崇义，李静. 传闻证据规则的基本问题及其在我国的适用 [J]. 证据科学，2008 (3)：257-270.

[27] 樊崇义，李思远. 论电子证据时代的到来 [J]. 苏州大学学报（哲学社会科学版），2016，37 (2)：99-106.

[28] 樊崇义，吴光升. 审前非法证据排除程序：文本解读与制度展望 [J]. 中国刑事法杂志，2012 (11)：3-13.

[29] 樊崇义，赵培显. 论客观性证据审查模式 [J]. 中国刑事法杂志，2014 (1)：3-8.

[30] 樊崇义. 证据法学 [M]. 北京：法律出版社，2017.

[31] 顾永忠. 我国司法体制下非法证据排除规则的本土化研究 [J]. 政治与法律，2013 (2)：97-106.

[32] 顾永忠. 从定罪的"证明标准"到定罪量刑的"证据标准"——新《刑事诉讼法》对定罪证明标准的丰富与发展 [J]. 证据科学，2012，20 (2)：146-154.

[33] 韩阳. 刑事诉讼认识论研究中的基本范畴 [J]. 政法论坛，2011，29 (6)：181-187.

[34] 何家弘. 从司法证明模式的历史沿革看中国证据制度改革的方向 [J]. 法学家，2005 (4)：123-131.

[35] 何家弘. 适用非法证据排除规则需要司法判例 [J]. 法学家，2013 (2)：106-118，179.

[36] 何家弘. 刑事诉讼中证据调查的实证研究 [J]. 中外法学，2012，24 (1)：173-189.

[37] 何家弘. 证据的采纳和采信——从两个"证据规定"的语言问题说起 [J]. 法学研究，2011，33 (3)：138-156.

[38] 何家弘. 证据的审查与认定原理论纲 [J]. 法学家，2008 (3)：95-103.

[39] 何家弘. 证据法学研究 [M]. 北京：中国人民大学出版社，2007.

[40] 何家弘，刘品新. 证据法学 [M]. 北京：法律出版社，2019.

[41] 何家弘，张卫平. 简明证据法学 [M]. 北京：中国人民大学出版社，

2016.

[42] 胡铭．专家辅助人：模糊身份与短缺证据——以新《刑事诉讼法》司法解释为中心 [J]. 法学论坛，2014，29 (1)：46-52.

[43] 冀祥德．论口供获取与人权保障 [J]. 河北法学，2006 (6)：58-65.

[44] 李浩．《证据规定》与民事证据规则的修订 [J]. 中国法学，2011 (3)：31-40.

[45] 李浩．民事判决中的证据失权：案例与分析 [J]. 现代法学，2008 (5)：113-122.

[46] 李浩．民事诉讼非法证据的排除 [J]. 法学研究，2006 (3)：39-52.

[47] 李浩．民事证据制度的再修订 [J]. 中外法学，2013，25 (1)：197-219.

[48] 李浩．证据法学 [M]. 北京：高等教育出版社，2009.

[49] 李学军．电子数据与证据 [J]. 证据学论坛，2001，2 (1)：433-463.

[50] 刘品新．电子证据的基础理论 [J]. 国家检察官学院学报，2017，25 (1)：151-159.

[51] 刘品新．电子证据的鉴真问题：基于快播案的反思 [J]. 中外法学，2017，29 (1)：89-103.

[52] 刘品新．印证与概率：电子证据的客观化采信 [J]. 环球法律评论，2017，39 (4)：109-127.

[53] 闵春雷．非法证据排除规则适用问题研究 [J]. 吉林大学社会科学学报，2014，54 (2)：70-79，173.

[54] 祁建建．论有效辩护权 [M]. 北京：中国政法大学出版社，2018.

[55] 沈德咏．中国刑事证据制度改革与发展需要处理好的几个关系 [J]. 中国法学，2011 (3)：5-20.

[56] 宋英辉，王贞会．我国非法证据排除规则及其适用 [J]. 法学杂志，2010，31 (7)：15-18.

[57] 孙长永．论刑事证据法规范体系及其合理构建——评刑事诉讼法修正案关于证据制度的修改 [J]. 政法论坛，2012，30 (5)：25-34.

[58] 孙远．不强迫自证其罪条款之实质解释论纲 [J]. 政法论坛，2016，34 (2)：59-69.

[59] 孙远．论法定证据种类概念之无价值 [J]. 当代法学，2014，28 (2)：99-106.

[60] 孙远．论非法证据排除规则有效适用的三个要素——以侦查追诉阶段排除非法证据为视角 [J]. 政治与法律，2018 (4)：124-137.

[61] 孙远．论认罪认罚案件的证明标准 [J]. 法律适用，2016 (11)：14-19.

[62] 孙远．论事实推定 [J]. 证据科学，2013，21 (6)：645-658.

[63] 孙远．论证据申请及其裁决 [J]. 现代法学，2011，33 (5)：110-120.

[64] 孙远．论作为审判对象的“明确的指控犯罪事实”——兼论诉因制度不可能适用于我国之原因 [J]. 刑事法评论，2011，29 (2)：494-514.

[65] 孙远．刑事证明标准层次性理论之适用问题研究——以《刑事诉讼法》第 55 条第 2 款之解释为视角 [J]. 法学家，2019 (5)：59-73，193.

[66] 孙远．证据概念否定论——从证据概念到证据法基本概念体系 [J]. 中国刑事法杂志，2016 (2)：42-60.

[67] 孙远．证明对象、要件事实与犯罪构成 [J]. 政治与法律，2011 (8)：102-111.

[68] 汤维建．论民事证据契约 [J]. 政法论坛，2006 (4)：75-82.

[69] 田渊浩二，肖萍．科学证据的诸问题：日本讨论的动向 [J]. 中国司法鉴定，2019 (3)：1-6.

[70] 王超．非法证据排除调查程序难以激活的原因与对策 [J]. 政治与法律，2013 (6)：142-151.

[71] 汪海燕．评关于非法证据排除的两个《规定》 [J]. 政法论坛，2011，29 (1)：95-103.

[72] 王敏远．重新认识“排除合理怀疑”[N]. 检察日报，2013-11-26.

[73] 王敏远．论我国刑事证据法的转变 [J]. 法学家，2012 (3)：99-109，178.

[74] 王敏远．略论《刑事诉讼法》修改之后鉴定制度的完善——根据司法鉴定的价值和特点进行的分析 [J]. 中国司法鉴定，2013 (4)：1-5.

[75] 王敏远．确立刑事证据规则的原则——现实原则 [J]. 证据学论坛，2001，2 (1)：15-23.

[76] 王敏远．死刑案件的证明“标准”及《刑事诉讼法》的修改 [J]. 法学，2008 (7)：45-52.

[77] 王敏远．现代刑事证据法的两个基本问题——兼评我国刑事证据法的新发展 [J]. 国家检察官学院学报，2010，18 (6)：3-8.

[78] 王敏远，祁建建．电子数据的收集、固定和运用的程序规范问题研究 [J]. 法律适用，2014 (3)：27-35.

[79] 王敏远．刑事诉讼法学 [M]. 北京：知识产权出版社，2013.

[80] 王敏远．一个谬误、两句废话、三种学说：对案件事实及证据的哲学、历史学分析 [M]. 北京：中国政法大学出版社，2013.

[81] 汪建成．论证据裁判主义与错案预防——基于 16 起刑事错案的分析 [J]. 中外法学，2015，27 (3)：593-599.

[82] 汪建成．刑事证据制度的重大变革及其展开 [J]. 中国法学，2011 (6)：51-60.

[83] 汪建成．中国需要什么样的非法证据排除规则 [J]. 环球法律评论，

2006 (5): 551-556.

[84] 汪建成，张卫平，何家弘．中国特色证据法律制度：含义、内容与构建 [J]. 证据学论坛，2008，14 (00): 13-18.

[85] 王新清，姬艳涛．技术侦查证据使用问题研究 [J]. 证据科学，2012，20 (4): 408-413.

[86] 王亚新．民事诉讼中质证的几个问题——以最高法院证据规定的有关内容为中心 [J]. 法律适用，2004 (3): 3-6.

[87] 王亚新，陈杭平．论作为证据的当事人陈述 [J]. 政法论坛，2006 (6): 99-108.

[88] 谢安平，郭华．证据法学 [M]. 北京：中国人民公安大学出版社，2009.

[89] 谢佑平．检察机关与非法证据排除 [J]. 中国检察官，2010 (21): 9-11.

[90] 许少波．证据保全制度的功能及其扩大化 [J]. 法学研究，2009，31 (1): 17-32.

[91] 许少波．民事诉讼证据交换制度的立法探讨 [J]. 法律科学（西北政法大学学报)，2012，30 (3): 132-139.

[92] 姚莉．两岸刑事案件调查取证协助中的冲突及解决——以两岸证据制度的比较为视角 [J]. 比较法研究，2014 (3): 29-36.

[93] 叶青．庭前会议中非法证据的处理 [J]. 国家检察官学院学报，2014，22 (4): 132-139.

[94] 叶青．诉讼证据法学 [M]. 北京：北京大学出版社，2013.

[95] 易延友．非法证据排除规则的中国范式——基于1459个刑事案例的分析 [J]. 中国社会科学，2016 (1): 140-162，206-207.

[96] 易延友．证据法学：原则、规则、案例 [M]. 北京：法律出版社，2017.

[97] 张保生．审判中心与证据裁判 [N]. 光明日报，2014-11-05.

[98] 张保生．事实、证据与事实认定 [J]. 中国社会科学，2017 (8): 110-130，206.

[99] 张保生．证据规则的价值基础和理论体系 [J]. 法学研究，2008 (2): 122-132.

[100] 张保生．证据法学 [M]. 北京：中国政法大学出版社，2014.

[101] 张卫平．民事诉讼法修改与民事证据制度的完善 [J]. 苏州大学学报（哲学社会科学版)，2012，33 (3): 34-42，191.

[102] 张卫平．民事证据法 [M]. 北京：法律出版社，2017.

[103] 张子培．刑事证据理论 [M]，北京：群众出版社，1982.

[104] 左卫民．“热”与“冷”：非法证据排除规则适用的实证研究 [J]. 法商研究，2015，32 (3): 151-160.